Thomas Jeising (Hg.)

KNAPP DANEBEN IST AUCH VORBEI

Holzwege post-evangelikalen Glaubens

Thomas Jeising (Hg.)

KNAPP DANEBEN IST AUCH VORBEI

Holzwege
post-evangelikalen
Glaubens

Impressum

Thomas Jeising (Hg.)
Knapp daneben ist auch vorbei
Holzwege post-evangelikalen Glaubens

Best.-Nr. 271 648
ISBN 978-3-86353-648-0
Christliche Verlagsgesellschaft Dillenburg

1. Auflage

www.cv-dillenburg.de

Satz und Umschlaggestaltung: Christliche Verlagsgesellschaft Dillenburg
Umschlagmotiv: © Freepik
Druck: ARKA, Cieszyn

Printed in Poland

Inhalt

Worum es in diesem Buch geht

Dieses Buch enthält Aufsätze und Artikel, die sich kritisch mit aktuellen Entwicklungen im evangelikalen Bereich auseinandersetzen.

Hier finden Sie eine Kurzvorstellung vom Inhalt des jeweiligen Beitrags:

1. Ein Wort zur Einführung

Die evangelikale Welt hat sich stark verändert in den letzten Jahren. Vieles, was bisher klar war, wird im *post-evangelikalen Glauben* hinterfragt. Was kennzeichnet diesen neuen *post-evangelikalen Glauben*? Was unterscheidet ihn vom traditionellen evangelikalen Glauben? Und warum sind die Entwicklungen so problematisch?

2. *Worthaus* – Universitätstheologie für Evangelikale?

Die Internetplattform *Worthaus* macht universitäre Theologie populär – auch unter Evangelikalen. Eine Analyse der *Worthaus*-Vorträge zeigt: Die evangelikale Bewegung steht vor einer grundlegenden Entscheidung, wenn sie nicht in den Abwärtsstrudel der liberal geprägten Kirchen mit hineingezogen werden möchte.

3. Die Evangelikalen: segmentiert, amputiert, ramponiert?

Jürgen Mette bescheinigt der evangelikalen Bewegung in Deutschland eine schwere Krise. In *Die Evangelikalen: Weder einzig noch artig* behauptet er, die Bewegung sei zerstritten, gespalten und bedeutungslos. Mettes Lösungsvorschläge sind jedoch wenig zielführend, auch weil er für eine Akzeptanz der Bibelkritik wirbt.

4. Weiter glauben – doch nicht so

Thorsten Dietz stößt mit *Weiterglauben* eine wichtige Debatte an, seine Antworten überzeugen aber nicht. Polarisierungen können in einer respektvollen Streitkultur überwunden werden, nicht mit einem neuen Glauben. Bibelkritik führt weder zu einem besseren Verständnis der Bibel noch zu einem besseren christlichen Leben.

5. Von einem „Freischwimmer", der abgedriftet ist

Der Schauspieler, Kabarettist, Theologe Torsten Hebel beschreibt in *Freischwimmer* seine Zweifel, aber auch einen neu entdeckten Glauben. Die Geschichte des ehemaligen Evangelisten spricht viele an. Es bleibt die Frage, ob der, der Hebels Kurs folgt, sich tatsächlich freischwimmt oder in der eigenen Göttlichkeit ertrinkt.

6. Gottes Offenbarung: klar oder unklar?

Mit *Weiterglauben* wollte T. Dietz aus der Enge führen und ermutigen, trotz Zweifel weiter zu glauben. Doch Dietz vertritt ein Offenbarungsverständnis, das letztlich zur Sprachlosigkeit führt. Wenn Gottes Offenbarung undeutlich ist, nur vom Menschen her gedacht wird, kann es keine klare Aussagen mehr über Gott geben.

7. Lesen wir die Bibel falsch?

Rob Bell glaubt, dass das Gottesbild konservativer Christen veraltet ist. Gott sei immer im Wandel, er passt sich auch heute an. Die Bibel liest Bell radikal menschenzentriert. Es geht um positive Gefühle, um dann Gutes zu tun. All das geht aber an der Kernbotschaft der Bibel vorbei.

8. Die „Emerging Church" und ihr Umgang mit der Bibel

Die *Emerging Church* will den Glauben auch für „postmoderne" Menschen verstehbar und erlebbar machen. Die Bibel reicht dabei nicht mehr aus. Offenbarung wird zum Gemeinschaftserlebnis, Subjektivismus gefördert. Auch wenn die *Emerging Church* wichtige Fragen aufgreift, ihre Antworten desillusionieren.

9. N. T. Wright und seine Paulus-Theologie/ 10. Das Kreuz mit dem Kreuz bei N. T. Wright

Der englische Theologe N. T. Wright wird immer populärer in evangelikalen Kreisen. Als Vertreter der *Neuen Paulus-Perspektive* ist er überzeugt, dass Paulus über Jahrhunderte hinweg falsch verstanden worden ist. Es gehe nicht um die Ewigkeit – um Himmel oder Hölle –, sondern um eine neugestaltete Erde. Die beiden Artikel setzten sich kritisch mit einem Römerbriefkommentar und einem Buch über das Kreuz Christi auseinander.

11. Unbekannte Sünde

Thorsten Dietz behauptet, Sünde würde heute nicht mehr verstanden. Sein neuer Versuch, Sünde zu erklären, ist jedoch gescheitert. Denn was Sünde ist, offenbart Gott, nicht nur unsere Erfahrung. Nur durch Gottes Gnade und sein Wort können wir erkennen, dass wir Sünder sind und Rettung brauchen.

12. Geboren von der Jungfrau Maria

Immer mehr Evangelikale äußern Zweifel an der Geburt Jesu durch eine Jungfrau. Dies sei im aufgeklärten 21. Jahrhundert unvernünftig und unhaltbar. Dass diese Ansicht irrt – auch antike Menschen wussten wie der Mensch sich fortpflanzt – und auch theologisch höchst problematisch ist, entfaltet dieser Artikel

13. „Finden, fördern, freisetzen" oder verwässern?

Gibt es heute noch Apostel wie zur Zeit des Neuen Testaments? Dies wird z. B. in der Lehre des *fünffältigen Dienstes* behauptet. Gott könne nur dann Erweckung schenken, wenn wir dies erkennen und praktizieren. Dabei ist die Lehre vom *Apostolischen Dienst* nicht nur biblisch fragwürdig, sondern auch in der Praxis problematisch.

14. Mutig antworten

Es reicht nicht aus, Dinge die falsch laufen, zu kritisieren. Gerade die junge Generation braucht positive Herausforderungen. Deshalb schließt das Buch mit einem Appell, dass wir einander Mut machen, offen mit unseren Fragen umzugehen, aber auch treu im Glauben und bei der offenbarten Wahrheit der Bibel zu bleiben.

1

Ein Wort zur Einführung

Liebe Leserinnen und Leser,

wenn wir als Christen unsere Beziehung zu Gott in unserem Alltag ernst nehmen, dann ist uns bewusst, dass dieses Leben als Christ kein „rosaroter Ponyhof" ist. Da wird einem doch recht bald klar – auch in der gesicherten und bequemen Lebenswelt Deutschlands, neben dem vielen Schönen und Wunderbaren, das wir als Zuwendung Gottes aus Liebe und Gnade erfahren dürfen –, dass der Rat des Apostels an seinen Schüler Timotheus sehr aktuell ist:

1. „Kämpfe den guten Kampf des Glaubens" (1Tim 6,12)

Dieser Aufruf zum „Kampf" oder „Kämpfen" (aus der Sport- und Militärsprache entlehnt) ist selbstverständlich nicht martialisch gemeint, auch ist es natürlich kein physischer Kampf mit Menschen aus Fleisch und Blut (Eph 6,12), auch kein Kampf, um dadurch irgendetwas bei Gott zu bewirken (… es ist ja vielmehr bereits alles stellvertretend vollbracht für uns – vgl. Röm 5, 1-11; 2Kor 2,14 usw.). Sondern es ist ein geistlicher Kampf, ein Kampf auch um die Wahrheit des Evangeliums Jesu Christi. Denn Paulus und die anderen Apostel, Evangelisten und Jünger Jesu wussten darum, dass ein Christ es auch mit den bedrängenden Seiten des Lebens zu tun bekommt (2Kor 11,23-29; 12,5-10). Sie wussten darum, wie die Lebensfreude und der Glaube brüchig werden können (2Kor 1,3-11). Auch ist der Glaube nicht über alle Zweifel erhaben. Der Glaube und die Wahrheit des Evangeliums sind vielmehr anfechtbar, gefährdet, vielleicht gerade sogar manchmal besonders durch solche Menschen, die bekennen, dass sie den Weg des Glaubens gehen und den Weg des Christus mitgehen. Die Gefährdung des Glaubens durch falsche Lehre oder durch das Zulassen von falschen Lebensweisen (Ethik) ist kein Glasperlenspiel, sondern eine ziemlich ernste Sache. Die Apostel wussten das noch. Wissen wir es auch noch?

2. Knapp daneben ist auch vorbei

Dieses Buch will darauf aufmerksam machen, wo aktuell Gefährdungspotenziale für gesundes Christsein bestehen. Wo also etwas rechtgläubig-christlich zu sein scheint, das öffentlich kompetent sowie theologisch und kommunikativ ansprechend vertreten wird, das aber – gemessen an den „gesunden Worten“ (2Tim 1,13) – dennoch „knapp daneben“ formuliert wurde, und das damit vorbei geht an einer geistlich gesunden Auffassung des christlichen Glaubens auf Grundlage der Lehre der Apostel (Apg 2,42; Eph 2,20).

Knapp daneben sind die falschen Entwicklungen in der fromm-konservativen und evangelikalen Bewegung deswegen, weil sie zum einen zwar positive Anliegen verfolgen, jedoch diese Anliegen nicht dem Evangelium gemäß verwirklichen. Es sollen ja Polarisierungen innerhalb der Christenheit abgebaut werden, man will zentrale christliche Themen wieder relevant und verständlich machen, die Botschaft des Evangeliums soll für „moderne“ Menschen wieder ansprechend(er) werden, und zweifelnden Christen soll Mut zum Glauben gemacht werden. Die Motive sind gut, aber die angebotenen Lösungen entfernen sich von der offenbarten Wahrheit und können deswegen letztlich die gut gemeinten und beabsichtigten Ziele nicht erreichen.

Knapp daneben sind die neuen Wege zum anderen auch deswegen, weil sie bekannte Begriffe benutzen und damit Vertrauen erwecken, dass es inhaltlich um die altbekannte christliche Überzeugung gehe. Aber dann werden teilweise Inhalte dargeboten – beispielsweise rund um Zentralbegriffe wie Evangelium, Sünde oder Glaube usw. –, die nicht mehr der biblischen Botschaft entsprechen oder sie stark verzerren.

Knapp daneben liegt man schließlich auch, weil zwar wichtige Themen erkannt und mutig angesprochen werden, die vorgeschlagenen Wege jedoch – so ist zu befürchten – das intendierte Ziel nicht erreichen. Sie machen die Botschaft des christlichen Glaubens für moderne Zeitgenossen nicht wieder relevant und ansprechend, sondern sie werden die Probleme nur vergrößern und letztendlich auch kaum zu einer tragfähigen Antwort befähigen.

Die nachfolgenden Artikel von unterschiedlichen Autoren adressieren bewusst Veröffentlichungen und Aussagen von Mitchristen, die die Autoren als problematisch ansehen. Manches in diesen Büchern und Veröffentlichungen kann ausdrücklich gelobt werden, weil es beispielsweise wertvolle Impulse liefert zur Ermutigung und Erbauung der Gemeinden Jesu. Anderes jedoch ist vom Inhalt her *knapp daneben* formuliert, und geht damit vorbei an der offenbarten Wahrheit. Dazu wollen und können diese Autoren nicht mehr schweigen. In ihren Darstellungen werden ausdrücklich Namen genannt, Namen von Christen, die teilweise in Deutschland populär, zumindest in einschlägigen christlichen Kreisen nicht unbekannt sind. Die Artikel nehmen bewusst Bezug auf Publikationen dieser Mitchristen. Dabei kommen sie nicht darum herum, auch deutlich aufzuzeigen, wo sie aus ihrer Sicht irren, wo sie der „heilsamen Lehre" (Tit 2,1; LUT) entgegenstehen oder wo christliche Grenzen unnötig aufgeweicht oder eingerissen werden, wo sie teilweise am Ziel des richtigen Glaubens vorbeizuschießen drohen.

3. Menschen beim Namen zu nennen und zu kritisieren, das muss manchmal sein!

„Ist das denn erlaubt?", könnte man jetzt zurückfragen, einzelne Personen zu nennen, Namen von Mitchristen, und das auch noch öffentlich in einem Buch wie diesem? Ob das erlaubt ist oder nicht, das mag gerne diskutiert werden. Ohne Zweifel sind Christen in jedem Fall verantwortlich für das, was sie öffentlich im Namen des christlichen Glaubens gesagt und propagiert haben, sei es mündlich in der Verkündigung (von Kanzeln, auf Youtube, durch Audiodateien usw.), sei es schriftlich in Büchern oder Online-Beiträgen. Was daher öffentlich geworden ist, muss sich auch der Kritik anderer öffentlich stellen. Und dort, wo Veröffentlichtes Wirkung zeigt und Spuren hinterlässt, die zeigen, dass Gesichtspunkte der christlichen Rechtgläubigkeit infrage gestellt werden, wo christliche Zentralauffassungen gefährdet sind, Aussagen dazu *knapp daneben* gehen, dann darf und muss darauf öffentlich von Mitchristen reagiert und dementsprechend proaktiv agiert werden. Vorbilder dafür finden wir schon im Neuen Testament (NT) in apostolischer Zeit.

4. Die Gefährdung des Glaubens bewusst anzusprechen, das ist ein zutiefst seelsorgerliches Anliegen

Im Rahmen des NT-Kanons wird deutlich, dass diese potenziellen und vielfältigen Gefährdungen des Glaubens, die zum „Glaubenskampf" motivieren, keinesfalls ignoriert werden dürfen. Insbesondere die Briefe des NTs weisen darauf hin, wie manchmal intensiv darum gerungen werden musste, alle Christen auf dem gesunden Weg in der Nachahmung Gottes (Eph 5,1) zu halten. Hier geht es nicht nur um Fragen der richtigen Lehre, sondern es handelt sich insbesondere um ein seelsorgerliches Anliegen der Apostel, das hier im Titel des Buches *Knapp daneben ist auch vorbei* ebenso anklingen soll.

Es gab und gibt ethische, praktische und organisatorische Verirrungen in christlichen Gemeinden (vgl. z. B. die Briefe an die Korinther, Philipper und Kolosser). Es gab und gibt gravierende lehrmäßige Verirrungen und Defizite, die nicht verschwiegen werden dürfen, die die Apostel deutlich anmahnen, um die geistliche Gesundheit der Christen und Gemeinden zu bewahren (vgl. z. B. die Schreiben an die Galater und Hebräer oder die Johannesbriefe und die Sendschreiben in der Offenbarung). Es kann zudem etliche Themenbereiche in der Gemeinde geben, die der „heilsamen Lehre" widersprechen. Lehren, die Gemeinden und Gläubige nicht geistlich gesund erhalten, die nicht „heilsam" sind, sondern die geistlich krank machen, die destruktive Auswirkungen auf den Glauben und die Lebensgestaltung von Christen haben (vgl. 1Tim 1,10; 6,3; 2Tim 4,3; Tit 1,9; 2,1 u. a.). Die Lehre der Apostel, wie sie uns im NT überliefert wurde, nimmt diesen Kampf um geistliche Gesundheit sehr ernst (vgl. auch Kol 2,6-8; Phil 1,27 u. a.).

5. Anhand von Personennamen verdeutlichen, welche Art der Gefährdung des Glaubens vorliegen kann

In diesem geistlichen Ringen um ein gesundes Christsein werden im NT auch ausdrücklich Namen genannt. Es geht dabei um Personen, die i. d. R. aus den eigenen Reihen der Christen kommen. Es sind also nicht Menschen, die von außen die Christen bedrohen oder verfolgen, sondern Brüder und Schwestern im Glauben an Jesus, die aus verschiedenen Gründen erwähnt werden (müssen). Dadurch sollen die

Gemeinden bei der heilsamen Lehre oder bei einem gesunden Lebensstil zur Ehre Gottes gehalten werden. Wer sind diese Personen? Hier eine kleine Auswahl:

Da wäre beispielsweise *Demas* (Kol 4,14). Dieser Demas war ein treuer Mitarbeiter Gottes und mit Lukas, dem Arzt, im Namen des Evangeliums unterwegs. Doch dann lesen wir in 2Tim 4,10 (LUT) die Klage des Paulus: „Demas hat mich verlassen und diese Welt liebgewonnen und ist nach Thessalonich gezogen." Wir wissen nun nicht ganz genau, was dieses „die Welt lieb gewonnen" bedeutet haben mag. Es ist jedenfalls eine Abkehr von dem, wie ein Christ sein Leben führen soll. Diesen Weg des Demas empfiehlt der Apostel nicht. Er ist traurig über diese Entwicklung, die Demas genommen hat. Und ob *Alexander*, der Schmied, ein Mitchrist war, wird im Kontext nicht ganz deutlich. Jedenfalls hat er dem Apostel Böses angetan, das von Paulus der Vergeltung Gottes anbefohlen wird (2Tim 4,14). Es ist demnach denkbar, dass Christen die „Welt lieb gewinnen", sich so vom Leben nach dem Evangelium abwenden und sich sogar gegenseitig Böses antun können. Und das muss beim Namen genannt werden, auch die Namen derer sind zu nennen, die daran beteiligt sind.

„Und nun habe ich eine herzliche Bitte an *Evodia und Synthyche:* Vertragt euch als Schwestern im Glauben" (Phil 4,2; NeÜ). Auch hier werden ausdrücklich Namen genannt. Da ist Streit, der für die Gemeinde in Philippi und die beiden Christinnen nicht förderlich und heilsam ist. Syzygus soll den beiden zurechthelfen. Worum es bei dem Streit inhaltlich ging, wird nicht ausdrücklich erwähnt. Dass aber zwischen beiden geschlichtet werden soll, das gehört zum Liebesdienst untereinander dazu, und das erachte ich als vorbildlich.

Dann haben wir einige, deren *Namen nicht genannt* werden, die „unordentlich ihr Leben führen" und die „unnütze Dinge treiben" (2Thes 3,11-15). Sie sollen ausdrücklich als „Brüder im Herrn" ermahnt und zurechtgebracht werden (vgl. 2Tim 4,2). Eine gute Sache, wie ich finde! Es geht um das „Brüderliche", das gewinnen will, das auferbaut und zurechtbringt.

In einem Nebensatz unter vielen Grüßen ermutigt Paulus *Archippus*, dass dieser sein „Dienstamt" richtig ausfüllen soll (Kol 4,17). Was das genau bedeutet, was Archippus nun besser machen soll, das wissen wir nicht. Doch wird er dazu gebracht, über das, was er da ausübt und tut, neu nachzudenken, um es dann doch – im Sinne des Paulus –

optimaler anzuwenden (ähnlich vielleicht wie bei Apollos in Apg 18,26, könnte ich mir vorstellen).

Diotrephes wird genannt als einer, der in der Gemeinde offensichtlich „bestimmen" will, was getan und zugelassen wird und was nicht. Sein Verhalten entspricht jedoch nicht dem, wie sich ein Christ in verantwortlicher Position betragen soll. Er mahnt dieses Fehlverhalten entsprechend deutlich als falsches Vorbild an, das in der Gemeinde nichts zu suchen hat (3Jo 9-11).

Und dann finden wir auch noch folgende tief erschütternde Worte in den apostolischen Anweisungen an Timotheus: „Halte dich fern von ungeistlichem, losem Geschwätz; denn es führt mehr und mehr zu gottlosem Wesen, und ihr Wort frisst um sich wie der Krebs. Unter ihnen sind *Hymenäus und Philetus*, die von der Wahrheit abgeirrt sind und sagen, die Auferstehung sei schon geschehen, und bringen einige vom Glauben ab" (2Tim 2,17; LUT). Diese beiden sind m. E. ganz offensichtlich Christen und dennoch „von der Wahrheit abgeirrt" (was schon traurig genug wäre), die aber zugleich auch andere aus der Gemeinde mit ihren verirrten Überzeugungen „vom Glauben abbringen". Falsche Lehre kann offensichtlich um sich fressen und andere mitziehen wie eine Krebsgeschwulst. Was für eine Tragik! Das hat es zur Zeit der Apostel bereits in den Gemeinden geben, und es kann offensichtlich auch heute immer noch so ähnlich geschehen. Diese „Abirrung von der Wahrheit" musste damals aufgehalten werden, da sie für den Glauben destruktiven Kreise zieht. Auch heute dürfen wir so etwas nicht einfach laufen lassen.

Als letztes Beispiel will ich noch auf *Simon*, den ehemaligen Zauberer, eingehen (Apg 8,9-24). Dieser war zwar fasziniert vom Evangelium, von der Vollmacht der Apostel, blieb jedoch innerlich unreif und hatte eine falsche Gesinnung. Die christliche Taufe, der er sich unterzog, konnte nicht verhindern, dass er ein magisch-heidnisches Verständnis vom Empfang des Heiligen Geistes hatte und auch propagierte. Solche Verwirrer mit falschen religiösen Vorstellungen, die sie in die christliche Lehre hineintragen, gibt es auch heute noch in der Gemeinde Jesu. Die Warnungen des Petrus damals bleiben deshalb weiterhin gültig.

Natürlich wäre es viel schöner, wenn wir all die Namen von Männern und Frauen auflisten und dankbar bedenken würden, die im Neuen Testament, als Vorbilder im Glauben, als treue Mitarbeiter und treue Christen genannt werden – oft nur nebenbei am Briefschluss. Das wäre eine sehr lohnende und auferbauende Sache!

Doch wird an den oben aufgeführten Beispielen deutlich, dass es manchmal wichtig ist, fragwürdige Meinungen, Lebensstile und Lehren innerhalb der christlichen Theologie und Gemeinde beim Namen zu nennen. Immer dann, wenn sie nicht der „heilsamen Lehre" entsprechen und dem Glauben von Gemeinden und Einzelnen schaden. Deshalb werden in den folgenden Artikeln auch Namen von Christen kritisch genannt. Wir werden sehen, dass ihre Überzeugungen und Meinungen Gutes und Wahres enthalten. Zugleich versuchen wir aufzuzeigen, dass sie in aus unserer Sicht wesentlichen Gesichtspunkten mit ihrer Auffassung knapp danebenliegen und daher an der Wahrheit vorbeigehen.

6. Post-evangelikale Trends identifizieren und sachgerecht überwinden

Bei den Beiträgen in diesem Buch geht es nicht darum, den kritisierten Personen das Christsein abzusprechen. Es sind Brüder und Schwestern im Glauben an Christus. Das Buch will vielmehr aufklären und Orientierung schenken angesichts sogenannter post-evangelikaler Trends, die gegenwärtig in Gemeinden Irritationen und Turbulenzen auslösen. „Post-evangelikal" bedeutet, dass die vertretenen „neuen" Thesen aus den Reihen der pietistischen, evangelikalen und reformatorisch-konservativen Frömmigkeitsformen kommen – also nicht direkt aus der humanistisch gesinnten, aufklärerisch-bibelkritischen Szene in Theologie und Kirche. Denn dort werden seit gut 200 Jahren unterschiedliche theologische und exegetische Thesen propagiert. Neu ist, dass die fromm-pietistisch-evangelikale Szene sich nun anschickt, diese Thesen in inhaltlicher Verdünnung wie ein trockener Schwamm aufzusaugen.

Und gerade deshalb müssen „Ross und Reiter", also Personennamen und die von ihnen jeweils vertretene Auffassung, genannt werden. Wir wollen durch erste Impulse aufklären und zum Nachdenken anregen und dabei u. a. auf die Gefährdungen durch „liberal-theologische, bibelkritische Theologien" hinweisen. Leider geht daran kein Weg mehr vorbei, da die strittigen Thesen öffentlich Verbreitung gefunden haben. Sie sind populär und haben viel Zustimmung erfahren. Viele Christen sind dadurch beunruhigt und verunsichert.

7. Aufklärung und Orientierung – kurz, aber bündig

Worin besteht diese nun diese Aufklärung und Orientierung? Im Laufe der zurückliegenden Jahre hat sich dieser sogenannte post-evangelikale Trend durchgesetzt – insbesondere in bisher an der Bibel orientierten, pietistisch-reformatorisch-freikirchlichen Gemeinschaften und Gemeinden und kirchlichen Kreisen. Auf einmal werden die klassischen Auffassungen, was denn gesunde, heilsame, christliche Lehre und christliches Leben ist, infrage gestellt und inhaltlich „neu" und „anders" gefüllt.

Neue und innovative Überlegungen, wie das Evangelium zeitgemäß weitergegeben werden könnte, sind nicht an und für sich verwerflich. Jeder Missionar muss sich ja um die Kontextualisierung des Evangeliums bemühen, je nach Volks- und Religionsgruppe, mit der er es vor Ort zu tun bekommt. Das gilt auch für unsere postmoderne Zeit, in der wir selbst gegenwärtig als Christen zurechtkommen müssen. Doch wird bei dieser „Anpassung" an Kultur und Sprachgewohnheiten usw. der Inhalt des Evangeliums nicht verändert, es wird lediglich die Möglichkeit der Kommunikation und Vermittlung desselben angepasst, bearbeitet, modifiziert, wie es eben der Zielgruppe entspricht (1Kor 9,19-23 u. a.).

Beachten wir Folgendes: Die Beschäftigung mit dem christlichen Glauben und der christlichen Theologie (z. B. als Lehre) hat stets konservierende (bewahrende) und innovativ-progressive (fortschreitende) Aspekte, die es ausgewogen zu bedenken gilt. In diesem hier vorliegenden Buch äußern sich nun aufmerksame Christen, die besorgt diesen oben genannten post-evangelikalen Trend beobachtet haben und die nicht mehr schweigen wollen, weil sie gravierende Gefährdungen des Glaubens wahrnehmen, die nicht unkommentiert stehen bleiben dürfen. Sie nehmen wahr, dass manche Auffassungen und lehrmäßige und ethische „Neuerungen" oftmals in Gemeinden, Gemeindebünden, unter Pastoren und Gemeindeleitern, Mitarbeitern und Christen jeden Alters Verwirrung stiften und durcheinanderbringen. Es gilt also, dazu Stellung zu beziehen.

Fast alle Artikel des Buches sind bereits früher in der einen oder anderen Form publiziert worden, sei es in Zeitschriften, auf Internetforen oder in Bloggs. Sie wurden gegenüber der ursprünglichen Fassung in Teilen bearbeitet, ohne jedoch das Anliegen oder die kritischen

Anfragen zu ändern. Für das Anliegen der „Aufklärung und Orientierung“ wurden diese Beiträge nun in diesem Buch zusammengestellt, damit einer weiteren Leserschaft die Möglichkeit eröffnet wird, die kritisierten Thesen in einem Überblick zu haben und selbst im Für und Wider abzuwägen.

Die „Aufklärung und Orientierung“, die diese Artikel nun anbieten wollen, sind ein erster notwendiger Schritt. Teilweise müsste nun eine ausführlichere Diskussion starten. Das kann das Buch jedoch nicht leisten. Es liefert vielmehr Impulse zum Nach- und zum Weiterdenken für den, der sich dazu einladen lässt.

Die Themen, die in den Beiträgen angeschnitten werden, behandeln keine Nebensachen, sondern sie erörtern kurz und bündig zentrale Themen des christlichen Glaubens, die gefährdet sind oder die bereits deutlich dekonstruiert werden. Es geht dabei um Themenbereiche wie z. B., was wir unter Sünde, unter Glauben und Heil, unter Wahrheit und sachgerechtem Schriftverständnis verstehen, was die christliche Erlösungslehre beinhaltet und was nicht, inklusive der Bedeutung der zwei Naturen Christi (wahrer Gott und wahrer Mensch) und den Fragen nach der Jungfrauengeburt. Es geht um die Frage, ob es notwendig ist, das Christentum entgegen dem klassisch überlieferten Verständnis neu zu gestalten, welche Möglichkeiten der Kontextualisierung, auch bei der Mission, denkbar sind, welche nicht.

Dieses Buch mit seinen Beiträgen war überfällig. Es will jedoch keine Türen verschließen. Es will das Gespräch anstoßen – auch den konstruktiv-kritischen Disput mit den Kritisierten. Die Autoren sind bereit, sich der Debatte um die behandelten Fragen zu stellen. Die Hoffnung stirbt bekanntlich zuletzt, dass in dieser notwendigerweise kritischen Debatte um post-evangelikale Trendthemen, die *knapp daneben* und damit am christlichen Wahrheitsanspruch vorbei gehen, dennoch ein Zueinander und ein Miteinander erzielt werden kann. *Deo volente.*

Im Mai 2019
Dr. Berthold Schwarz

2

Worthaus – Universitätstheologie für Evangelikale?

Dr. Markus Till

__Worthaus__ macht universitäre Theologie populär – auch unter Evangelikalen. Eine Analyse der __Worthaus__-Vorträge zeigt: Die evangelikale Bewegung steht vor einer grundlegenden Entscheidung, wenn sie nicht in den Abwärtsstrudel der liberal geprägten Kirchen mit hineingezogen werden möchte.

Warum dieser Artikel?

Ich mag es nicht, wenn selbsternannte „Irrlehrenjäger" in jeder christlichen Initiative die Haare in der Suppe suchen. Niemand ist fehlerlos. Wir leben alle aus Gottes unverdienter Gnade. Wir sollten unser Hauptaugenmerk auf das Original richten und nicht auf Fälschungen. Seit ich eine Zeit lang unter einigen gesetzlich-traditionellen Christen ziemlich zu leiden hatte, sind mir Weite und Liebe zur Vielfalt wichtig geworden. Ich gehöre zur Leitung einer evangelisch-landeskirchlichen Gemeinde, in der wir sehr verschieden geprägt sind. Aber gemeinsam teilen wir die Liebe zu Jesus und das Vertrauen auf die Verlässlichkeit der Bibel. Auf diesem gemeinsamen Fundament können wir Differenzen in einzelnen Lehrinhalten und im Frömmigkeitsstil fröhlich aushalten und gemeinsam erfolgreich Gemeinde bauen.

Aber was mir wirklich das Herz bricht, ist, dass ich sonst in meiner Landeskirche so viel trostlosen Zerfall sehen muss. Mit Schmerzen höre ich, wie der theologische Pluralismus so oft genau das Fundament der Einheit zerstört, das meiner Gemeinde so viel Segen bringt. Christen wandern ab, weil sie bei Pfarrern keine verständliche und keine tröstliche Botschaft mehr hören und weil sie ihrer Kirchenleitung nicht mehr vertrauen, die sich anscheinend mehr um Politik als um das Evangelium kümmert. Nicht einmal mehr in den zentralen Glaubensfragen gibt es Einheit. Selbst der Jubel über die Auferstehung Jesu ist keine selbstverständliche gemeinsame Grundlage mehr. Kein Wunder, dass es überall Spaltungstendenzen gibt und Gemeinden eingehen, weil man nicht mehr gemeinsam an einem Strang ziehen kann.

Angesichts dieser Not macht es mich traurig, wenn ich sehe, dass offenbar auch immer mehr evangelikale Hoffnungsprojekte in ein Fahrwasser geraten, das nach meiner Überzeugung zwangsläufig schrittweise ihre Ausstrahlung und Einheit untergraben wird. Genau deshalb müssen wir über *Worthaus* reden. Dringend.

Worthaus – was ist das?

Worthaus ist eine frei zugängliche, sich ständig erweiternde Mediathek mit theologischen Vorträgen. Im Juni 2019 waren bereits 128 Vorträge von 19 verschiedenen Theologinnen und Theologen abrufbar. Etwa zwei Drittel der Vorträge werden vom emeritierten Professor für evangelische Theologie *Siegfried Zimmer* gehalten, der in Württemberg bereits durch die *GospelHaus-* und *Nachteulengottesdienste* bekannt geworden war.

Fast alle Referenten bei *Worthaus* kommen aus der universitären evangelischen oder katholischen Theologie. Eine Ausnahme ist der zweithäufigste *Worthaus*-Sprecher *Prof. Thorsten Dietz*. Er lehrt an der Evangelischen Hochschule *Tabor*, die sich dem Pietismus verpflichtet fühlt, zum *Gnadauer Gemeinschaftsverband* gehört und sich bis zum Jahr 2018 noch zur *Konferenz bibeltreuer Ausbildungsstätten* zählte. Dietz wirbt leidenschaftlich für *Worthaus:* „Es ist ja nicht nur himmlische Fügung, dass Menschen durch Träume und ähnliches zu *Worthaus* finden – daher liken, posten, teilen."

Worthaus-Referenten sind auch auf evangelikalen Großveranstaltungen wie z. B. dem *Freakstock* anzutreffen. Schon die Gründung von *Worthaus* ist auf Vorträge von Prof. Zimmer auf dem evangelikalen

Spring-Ferienfestival zurückzuführen. Prof. Zimmer berichtet, *Worthaus* habe „viele, viele zehntausend Hörer". Bei einer freikirchlichen Konferenz hätten alle anwesenden 30 bis 35 Pastoren gemeldet, dass sie regelmäßig *Worthaus* hören. Sein Eindruck ist: „Die Pastorenfortbildung läuft eigentlich über *Worthaus*."[1] *Worthaus* ist also auch unter Evangelikalen angekommen – obwohl Prof. Zimmer selbst ausdrücklich warnt: „Auf keinen Fall evangelikal."[2] Wie ist dieser Widerspruch zu erklären?

Gibt es eine „*Worthaus*-Theologie"?

Eine einheitliche *Worthaus*-Theologie gibt es nicht. Die verschiedenen Referenten sind unterschiedlich geprägt. Allerdings fällt das erst auf den zweiten Blick auf. Denn Debatten um Meinungsverschiedenheiten gibt es bei *Worthaus* ebenfalls nicht. Alle Vorträge werden in der Mediathek gleichermaßen beworben. Da Siegfried Zimmer die große Mehrheit der Vorträge hält, prägt er die Ausrichtung des Portals natürlich auch insgesamt. Allen Vorträgen gemeinsam ist zudem die insgesamt positive Grundeinstellung zu universitärer Theologie. Gerade bei Siegfried Zimmer steht diese Wertschätzung in scharfem Kontrast zur immer wieder formulierten Abwertung konservativer bzw. „fundamentalistischer" Frömmigkeit.

Gleichwohl wollte *Worthaus* in einem gewissen Sinn von Beginn an sehr „bibeltreu" sein. Durch die Berücksichtigung moderner bibelwissenschaftlicher Erkenntnisse sollte gar ein „unverstellter Blick" auf die Bibel gewonnen werden. Biblische Textgattungen sollten sauber unterschieden werden. Durch Berücksichtigung des historisch-kulturellen Umfelds sowie der Entstehungsgeschichte der biblischen Texte sollte viel fundierter beleuchtet werden, was die biblischen Texte wirklich sagen wollten (z. B. ob die Geschichten historisch gemeint waren oder nicht). „Fernab aller Tradition und ideologischer Annahmen geht es hier um eine bewusste Reflexion von Glaubenssätzen und Auseinandersetzung mit der Bibel im Spiegel der Erkenntnisse der theologischen Forschung"[3] schrieben die *Worthaus*-Macher. „Dabei steht bewusst alles zur Disposition. In gewisser Hinsicht beginnt alles von vorn. Es

---

1 In Hossa Talk Nr. 105 „Siggi wehrt sich", ab 1:34:00

2 „Auf keinen Fall evangelikal. Der Preis ist leider zu hoch", sagt Prof. Siegfried Zimmer am Ende seines Vortrags „Aufbruch in eine Erneuerung des christlichen Glaubens", 1:10:10.

3 https://worthaus.org/geschichte/, Abruf am 8.7.2019

gibt keine Tabus."[4] Der Anspruch bei der *Worthaus*-Gründung war also: Hier wird alles vorurteilsfrei infrage gestellt, um zu fundierten Überzeugungen zu gelangen. Statt die Bibel durch vorurteilsbeladene Brillen zu lesen, soll ein ungetrübter, wissenschaftlich fundierter Blick auf die biblischen Texte gefördert werden.

Eine möglichst objektive Klärung der ursprünglichen Aussageabsicht der biblischen Texte ist natürlich auch für konservative Zuhörer interessant, die ja zumeist längst nicht so wissenschaftsfeindlich sind, wie oft behauptet wird. Die Frage ist allerdings: Ist theologische Forschung ohne außerwissenschaftliche Vorannahmen überhaupt möglich? Und wird in den *Worthaus*-Vorträgen tatsächlich so vorurteilsfrei gearbeitet?

Denkvoraussetzungen bei *Worthaus*

Lange Jahre hatte *Worthaus* auf seiner Webseite fünf Thesen veröffentlicht, aus denen sich einige grundlegende Denkvoraussetzungen ableiten ließen:

These 1: Das intellektuelle und geistige Klima vieler christlicher Gruppen ist leider so beschaffen, dass ein junger, geistig reger Mensch fast unweigerlich verkümmert.

These 2: Der Blick auf biblische Texte – eine der ältesten Quellen der abendländischen Kultur – und den Menschen Jesus von Nazareth ist oftmals durch Glaubenssätze, Ideologien, falsche Annahmen und Unkenntnis der biblischen Entstehungsgeschichte verstellt.

These 3: Es ist nicht selbstverständlich, die Botschaften der Bibel richtig zu verstehen.

These 4: Ein geschlossenes Weltbild auf der Grundlage der Bibel ist nicht machbar. Denn auch mit der Bibel in der Hand klären sich nicht alle Fragen von selbst.

These 5: „Das Schönste, was wir erleben können, ist das Geheimnisvolle" (Albert Einstein). Dass sich in der Person des Jesus von Nazareth

4 https://fyyd.de/podcast/27189/0

ein, wenn nicht *das* größte Geheimnis der Weltgeschichte verbirgt, ist kaum noch spürbar.

Die Bibel ist nicht ohne Weiteres verständlich

Da der Blick auf die Bibel „oftmals durch Glaubenssätze, Ideologien, falsche Annahmen und Unkenntnis der biblischen Entstehungsgeschichte verstellt" sei (These 2), ist es „nicht selbstverständlich, die Botschaften der Bibel richtig zu verstehen" (These 3). „Denn bei genauerer Betrachtung sind die meisten Dinge, mit denen wir es zu tun haben, eben nicht einfach, sondern ziemlich komplex. Und das gilt auch ganz besonders für die biblischen Texte und den christlichen Glauben. Wer das bestreitet, ist bei *Worthaus* falsch."[5] Deshalb werden in vielen *Worthaus*-Vorträgen die Erkenntnisse aus der modernen Bibelwissenschaft als grundlegend angesehen, um die Bibel richtig interpretieren zu können. Tatsächlich habe praktisch die gesamte Kirche viele Bibeltexte 1800 Jahre lang falsch interpretiert, und „Millionen von Christen" tun es bis heute, sofern sie keinen Kontakt zur universitären Theologie haben.[6]

Die Bibel ist fehlerhaft und widersprüchlich

Die historisch-kritische Praxis an den Universitäten beschränkt sich allerdings nicht auf eine vorurteilsfreie Erforschung der Bibel. Es geht häufig auch um echte Kritik an der Bibel auf der Basis von außerbiblischen Denkvoraussetzungen.[7] Entsprechend geht auch in vielen *Worthaus*-Vorträgen die Bibelkritik sehr viel weiter, als nur die wahre Aussageabsicht der Bibel unter Berücksichtigung der damaligen Zeit und Kultur herauszuarbeiten. Selbst eindeutig historisch gemeinten Texten in den Evangelien (von Lukas als „Augenzeugenberichte" charakterisiert,

---

5 https://worthaus.org/geschichte/

6 So habe die Kirche z. B. 1800 Jahre lang die Gleichnisse Jesu irrtümlich allegorisch gedeutet (und sogar die Evangelienschreiber selbst hätten diesen Fehler gemacht!), und auch heute täten das bedrückenderweise immer noch Millionen von Christen, die keinen Kontakt zur Universitätstheologie haben (Prof. Zimmer in: „Ein Beispiel zur Arbeitsweise der modernen Bibelwissenschaft" ab 24.12). Auch habe die Kirche bis ins 19. Jahrhundert praktisch durchgängig die falsche Lehre vertreten, dass der Tod nur eine Folge der Sünde und kein Schöpfungswerk Gottes sei (Prof. Zimmer: Ist der Mensch unsterblich erschaffen worden?).

7 Mit den weit verbreiteten außerwissenschaftlichen Vorannahmen in der universitären Theologie und den resultierenden Konsequenzen befasst sich der Artikel „Stolz und Vorurteil – Wie wissenschaftlich ist die Bibelwissenschaft?" (blog.aigg.de/?p=3940).

Lk 1,2) sprechen *Worthaus*-Referenten die Historizität ab,[8] was neben den Konsequenzen für die Glaubwürdigkeit der Bibel natürlich auch gravierende theologische Konsequenzen hat, da die Geschichtlichkeit oft wesentlicher Bestandteil der theologischen Aussage ist.[9]

Folgerichtig enthält die Bibel aus Sicht einiger *Worthaus*-Referenten natürlich auch theologische Fehler und Widersprüche. So äußert Dr. Breuer: Paulus habe viel Kluges, aber auch Unkluges geschrieben. Manche seiner Argumente seien gar „einigermaßen hanebüchen", weshalb man allein mit Bibelstellen auch keinen theologischen Standpunkt begründen könne.[10] Auch für Prof. Zimmer enthält die Bibel „hunderte von Fehlern".[11] Insbesondere müsse man die Bibel überall da ablehnen, wo sie der Lehre Jesu widerspricht: „Im Konfliktfall argumentieren wir ohne jedes Zögern mit Jesus Christus gegen die Bibel."[12] Entsprechend formuliert die *Worthaus*-These 4: „Ein geschlossenes Weltbild auf der Grundlage der Bibel ist nicht machbar."

Aber ist Jesus Christus in den *Worthaus*-Vorträgen tatsächlich der verlässliche Wahrheitsanker, der uns helfen kann, die Bibel richtig zu deuten und ggf. auch zu kritisieren?

---

8 So lehrt z. B. Dr. Breuer: Jesu Grab war voll! „Ich bin überzeugt: Wenn man damals eine Videokamera am Grab Jesu installiert hätte, wäre nichts zu sehen gewesen. Nichts!" Auch bei den Erscheinungen des Auferstandenen hätte eine Videokamera nichts gefilmt. Nur „sehr konservative Christen" legten Wert auf das leere Grab. Aber eigentlich sei es genau wie die Jungfrauengeburt für den Glauben nicht von Bedeutung. Zwar sei der Tod Jesu ein historisches Ereignis, aber Ostern, Himmelfahrt und Pfingsten auf keinen Fall. Die Tagesangaben zwischen diesen Ereignissen hätten nur metaphorische Bedeutung. Die Auferstehung war nur eine „Erkenntnis" der Jünger, dass Jesus im Geist unter ihnen ist. Auch Paulus' Begegnung mit dem auferstandenen Jesus sei eine „legendarische Ausschmückung" von Lukas. Im Vortrag von Dr. Thomas Breuer, „Worauf gründet sich der Glaube an die Auferweckung Jesu von den Toten?"

9 Dazu schreibt z. B. der Alttestamentler C. John Collins: „Die Theologie kann nicht von der Geschichte getrennt werden, was wir an der Tatsache erkennen können, dass eine dieser ‚theologischen Wahrheiten' darin besteht, dass derjenige, der die Welt erschaffen hat, der gute Gott ist, der sich selber Israel offenbart hat, und nicht die launischen Götter anderer Völker – eine historische Behauptung!" (C. John Collins (2011) *Did Adam and Eve really exist? Who they were and why you should care.* Wheaton, Illinois, S. 36., zitiert von Reinhard Junker in „Entmythologisierung für Evangelikale: Haben Adam und Eva wirklich nicht gelebt? 2014, S. 9) Siehe dazu auch der Artikel „Streit um das biblische Geschichtsverständnis" (blog.aigg.de/?p=4414).

10 Im Vortrag von Dr. Thomas Breuer über „Die Bedeutung des Kreuzestodes aus heutiger Perspektive".

11 In: Prof. Zimmer, „Warum das fundamentalistische Bibelverständnis nicht überzeugen kann"

12 Aus: Siegfried Zimmer, *Schadet die Bibelwissenschaft dem Glauben?* 2012, S. 93

Jesus verschwimmt im historischen Nebel

In einem seiner Vorträge trennt Prof. Stefan Schreiber klar zwischen dem Jesus der Evangelien und dem „historischen Jesus". Welche der biblischen Jesus-Zitate wirklich von Jesus stammen und welche ihm später in den Mund gelegt wurden, müsse individuell geprüft werden.[13] Dr. Breuer räumt diesbezüglich ein, dass es kein einziges Zitat von Jesus gibt, dessen historische Echtheit nicht schon von Theologen bezweifelt worden wäre.[14] Ob Jesus sich selbst als Messias sah, ist für Prof. Schreiber völlig unklar.[15] Wer Jesus war, wie er sich selbst sah, und was er tatsächlich gelehrt hat, verschwimmt hier also im historischen Nebel. Somit kann auch die Person Jesus Christus kein eindeutiges Unterscheidungskriterium für richtig und falsch in der Bibel mehr sein. Viele Aussagen in *Worthaus*-Vorträgen belegen, dass damit der theologischen Willkür letztlich Tür und Tor geöffnet wird.

Worthaus geht „ans Eingemachte"

Leider kommt bei *Worthaus* kaum zur Sprache, dass in der universitären Bibelwissenschaft letztlich sämtliche Kernsätze des Apostolischen Glaubensbekenntnisses infrage gestellt wurden und werden.[16] Auch in *Worthaus*-Vorträgen werden zahlreiche Kernsätze des Glaubens abgeräumt, die in der weltweiten und historischen Kirche fast durchgängig als klare, eindeutige Aussagen der Schrift verstanden wurden und werden:

---

13 Wie schwierig die Definition der Unterscheidungskriterien ist und wie problematisch im Einzelfall die Unterscheidung echter Jesus-Zitate von nachträglichen Deutungen Jesu ist, wird dargelegt im Vortrag von Prof. Stefan Schreiber: „Auf der Suche nach dem historischen Jesus".

14 „Wir werden fast keinen Spruch Jesu finden, wo alle Theologen sagen: Das ist tatsächlich ein Originalwort Jesu." Dr. Thomas Breuer in: „Die Bedeutung des Kreuzestodes Jesu aus heutiger Perspektive", 1:09:50.

15 Siehe FN 13.

16 Genau dies kritisiert auch Dr. Armin D. Baum in seinem Text „Schadet die Bibelwissenschaft dem Glauben? Eine Rückmeldung an Siegfried Zimmer" (Ichthys 46, 2008, S. 86): „Die Tatsache, dass mit bibelwissenschaftlichen Argumenten nahezu jede Aussage des Apostolischen Glaubensbekenntnisses bestritten worden ist und bestritten wird, kommt praktisch nicht in den Blick." Andererseits gibt es unter den Universitätstheologen natürlich auch konservative Vertreter mit evangelikalen hermeneutischen Ansätzen. Es gibt also nicht DIE Universitätstheologie. Festzustellen ist jedoch: Der Graben zwischen evangelikaler und universitärer Theologie ist tief, wie Prof. Christoph Raedel vom Arbeitskreis für evangelikale Theologie (AfeT) berichtet. „Zwischen universitärer und evangelikaler Theologie bestehe eine Art ‚Ekelschranke'. Auf beiden Seiten gebe es Entfremdungsprozesse und Berührungsängste" (zitiert aus ideaSpektrum vom 27.09.2017).

» Jesu Tod am Kreuz sei eindeutig kein stellvertretendes Sühneopfer für die Schuld der Menschheit gewesen. Paul Gerhardts Lied „O Haupt voll Blut und Wunden“ transportiere eine irrige Passionsfrömmigkeit.[17] Im Abendmahl feiern wir im Kern die „Kontaktfreudigkeit“ und „Zuwendungslust“ Jesu.[18]
» Eine Kamera hätte am österlichen Grab nichts filmen können. Himmelfahrt und Pfingsten seien keine historischen Ereignisse gewesen.[19]
» Das Heil sei nicht exklusiv nur in Jesus Christus zu finden.[20]
» Der Tod sei nicht nur eine Folge der Sünde, sondern Teil von Gottes guter Schöpfung.[21]
» Der Himmel sei kein fassbarer Ort. Man könne dort keine Bekannten wieder treffen. Erst recht gäbe es keine wie auch immer geartete Hölle.[22] Der Glaube an eine ewige Verdammnis zeuge von einem „eiskalten Glauben“ und primitiver Moral.[23]
» Der Teufel sei (sehr wahrscheinlich) keine Person. Wer in der Schlange im Schöpfungsbericht den Teufel erkennt, sei „balla balla“.[24]

Schon aus diesen wenigen Beispielen wird deutlich: Bei *Worthaus* wird dem theologischen Pluralismus der modernen Bibelkritik keine wirksame Grenze gesetzt. Vielmehr zeigt sich auch hier, wie die praktisch gelebte moderne Bibelkritik die Tür zu einem unklaren und letztlich anderen Evangelium öffnet.

Umdeutung von Begriffen

Vor diesem Hintergrund ist es auf den ersten Blick überraschend, wenn Prof. Zimmer immer wieder betont, dass für ihn selbstverständlich die

17 „Jesu Tod an sich ist sinnlos. … Erlösend ist nicht der Tod am Kreuz, erlösend ist allein die Liebe Gottes.“ Dr. Thomas Breuer in „Die Bedeutung des Kreuzestodes aus heutiger Perspektive“, 1.13.10.
18 In: Prof. Siegfried Zimmer, „Vom Sinn des Abendmahls“
19 Siehe FN 8.
20 Diese Ansicht wird ausführlich erläutert von Prof. Klaus von Stosch in seinem Vortrag: „Viele Religionen – Eine Wahrheit?“, siehe außerdem FN 29.
21 In: Prof. Siegfried Zimmer, Ist der Mensch unsterblich erschaffen worden?
22 In: Dr. Thomas Breuer, „Was geschieht nach dem Tod? – Die christliche Erwartung einer Auferweckung der Toten“
23 In: Prof. Siegfried Zimmer, „Gottes Liebe und Gottes Gericht: Wie passt das zusammen?“
24 In: Prof. Siegfried Zimmer, „Gott und das Böse“

ganze Bibel durch und durch wahres Wort Gottes sei und dass sie trotz aller Fehler und Widersprüche in den wesentlichen Aussagen so klar sei, dass sich alle Christen in den heilsentscheidenden Punkten einig seien.[25] Dieses Versprechen kann aber – wenn überhaupt – nur durch eine Umdeutung von Begriffen eingehalten werden:

» Unter der Einheit der Schrift versteht Prof. Zimmer keine theologische Einheit (in der sich die Aussagen letztlich zu einem großen Ganzen ergänzen), sondern eine „dialogische Einheit", in der auch zahlreiche theologische Widersprüche ihren Platz hätten.[26]

» Unter der Wahrheit der Bibel verstehen einige *Worthaus*-Referenten nicht etwa Fehlerlosigkeit.[27] Die Bibel sei vielmehr

---

25 In: Prof. Zimmer, „Warum das fundamentalistische Bibelverständnis nicht überzeugen kann

26 Dazu schreibt Dr. Armin D. Baum: „Für Zimmer finden sich in der Bibel neben einer einheitlichen Grundbotschaft auch zahlreiche theologische Widersprüche. Die Einheit der Bibel sei ‚eine dialogische Einheit (...) In dieser von Gott getragenen Gesprächsgemeinschaft haben auch kontroverse Positionen ihren Platz.' (...) Im Unterschied zu dieser von Zimmer befürworteten Hermeneutik geht ein evangelikales Schriftverständnis von der Annahme aus, dass die Bibel – bei aller Unterschiedlichkeit der innerbiblischen Gesprächsbeiträge – nicht nur in ihren zentralen Aussagen, sondern insgesamt eine theologische Einheit darstellt und als solche respektiert werden will. Johannes warnt seine Leser ausdrücklich davor, zu ‚den Worten der Weissagung dieses Buches' etwas hinzuzufügen oder etwas von ihnen wegzunehmen (Offb 22,18-19). Paulus hat für seine apostolische Botschaft einen vergleichbaren Anspruch erhoben (Gal 1,1.8.11ff.; 1Kor 2,13; 7,17; 11,2.3.4; 14,37f.; 2Kor 13,3; 1Thes 2,13; 2Thes 2,15; 3,6.14)". Aus: „Schadet die Bibelwissenschaft dem Glauben? Eine Rückmeldung an Siegfried Zimmer", Ichthys 46 (2008), S. 82-83.

27 Evangelikale Theologie bekennt sich „zur göttlichen Inspiration der heiligen Schrift, ihrer völligen Zuverlässigkeit und höchsten Autorität in allen Fragen des Glaubens und der Lebensführung" (Theologische Grundlage des Arbeitskreises für evangelikale Theologie). Begriffe wie „Zuverlässigkeit", „Wahrheit", „Fehlerlosigkeit" oder „Irrtumslosigkeit" werden aber auch unter Evangelikalen immer wieder heiß diskutiert. Differenzierend vermerkt schon die *Chicago-Erklärung*: „Wir verwerfen ferner die Auffassung, dass die Irrtumslosigkeit infrage gestellt werde durch biblische Phänomene wie das Fehlen moderner technischer Präzision, Unregelmäßigkeiten der Grammatik oder der Orthografie, Beschreibung der Natur aus dem Blickwinkel der subjektiven Beobachtung, Berichte über Unwahrheiten, durch den Gebrauch des Stilmittels der Hyperbel oder gerundeter Zahlen, thematischer Anordnung des Stoffes, unterschiedlicher Auswahl des Materials in Parallelberichten oder der Verwendung freier Zitate" (Artikel XIII). Heinzpeter Hempelmann vermerkte in der 14. seiner *18 Thesen und 10 Säulen zu einer Hermeneutik der Demut*: „Der Akzent bei der Bestimmung ‚Unfehlbarkeit' liegt also nicht in der Behauptung einer in jedem Fall und in jeder Hinsicht notwendig gegebenen sachlichen Richtigkeit." Damit wollte er den biblischen Wahrheitsbegriff gegen einen seiner Meinung nach ihr fremden mathematisch-logischen Wahrheitsbegriff abgrenzen. Trotzdem galt auch für ihn (im Gegensatz zu Prof. Zimmer): „Die Bibel ist unfehlbar. Sowohl philosophische wie theologische Gründe machen es unmöglich, von Fehlern in der Bibel zu sprechen. Mit

insofern wahr, dass sie von Jesus Christus zeugt. Und für die Bibel selbst sei ja Jesus Christus die Wahrheit, nicht die Bibel.[28]

Darüber hinaus gibt es viele Beispiele von Begriffsumdeutungen, die einige theologische Aussagen zwar traditionell klingen lassen, aber trotzdem gänzlich abweichen von den traditionellen Sichtweisen und Auslegungsprinzipien evangelikaler Theologie.[29]

Abkehr vom reformatorischen Erbe

Prof. Wilfried Härle bezeichnet sich selbst als Luther-Fan. Prof. Zimmer sagt, er sei ein „Schüler Luthers". Entsprechend beruft er sich immer wieder auf den Reformator.[30] In der Tat hat auch Luther die Bibel kritisiert, wo sie seiner Ansicht nach nicht das lehrt, „was Christum treibet". Allerdings gibt es einen grundlegenden Unterschied: Wenn

---

einem Urteil über Fehler in der Bibel würden wir uns über die Bibel stellen und eine bibelkritische Position einnehmen. Was dem Anspruch der Erweiterung unserer Erkenntnis dienen soll, würde durch ein solches Procedere gerade um seine erkenntnisproliferative Spitze gebracht und machte eine Auslegung der Heiligen Schrift als solche sinn-, zweck- und ergebnislos" (These 15).

28 Diese Position wird z. B. vertreten von Prof. Wilfried Härle in seinem Vortrag „Ist die Bibel Gottes Wort? Bibelauslegung, Bibelkritik und Bibelautorität". Holger Lahayne schreibt dazu: „Erst ganz am Schluss beantwortet Härle die Frage des Vortrags. „Die Bibel ist durch ihren Inhalt Gottes Wort, indem sie Jesus Christus als das menschgewordene Wort Gottes bezeugt. Indem sie das tut, wird sie und ist sie Wort Gottes." Die Bibel sei also im Kern funktionell Gottes Wort. Die Autorität der Bibel sei darin begründet, dass sie die Kraft hat, Glauben zu wecken und Hoffnung zu geben (ähnlich übrigens auch Christian A. Schwarz in: „Die dritte Reformation", Teil 2, Kap. 2). All dies erinnert an die Aussagen, die Bullinger im Zweiten Helveticum zur Gemeindepredigt macht, die insofern auch Gottes Wort ist, als sie das Wort Gottes recht auslegt und zum Glauben führt und ihn wachsen lässt. Gott nutzt dieses Instrument, um Glauben zu wecken. An sich sind die Worte menschlicher Prediger aber sicher nicht Gottes Wort. Die Predigt bezieht sich zurück auf das göttliche Wort, das seine Autorität wesensmäßig auch, aber nicht nur von seiner Funktion herleitet. Es stimmt ja beides: Weil die Bibel den Glauben wirkt, hat sie Autorität. Aber andersherum gilt genauso – und davon sagt Härle kein Wort: Weil das Wort an sich Gott zum Autor hat, kann es überhaupt so wirken. Weil Gott sich in seinem Wort durch menschliche Zeugen bezeugt, wirkt das Wort der Bibel." (Holger Lahayne in: „Ist die Bibel Gottes Wort?", http://lahayne.lt/Schlagw%C3%B6rter/bibel/).

29 So schrieb mir z. B. ein *Worthaus*-Referent auf meine Nachfrage, ob für ihn denn das „Solus Christus" noch gilt: „Es gilt, wenn ich unter Christus den Logos verstehe. Dieser ist in Jesus da, sodass ich in Jesus in allem mit dem Logos konfrontiert werde. Das bedeutet aber nicht, dass Jesus mit dem Logos identisch ist. Jesus ist ganz und gar der Logos. Aber der Logos ist nicht nur Jesus. Der Logos hat schon zu den Propheten gesprochen, als er noch gar nicht mit Jesus hypostatisch geeint war. Von daher solus Christus: Ja! Aber das impliziert nicht: solus Iesus!"

30 Besonders in: Prof. Siegfried Zimmer, „Luthers Verständnis des Wortes".

ein biblisches Buch Luthers Ansicht nach nicht zur Botschaft Jesu Christi gepasst hat, dann hat Luther angezweifelt, ob es zum biblischen Kanon gehört. Aber kanonische Bücher hatten für die Reformatoren selbstverständlich absolute und irrtumsfreie Autorität.[31] Sie waren für ihn in ihrer Aussage so klar, dass auch Laien sie verstehen konnten. Und sie waren so wahr, dass sie nur durch weitere Bibeltexte und nicht durch außerbiblische menschliche Maßstäbe ausgelegt und interpretiert werden durften. Prof. Armin Baum bemerkt daher zu Recht: „Für das von ihm vertretene Modell sollte sich Zimmer nicht auf Luther berufen. (…) Der von Zimmer befürwortete Ansatz, dass auch kanonische Schriften theologische Fehler aufweisen und fehlerhafte Aussagen sogar als ‚Gottes Wort' zu gelten haben, ist meines Erachtens nicht reformatorisch."[32]

Mit der Übersetzung der Bibel in die Alltagssprache hatte Luther die Bibel in die Hand der einfachen Menschen gelegt. Damit hat er eine weitreichende geistliche Erneuerungsbewegung ausgelöst und letztlich die Grundlage für die heutige Denk- und Religionsfreiheit geschaffen. Beim Hören der *Worthaus*-Vorträge entsteht hingegen immer wieder das Bild: Laien, die nicht eingeweiht sind in moderne Theologie, Archäologie, historische Wissenschaften und antike Sprachen, könnten sich selbst eigentlich gar kein abschließendes Bild von den Aussagen der Bibel machen. Schließlich habe sich ja sogar die

31 Dazu schreibt Dr. Armin D. Baum: „Während es demnach nach evangelikaler Überzeugung im zwischen Theologen geführten Diskurs zahllose Irrtümer und Fehler, kontroverse Positionen und Widersprüche gibt, stehen die inspirierten Propheten und Apostel des Alten und Neuen Testaments mit ihrem Wahrheits- und Offenbarungsanspruch auf einer höheren Ebene. So besagt es das klassische christliche Schriftverständnis, das bereits die Kirchenväter und Reformatoren vertreten haben. Luther schrieb 1520 in seiner *Assertio omnium articulorum:* „Welch große Irrtümer sind schon in den Schriften aller Väter gefunden worden? Wie oft widerstreiten sie sich selbst? Wie oft weichen sie voneinander ab? (…) Niemand hat eine mit der Schrift gleichwertige Stellung erlangt (…) Ich will (…), dass allein die Schrift regiert (…) Dafür habe ich als besonders klares Beispiel das des Augustinus, (…) (der) in einem Brief an den Heiligen Hieronymus sagt: ‚Ich habe gelernt, allein diesen Büchern, welche die kanonischen heißen, Ehre zu erweisen, sodass ich fest glaube, dass keiner ihrer Schreiber sich geirrt hat. Andere aber, wie viel sie auch immer nach Heiligkeit und Gelehrtheit vermögen, lese ich so, dass ich es nicht darum als wahr glaube, weil sie selbst so denken, sondern nur insofern sie mich durch die kanonischen Schriften oder einen annehmbaren Grund überzeugen konnten." Aus: *Schadet die Bibelwissenschaft dem Glauben? Eine Rückmeldung an Siegfried Zimmer,* Ichthys 46 (2008), S. 83.

32 Dr. Armin D. Baum in *Schadet die Bibelwissenschaft dem Glauben? Eine Rückmeldung an Siegfried Zimmer,* Ichthys 46 (2008), S. 83

ganze Kirche in vielen Punkten 1800 Jahre lang geirrt![33] Von einer für jeden Laien verständlichen Klarheit der Schrift, die Luther so wichtig war, kann von daher kaum noch die Rede sein, wie sich auch in den *Worthaus*-Thesen 2 bis 5 zeigt. Die Gefahr dabei ist, dass den theologisch nicht Gebildeten die Bibel aus der Hand genommen, der Zugang zur Bedeutung biblischer Aussagen versperrt und damit eine der zentralen Errungenschaften der Reformation verspielt wird.[34]

Konservative Klischees und Pappkameraden

Prof. Zimmer will ein Brückenbauer sein. Er will auch Konservative mit der Bibelwissenschaft versöhnen. Seine Darstellung konservativer Christen ist in den *Worthaus*-Vorträgen jedoch meist klischeehaft und undifferenziert. Ein Hauptvorwurf ist die angebliche vollständige Ablehnung sämtlicher bibelwissenschaftlicher Methoden und eine „Vergöttlichung" der Bibel, die die Vorrangstellung der Person Jesus Christus gegenüber der Bibel ablehnt. Die „Fundamentalisten" in den konservativen Kreisen hätten letztlich ein islamisches Schriftverständnis und würden an eine „Vierfaltigkeit" glauben: Vater, Sohn, Heiliger Geist und Bibel.[35]

Mit diesem Vorwurf stellt sich Prof. Zimmer in eine alte Tradition. Schon C. H. Spurgeon schrieb 1891 in seinem Kampf gegen das Vordringen liberaler Bibelkritik: „Wer an der Unfehlbarkeit der Schrift festhält, den bezichtigen sie der ‚Bibliolatrie'"[36], d. h. der Vergötterung der Bibel. Prof. Armin Baum kommentiert diesen Vorwurf wie folgt: „Um im evangelikalen Lager Theologen ausfindig zu machen, die die moderne Bibelwissenschaft ablehnen und den Vorrang Jesu vor der Bibel bestreiten, muss man sicherlich sehr lange suchen. Dass man dabei fündig wird, halte ich nicht für ganz ausgeschlossen. Evangelikale Theologen, die im von Zimmer definierten Sinne fundamentalistisch denken, sind jedoch eine ausgesprochen rare Spezies."[37]

---

33 Siehe FN 6.

34 Besonders deutlich werden dieses Problem und die daraus resultierenden weitreichenden Konsequenzen beim Streit um die Bedeutung des Kreuzestodes Jesu, wie der Artikel „Das Kreuz – Stolperstein der Theologie" (blog.aigg.de/?p=3887) berichtet.

35 In: Prof. Zimmer, „Warum das fundamentalistische Bibelverständnis nicht überzeugen kann"

36 C. H. Spurgeon *Finales Manifesto*, Fontis Verlag, 2015, S. 24.

37 in: Dr. Armin D. Baum, *Schadet die Bibelwissenschaft dem Glauben? Fortsetzung eines schwierigen Gesprächs*, S. 6

Anders gesagt: Hier werden „fundamentalistische Pappkameraden" produziert, die mit der Realität wenig zu tun haben, auf die dann aber umso heftiger eingedroschen wird, wie Michael Kotsch in seinem Kommentar zu Zimmers Vortrag „Die schwule Frage" schreibt: „In etwa einem Viertel seines Vortrags bringt Zimmer seinen – man kann es leider nicht anders nennen – Hass auf konservative Christen zum Ausdruck. (…) Siegfried Zimmer bezeichnet konservative Christen als ‚dümmlich', ‚engstirnig', ‚tragisch', ‚bibelverkorkst' und ‚rechthaberisch'. Sie (…) haben kein Interesse, sich zu informieren (…) bei ihnen wird die Bibel ‚dumm zitiert'. Sie ‚liegen fürchterlich daneben' in ihrem Umgang mit der Bibel, weil sie ‚nicht einmal das ABC historischer Hintergrundkenntnis' mitbringen. Mit ihrer Theologie betrieben sie ‚schwerste Bibelmanipulation'. (…) Bei den konservativen Christen wird die Bibel ‚missbraucht' und ‚instrumentalisiert'. Sie ‚haben die Bibel in ihrem Schwitzkasten' und ‚bauen eine eigene Ideologie auf', behauptet Zimmer. Aber nicht genug! Konservative Christen gehen mit der Bibel um ‚wie die islamischen Salafisten' mit dem Koran. Sie gehören ‚in Nachbarschaft zu Zeugen Jehovas und Mormonen'. Diese Evangelikalen seien generell ‚unseriös', ‚fehlgeleitete Leute', die nicht so genau hinschauen."[38] Solche grob beleidigenden Aussagen finden sich leider in vielen *Worthaus*-Vorträgen.

Kann man mit Jesus die Bibel kritisieren?

Dieser Artikel bietet nicht den Raum, das Bibelverständnis der *Worthaus*-Referenten differenziert und fundiert zu analysieren und zu beantworten. Dazu gibt es gute Literatur.[39] Nur ein zentraler Punkt sei hier kurz genannt: Wenn Prof. Zimmer empfiehlt, mit Jesus die Bibel zu kritisieren, stellt sich natürlich die Frage: Wie ist denn Jesus selbst mit dem Alten Testament umgegangen? War Jesus denn tatsächlich bibelkritisch? Dazu schreibt der Theologe Ron Kubsch: „Zimmer bietet keine überzeugenden Belege dafür, dass Jesus die alttestamentlichen Schriften zum Gegenstand seiner Kritik gemacht hat. Jesus ist nicht

38 aus: Michael Kotsch, „Diffamierung als ‚bestes' Argument"

39 Besonders empfohlen seien hier im direkten Zusammenhang mit *Worthaus* und Prof. Siegfried Zimmer: Dr. Armin D. Baum, *Schadet die Bibelwissenschaft dem Glauben? Eine Rückmeldung an Siegfried Zimmer* sowie *Schadet die Bibelwissenschaft dem Glauben? Fortsetzung eines schwierigen Gesprächs*; Ron Kubsch, *Sollte Gott gesagt haben? Was steckt hinter der Bibelkritik?* Edition Evangelium 21; Dr. Reinhard Junker, *Bibelwissenschaft und Glaube*.

gekommen, um ‚das Gesetz oder die Propheten' zu kritisieren oder ‚aufzulösen', ‚sondern um zu erfüllen' (Mt 5,17). Für Jesus verfällt nicht ‚ein einziges Jota oder ein einziges Häkchen' vom Gesetz, bis Himmel und Erde vergehen (Mt 5,18). Jesus unterscheidet eindeutig zwischen menschlicher Überlieferung und dem Wort Gottes, das Mose im Auftrag seines Herrn gesprochen hatte (vgl. Mk 7,10-13). John Wenham kommt in seiner umfangreichen Untersuchung ‚Jesus und die Bibel' zu dem Ergebnis, dass für Jesus Christus die Schriften des Alten Testaments wahr, autoritativ und inspiriert sind und dasjenige, was in ihnen geschrieben steht, Gottes Wort ist."[40] Auch Prof. Gerhard Maier betont in seinem Standardwerk „Biblische Hermeneutik": „Jesu Praxis und Lehre erlaubt es uns nicht, die Schrift und Christus als einen Gegensatz aufzufassen." Der Ansatz von Siegfried Zimmer, die Lehre Jesu für Sachkritik an der Bibel zu verwenden, widerspricht somit fundamental dem reformatorischen Prinzip, dass die Bibel sich selbst auslegt („Sacra scriptura sui ipsius interpres").

Worthaus lohnt sich – wenn es kritisch genossen wird

Es lohnt sich, sich *Worthaus*-Vorträge anzusehen! Die überwiegend kurzweiligen und lebendig vorgetragenen Beiträge sind oft hochinteressant und stellen insgesamt definitiv einen horizonterweiternden Bildungsbeitrag dar. Nur wer sich mit den theologischen Diskussionen unserer Zeit befasst, kann einen eigenen fundierten Standpunkt entwickeln und vertreten. Einbunkern und Abschotten ist eine Haltung, die bei *Worthaus* zu Recht kritisiert wird. Wichtig ist nur (ganz im Sinne von Prof. Zimmer): auf keinen Fall einfach nachplappern, sondern prüfen und selber denken (siehe dazu im Anhang die Tabelle mit fundierten Kommentaren zu *Worthaus*-Vorträgen). Denn man darf nicht verdrängen, dass der *Worthaus*-Cocktail zwar verführerisch schmeckt, aber für Evangelikale aus zwei Gründen trotzdem vergiftet ist:

Ist *Worthaus* wissenschaftlich und intellektuell überlegen?

In vielen *Worthaus*-Vorträgen werden die dort gemachten Lehraussagen als wissenschaftlich, vernünftig, objektiv, vorurteilsfrei, reflektiert und differenziert dargestellt. Dagegen werden Konservative/Evangelikale/Fundamentalisten (diese Begriffe werden in *Worthaus*-Vorträgen

---

40 Ron Kubsch, *Sollte Gott gesagt haben? Was steckt hinter der Bibelkritik?*, S. 22

oft so gebraucht, als ob sie austauschbar wären) immer wieder als denkfaul, eingebunkert, bildungsfeindlich, dümmlich, durcheinander, subjektiv und auf Vorurteilen und Prägungen basierend dargestellt (siehe auch die 1. *Worthaus*-These). Diese immer wieder anklingende Geste der intellektuellen Überlegenheit ist deshalb unangemessen, weil natürlich auch die *Worthaus*-Referenten mit subjektiven Vorverständnissen und Auslegungsschlüsseln arbeiten.[41] Statt der Rede vom angeblichen „unverstellten Blick" wäre es angemessener, stärker auch die eigenen Denkvoraussetzungen und Glaubensentscheidungen offen zu legen. Wo das sachliche Anerkennen unterschiedlicher Herangehensweisen an die Bibel durch das Verächtlichmachen anderer Haltungen und Denkweisen ersetzt wird, da werden die Gräben in der Christenheit vertieft statt überbrückt – eine Gefahr, die übrigens in allen theologischen Lagern anzutreffen ist.[42]

Worthaus: ein trojanisches Pferd?

Der populärwissenschaftliche Anstrich lässt die *Worthaus*-Vorträge attraktiv und zugleich vernünftig und überlegen erscheinen. Sie entlassen den frommen Hörer zudem aus einer Menge von Konflikten in

---

41 Siehe FN 7.

42 Dazu schreibt Dr. Armin Baum: „Selbstverständlich kann auch ein nicht-evangelikales Schriftverständnis in einem ‚fundamentalistischen' Sinne wirksam werden. Dies geschieht beispielsweise, wenn die Frage der übernatürlichen Offenbarung Gottes in der Geschichte nicht prinzipiell offen gehalten, sondern von vornherein negativ entschieden wird. Es geschieht, wenn die Wissenschaftlichkeit eines exegetischen Beitrags nicht aufgrund der Methode oder der Argumente, sondern anhand erzielter oder vorausgesetzter Einzelergebnisse beurteilt wird. Es geschieht, wenn versucht wird, bibelwissenschaftliche Beiträge aus anderen theologischen Lagern aufgrund ihrer theologischen Herkunft nicht zur wissenschaftlichen Diskussion zuzulassen. Es geschieht auch dann, wenn althergebrachte Überzeugungen aus Bequemlichkeit nicht mehr zur Diskussion gestellt werden. Derartige Gefahren und Missstände werden gelegentlich auch innerhalb des nicht-evangelikalen Lagers selbstkritisch benannt. So diagnostizierte der Neutestamentler Dieter Sänger in Teilbereichen seiner Disziplin ‚einen gefährlichen Trend, der ein Grundprinzip wissenschaftlicher Arbeit auszuhebeln drohte: die Bereitschaft nämlich, positionelle Differenzen zu respektieren, die Stichhaltigkeit von Argumenten vorbehaltlos zu prüfen und sich gegebenenfalls von ihnen korrigieren zu lassen … die Beharrlichkeit, mit der missliebige Forschungspositionen und hermeneutische Alternativen ignoriert, abgekanzelt oder schlicht für absurd erklärt wurden, um sich ihrer zu entledigen, nährte bei mir den Verdacht, sie sollten von vornherein diskreditiert und so ins theologische Abseits befördert werden'. Auch hier gilt: Vor fundamentalistischen Versuchungen müssen nicht nur evangelikale, sondern Christen und Theologen aller Prägungen auf der Hut sein." Aus: „Schadet die Bibelwissenschaft dem Glauben? Fortsetzung eines schwierigen Gesprächs", S. 8.

Bezug auf schwierige Bibelstellen oder z. B. bei Themen wie Homosexualität und der Ursprungsfrage (Schöpfung und Sündenfall). Mit dem Versprechen, die heilsentscheidenden Inhalte der Bibel unangetastet zu lassen und fest zur Wahrheit, Klarheit und Einheit der Schrift zu stehen, macht *Worthaus* sich auch unter Konservativen salonfähig – auch wenn dieses Versprechen immer wieder massiv gebrochen wird. Mit dieser Mixtur hat *Worthaus* das Zeug zum trojanischen Pferd, das den theologischen Pluralismus mitten in die evangelikale Bewegung tragen kann.

Die evangelikale Bewegung am Scheideweg

Der überbordende theologische Pluralismus der modernen Theologie und die Abkehr von einem textgetreuen Verständnis der Bibel sind ohne Zweifel eine Hauptursache für den Niedergang der von nichtevangelikaler und liberaler Theologie geprägten Kirchen in der ganzen westlichen Welt, weil er unüberbrückbare Gräben aufreißt, die die Gemeinden spalten. Deshalb werden sich freie Ausbildungsstätten wie die evangelische Hochschule *Tabor*, die sich traditionell zur evangelikalen Bewegung zählt, ebenso wie die evangelikale Bewegung insgesamt entscheiden müssen, wie sie mit *Worthaus* umgehen wollen. Totschweigen wird nicht gelingen, denn schon jetzt ist *Worthaus* nicht nur ein Internet-Hit, sondern prägt durch seinen wachsenden Einfluss auf die evangelikalen Ausbildungsstätten längst auch die zukünftigen evangelikalen Multiplikatoren und Leiter.

Worthaus kann die evangelikale Bewegung vielleicht ein wenig aus der Schusslinie des Zeitgeistes holen. Aber der Preis ist hoch. *Worthaus* ist ein Spaltpilz, weil viele der dort vertretenen Thesen mit evangelikaler Theologie und Frömmigkeit grundsätzlich unvereinbar sind. *Worthaus* wird, wenn es unkritisch aufgenommen wird, der evangelikalen Bewegung die Kraft und die Spitze nehmen, weil es ihre Botschaften verunklart und im Extremfall sogar durchstreicht.

Meine feste Überzeugung ist deshalb: Wenn sich die evangelikale Bewegung den bei *Worthaus* vertretenen theologischen Standpunkten weiter öffnet, wird sie letztlich das Schicksal der liberal geprägten Kirchen in der ganzen westlichen Welt teilen: keine klare Botschaft mehr, keine Einheit mehr – und folglich zunehmend auch keine Mitglieder mehr. Deshalb ist es jetzt unbedingt notwendig und im besten Sinne „not-wendend", sich von *Worthaus* einerseits im notwendigen

Maße abzugrenzen und gleichzeitig in den Gemeinden die reichhaltigen Schätze aus den kirchlichen Bekenntnissen, den Schriften der Kirchenväter, der Reformatoren und der großen evangelikalen Theologen selbstbewusst und offensiv bekannt zu machen.

Die folgende Tabelle listet *Worthaus*-Vorträge und kritische Stellungnahmen, Kommentare und Diskussionen auf, jeweils mit den zugehörigen Internet-Links.

Titel	Referent/ Datum	Stellungnahme/Antwort/ Diskussion
Die Bedeutung des Kreuzestodes Jesu aus heutiger Perspektive https://worthaus.org/worthausmedien/die-bedeutung-des-kreuzestodes-jesu-aus-heutiger-perspektive-2-4-1/	Dr. Thomas Breuer 1.11.2012	„Vom Elend mancher Theologie" von Holger Lahayne http://lahayne.lt/2013/12/16/vom-elend-mancher-theologie/
Kann die Erzählung von Adam und Eva historisch gemeint sein? https://worthaus.org/worthausmedien/kann-die-erzaehlung-von-adam-und-eva-historisch-gemeint-sein-3-5-2/	Prof. Siegfried Zimmer 18.01.2014	„Entmythologisierung für Evangelikale: Haben Adam und Eva wirklich nicht gelebt?" von Reinhard Junker http://www.wort-und-wissen.de/artikel/a17/a17.pdf
Ist die Bibel Gottes Wort? Bibelauslegung, Bibelkritik und Bibelautorität https://worthaus.org/worthausmedien/ist-die-bibel-gottes-wort-bibelauslegung-bibelkritik-und-bibelautoritaet-4-4-2/	Prof. Wilfried Härle 12.02.2015	„Ist die Bibel Gottes Wort?" von Holger Lahayne https://www.freiewelt.net/blog/ist-die-bibel-gottes-wort-10065341/

Titel	Referent/ Datum	Stellungnahme/Antwort/ Diskussion
Warum das fundamentalistische Bibelverständnis nicht überzeugen kann https://worthaus.org/worthausmedien/warum-das-fundamentalistische-bibelverstaendnis-nicht-ueberzeugen-kann-4-5-1/	Prof. Siegfried Zimmer 7.3.2015	„Ist die Bibel Gottes Wort?" von Holger Lahayne (siehe oben) „Offenbarung im Nebel" von Marc Dannlowski https://www.facebook.com/dannlowski/posts/301840396823687
Die schwule Frage – Die Bibel, die Christen und das Homosexuelle https://worthaus.org/worthausmedien/die-schwule-frage-die-bibel-die-christen-und-das-homosexuelle-5-1-1/	Prof. Siegfried Zimmer 11.04.2015	„Diffamierung als ‚bestes' Argument" – Entgegnung von Michael Kotsch https://bibelbund.de/2015/05/diffamierung-als-bestes-argument/ „Sagt die Bibel etwas zu heutiger Homosexualität?" von Dr. Gerrit Hohage https://www.bibelundbekenntnis.de/biblische-lehre/sagt-die-bibel-etwas-zu-heutiger-homosexualitaet/
Christliche Sexualethik – Der Unterschied in den Paarbeziehungen zwischen antiken und modernen Gesellschaften https://worthaus.org/worthausmedien/christliche-sexualethik-der-unterschied-in-den-paarbeziehungen-zwischen-antiken-und-modernen-gesellschaften-5-8-1/	Prof. Siegfried Zimmer 31.07.2015	Vorehelicher Geschlechtsverkehr in der Antike und in der Bibel – Siegfried Zimmer und die biblische Sexualethik (Weißes Kreuz extra) https://www.weisses-kreuz.de/dynamo/files/user_uploads/mediathek/Weitere/WKExtra_Zimmer_Ehe.pdf

Titel	**Referent/ Datum**	**Stellungnahme/Antwort/ Diskussion**
Das Verständnis der Moderne als ein Schlüssel zum angemessenen Verständnis von biblischen Texten https://worthaus.org/worthausmedien/das-verstaendnis-der-moderne-als-ein-schluessel-zum-angemessenen-verstaendnis-von-biblischen-texten-5-7-2/	Prof. Siegfried Zimmer 9.4.2016	„Krebsverdacht – die verzimmerte Moderne" von Holger Lahayne http://lahayne.lt/2016/08/13/krebsverdacht/
Genderwahn & Gendergaga – Rebellion gegen Gottes gute Schöpfungsordnung? https://worthaus.org/worthausmedien/genderwahn-gendergaga-rebellion-gegen-gottes-gute-schoepfungsordnung-6-6-2/	Prof. Thorsten Dietz 28.07.2017	Dokumentation einer Diskussion zwischen Markus Till und Thorsten Dietz zum Vortrag von Thorsten Dietz https://bibelkreismuenchende.wordpress.com/2017/08/11/genderwahn-gendergaga-rebellion-gegen-gottes-gute-schoepfungsordnung-6-6-2-worthausfreakstock-2016-allstedt-28-juli-2016-von-prof-dr-thorsten-dietz/
Glaube und Zweifel https://worthaus.org/worthausmedien/glaube-und-zweifel-8-2-3/	Prof. Christiane Tietz 19.05.2018	„Christliche Apologetik go home?" Eine Antwort von Dr. Reinhard Junker http://blog.aigg.de/?p=4589

Abruf jeweils am 21.8.2019

3

Die Evangelikalen: segmentiert, amputiert, ramponiert?

Dr. Daniel Facius

In seinem aktuellen Buch „Die Evangelikalen: Weder einzig noch artig. Eine biografisch-theologische Innenansicht" bescheinigt Jürgen Mette der evangelikalen Bewegung in Deutschland eine schwere Krise. Sie sei zerstritten und gespalten und würde so für die Gesellschaft bedeutungslos. Mettes Vorschläge, die Streitpunkte zu überwinden, erscheinen wenig zielführend, zumal er dazu auch für eine Akzeptanz der Bibelkritik wirbt.

Jürgen Mette kennt sich mit der evangelikalen Bewegung in Deutschland sehr gut aus. Als Absolvent des *Theologischen Seminars Tabor* war er mehr als zehn Jahre als Jugendevangelist im Raum des kirchlichen Pietismus tätig. Später war er jahrelang geschäftsführender Vorsitzender der *Stiftung Marburger Medien*, hatte einen Lehrauftrag in *Tabor* und gehörte den Führungsgremien des *Bibellesebundes*, des deutschen Ablegers von *Willow Creek* und der *Deutschen Evangelischen Allianz* an. Er kann also auf Gehör zählen, wenn er der evangelikalen Bewegung eine „hausgemachte Krise" bescheinigt – und ein Buch darüber verfasst, um einen „Weg der Versöhnung" aufzuzeigen. Eine „fröhlich werbende Inklusion der Jesus-Leute" möchte Mette „wecken" (S. 26). Wie stellt er das an?

Jürgen Mette „beginnt mit einer Selbstbeschreibung als ‚lutherisch getaufter, freikirchlich, konfirmierter', freiheitsliebender, charismatisch-konservativer Protestpietist" (S. 28) und einer Definition des „Evangelikalen“, den es so – so seine zutreffende Feststellung – gar nicht gibt (S. 31). Er beschreibt Entstehung und Entwicklung der evangelikalen Bewegung in Deutschland und hält „die Betonung der Notwendigkeit einer freiwilligen Glaubensentscheidung“ für „das signifikanteste Kennzeichen der Evangelikalen“ (S. 37). Mette identifiziert drei verschiedene Milieus: die auf Einheit und Integration bedachten Allianz-Evangelikalen, die bibelfest-traditionellen ‚exklusiven‘ Bekenntnis-Evangelikalen und die emotional-empathischen Charismatiker. Während zwischen Allianz und Charismatikern Vertrauen wachse, hielten sich die Bekenntnistreuen zurück (S. 39). Insgesamt behindern sich die evangelikalen Ströme oft gegenseitig (S. 40), verzetteln sich in lähmenden Flügelkämpfen und behindern das geistlich so wertvolle Potenzial engagierter Christen (S. 42).

Dabei sieht er die kommenden Herausforderungen „in einem sich gegenseitig aufbauenden und kreativen Dialog mit den evangelischen Landeskirchen und zunehmend auch im theologischen Diskurs mit der römisch-katholischen Kirche“ (S. 44). Statt diesen Herausforderungen zu begegnen, etablierten sich immer neue Protestzirkel; „wir spalten uns bis zur Harmlosigkeit“ (S. 45). Nur wenn die Evangelikalen in ihrer Pluralität gedeihen, könnten sie ihr Potenzial voll entfalten (S. 46). Hierzu müsse die „Gnadenlosigkeit“ in den eigenen Reihen durch Gnade überwunden werden. Im Rahmen seiner „Diagnose“ beschreibt Mette, wie es zur Zersplitterung der evangelischen Kirche kam. Landeskirchliche Gemeinden, die gegen geistliche Aufbrüche vorgingen, trieben die „Erweckten“ aus der Kirche, die nun in Freikirchen, Brüdergemeinden oder auch pietistischen Gruppen heimisch wurden und dann ihrerseits den Landeskirchen „Verrat am Evangelium“ vorwarfen (S. 59). Dabei erkennt er durchaus das schwerwiegende Defizit volkskirchlicher Religiosität, dass nämlich die Pflicht, Kirchensteuer zu zahlen, die einzige Pflicht ist, die Mitgliedern der Landeskirche abverlangt wird, und jeder Atheist, Neo-Buddhist oder Neo-Schamane im volkskirchlichen Sinn noch ein Christ ist (S. 63). Die Frage muss erlaubt sein, ob das nicht wirklich einen Verrat am Evangelium darstellt.

In der Folge befasst sich Mette mit einem für sein Anliegen essenziellen Text, einem Teil des hohenpriesterlichen Gebets Jesu aus Johannes 17. Er stellt hier der Elberfelder Übersetzung die Übertragung der „Bibel in gerechter Sprache“ gegenüber. Hier müsse man „genauer hinschauen", da es um das Fundament gehe (S. 66). Mette stellt zu Recht fest, dass die Elberfelder Übersetzung mit „Vater" korrekt ist, während die Bibel in gerechter Sprache einen Begriff wählt, der dort schlicht nicht steht („Gott") – und kommt dann überraschend zu dem Schluss, die „patriarchalische Deutung" werde dem Text ebensowenig gerecht wie die matriarchalische (S. 67). Dabei verkennt Mette, dass es hier nicht um Deutungen geht, sondern um einen biblischen Text. Die Übersetzung „Vater" entspricht schlichtweg dem Original, die Übersetzung „Gott" ist eine ideologisch motivierte Verfremdung. Dass er hier eine Gleichwertigkeit suggeriert, muss schon sehr verwundern. Und ist es wirklich nur eine „Befürchtung", dass mit der „Bibel in gerechter Sprache" die „ganze feministische Ideologie" in die Bibel getragen werden soll (S. 67) – und nicht vielmehr das explizit erklärte Ziel der Verfasser selbst? Der Grund zur Entzweiung entsteht nicht durch eine „minimale Differenz" im Wortlaut[43] (S. 68), sondern gerade dadurch, dass die Bibel in gerechter Sprache nicht das Wort Gottes wiedergeben will, sondern der eigenen Ideologie unterwerfen möchte. Sollte Mette das wirklich nicht verstanden haben?

Im nächsten Kapitel wird der Wunsch wiederholt, dass „alle Verfechter des Buchstabens und Kämpfer der reinen Lehre von der Gnade Gottes überwältigt würden" (S. 73). Hier wird dann auch immer klarer, wen Mette tatsächlich als Problemkind identifiziert: die Bekenntnistreuen, die mit ihrem „klaren biblischen Profil" tief in den Leib Christi einschneiden und einen einstmals vitalen Organismus zerstückeln. Die eine simple und klare Bibelbedeutung einfordern und dann Fangfragen stellen, um Hochschulen, Prediger und Autoren zu examinieren (S. 75) und gegebenenfalls zu kritisieren, wenn die Antworten nicht wie erwünscht ausfallen. Mette befasst sich sodann mit Etiketten wie „biblisch" und „Bibelkritik", wobei er unterstellt, die Bibelkritik würde „nur" bekämpft, weil man deren Sinn und Nützlichkeit nicht erfassen würde (S. 83) – um dann doch festzustellen, dass diese Methode „zu einer prinzipiell radikalen Demontage der Autorität der Schrift geführt und somit das Vertrauen in die Zuverlässigkeit der Bibel untergraben hat". Es ist erfreulich, dass das hier so klar erkannt wird. Vielleicht hätte sich Mette aber auch die Frage stellen sollen, ob nicht genau das der

43 Das ist der Grund, warum Anhänger der Elberfelder Bibel selten mit Anhängern der Luther- oder Schlachter-Übersetzung aneinandergeraten.

Grund ist, warum diese Methode kritisiert wird. Auch der Bibelbund wendet sich nicht dagegen, biblische Texte in ihrem historischen Kontext auszulegen – im Gegenteil. Die auch von Mette aufgezeigten Folgen der historisch-kritischen Methode zeigen aber doch gerade, dass diese Methode dort nicht stehen bleibt. Und diese fatalen Folgen sind auch nicht nur „Begleiterscheinungen" (S. 83), die man beliebig abstellen könnte, sie sind direktes Ergebnis der menschlichen Hybris, die sich über die Schrift stellt, statt sich ihr unterzuordnen.

Soweit Mette sich dann darüber ärgert, dass „ausgerechnet" ein Thema wie die Homosexualität die Evangelikalen spalte und nicht der „Rest des Befundes" aus Römer 1, ist ihm sicherlich darin zuzustimmen. Denn Neid, Habsucht und Lüge laufen dem Evangelium genauso zuwider, und es ist äußerst bedauerlich, wenn derartiges Verhalten in christlichen Gemeinden nicht kritisiert wird. Gleichwohl dürfte es äußert selten vorkommen, dass eine Gemeinde Betrüger und Lügner in einen positiven Kontext stellt oder gar öffentliche Segnungen für Ungerechte, Unbarmherzige oder Neidische veranstaltet. Man muss wohl davon ausgehen, dass ein solches Geschehen durchaus Anlass für die Gründung einer Bekenntnisinitiative wäre, spätestens dann, wenn Kirchenparlamente derartige Segnungen anordnen würden. Mette vergleicht hier Äpfel mit Birnen.

Durchaus bedenkenswert reflektiert er sodann die evangelikale Neigung, sich an den Augenblick einer Bekehrungsentscheidung „zurückzubinden" (S. 96). Hier hätte man sich eine vertiefte theologische Auseinandersetzung gewünscht, wird aber wiederum zur Problematik der „Bibeltreue" umgeleitet, die kindlich vertrauend „Die Bibel sagt!" zum Motto hat (S. 97). Seine eigene Kindheit, in der die Bibel „Fix- und Drehpunkt" seines Lebens war, beschreibt er als „wunderschöne und unbekümmerte" Zeit, die dann offenbar durch die Entgegnung von jemandem – „Mir sagt die Bibel etwas anderes!"— jäh beendet wurde („Schluss mit selig!"). Warum eigentlich, fragt man sich? Begann er, an seiner eigenen Sicht zu zweifeln? Oder hält er es postmodern für möglich, dass die Bibel A und Nicht-A zugleich sagt? Das bleibt leider im Unklaren, und auch eine theologische Reflexion sucht man hier vergeblich, ließe sich doch biblisch durchaus für einen „Kindheitsglauben" argumentieren (Mt 18,3; 19,14).

Das weitere Aufwachsen des Autors ist dann geprägt von Glaubenskämpfen im Hinblick auf die Evolutionstheorie, die Sexualkunde,

Rockmusik und Spiritismus. Mette selbst nennt dies das „Protokoll meines in der Krise geprüften Schriftverständnisses", ohne allerdings jeweils zu erklären, wie dieses Schriftverständnis nun genau aussieht – und wie er seine Haltung zu den dargelegten Themen biblisch begründet, die sich ja im Laufe der Zeit geändert hat. Es wird dann sogar immer unklarer, wie diese „Wandlung" überhaupt aussehen soll, denn gleichsam als Fazit beschreibt Mette seinen Glauben als kindlich, „im vollen Vertrauen darauf, dass Gott alles kann und dass sein Wort absolut vertrauenswürdig ist" (S. 108). Gleichzeitig will er aber „die Möglichkeit des Zweifels ernst nehmen". Man fragt sich allerdings, wie man völlig vertrauen kann, wenn man gleichzeitig den „Gedanken der möglichen Falschheit", ja, geradezu die „Option des Unglaubens" zulässt (so das Zitat von Thorsten Dietz, das Mette zustimmend aufgreift, S. 108f.). Und erneut sucht man nach der biblischen Fundierung. Wo zum Beispiel lassen Jesus, Paulus oder Petrus es als wünschenswert erscheinen, dass Christen die „Option des Unglaubens" zulassen?

Einige Seiten später wird das Bibelverständnis des Autors ausführlicher erläutert. Dabei macht es dann doch etwas traurig, dass der Heilige Geist bei der Abfassung der Schrift kaum eine Rolle zu spielen scheint. Zwei volle Seiten schildert Mette die Entstehungsgeschichte der Bibel („Sammlung von Büchern, die die normative Basis für das Judentum und das Christentum bilden"), bevor zumindest angedeutet wird, dass die Bibel mehr ist als ein menschliches Produkt („Gottes Handschrift, in dem er die Autoren übernatürlich inspiriert und geleitet hat"). Was das bedeutet, bleibt offen. Zudem bezeichnet Mette die Bibel ausdrücklich nicht als Offenbarung, sondern nur als „Zeugnis von der Offenbarung Gottes" (S. 117). Natürlich kann Mette dann auch mit dem Begriff der Irrtumslosigkeit nichts anfangen, wobei er wiederum Torsten Dietz bemüht, der erklärt, man könne diese aus der Bibel gar nicht ableiten (S. 119). Die Fundamentalisten mit ihren klaren und einfachen Lösungen sind nicht seine Sache (S. 120), wobei nicht klar wird, welche Lösungen Mette bevorzugt. Schwierige und komplizierte? Oder hat er einfach keine? Sätze wie „Ich weiß, dass mein Erlöser lebt! Mehr weiß ich nicht" (S. 122) scheinen das zu suggerieren. Wobei man sich dann fragt, von wem die ganzen pointierten Positionen stammen, die man bisher gelesen hat.

Auch zur Frage der Irrtumslosigkeit hat er dann noch einiges mehr zu sagen. Die *Chicago-Erklärung*, die er als gut gemeint, aber angstbesetzt bewertet (S. 126), mühe sich völlig umsonst, denn die Bibel habe den Test der historisch-kritischen Textanalyse längst bestanden (S. 126). Man fragt sich hier, was Mette meint. Er hat ja selbst die glaubenszerstörenden Wirkungen historisch-kritischer Auslegung geschildert. Soll das alles nur der Vergangenheit angehören? Und wieso sollten Christen, die auf die Irrtumslosigkeit der Bibel vertrauen, „die Möglichkeit wissenschaftlicher Welterkenntnis grundsätzlich infrage stellen" müssen (wie es das Duo Dietz/Mette annimmt, S. 126)? Die Bibel legt vielmehr die Grundlage für die Möglichkeit wissenschaftlicher Welterkenntnis, indem sie ein von Gott weise geordnetes Universum postuliert, das in seiner faszinierenden Gesetzmäßigkeit zur Erforschung geradezu einlädt. Was bibeltreue Christen tatsächlich und zu Recht infrage stellen, ist ein methodischer Atheismus, den heute viele mit „Wissenschaft" gleichsetzen.

Auch die weiteren Argumente Mettes gegen die Irrtumslosigkeit sind wenig überzeugend. „Wer sind wir, dass wir Gott Fehlerlosigkeit attestieren?", fragt er scheinbar demütig (S. 126), müsste mit derselben Haltung aber jedwedes Reden über Gott einstellen (wer ist Mette etwa, dass er Gott Liebe attestiert (S. 132) – wie er es emphatisch tut?). Und wenn die Bibel „keine Fehler und keine Irrtümer" enthält (S. 126), warum kritisiert er dann die *Chicago-Erklärung*, die doch offenbar inhaltlich zutreffend ist? Oder sind die Bibel und „Gottes Offenbarung in der Schrift" nicht identisch?

Zuzustimmen ist dem Autor in dem dann vorgetragenen Anliegen, in nicht heilsnotwendigen Fragen (als Beispiele werden Tauffrage, Ekklesiologie, Eschatologie oder Wiederverheiratung Geschiedener) differente Auslegungen des biblischen Befunds zu ertragen (S. 130). Auch dass ihm das allzu ungnädig vorgetragene Beharren auf möglichst „zorniger" Darstellung Gottes missfällt, ist nachvollziehbar (S. 131). Wenn aber der Zorn Gottes „Ausdruck seiner Liebe" ist (S. 132) – muss dann darüber nicht auch gesprochen werden?

Blockaden zu verstehen und zu überwinden, das ist das sich anschließende „Epizentrum" des Buchs (S. 138), das fast enttäuschend kurz gerät. Mette singt das Lied vom Segen der Pluralität, beklagt die Polarisierung im Hinblick auf das Schriftverständnis und (zu Recht!) das gnaden- und lieblose Auftreten frommer Scharfrichter (S. 141). Inhaltlich geht er dann nur noch auf den Kreationismus ein, eine für ihn „vermeidbare Blockade", weil man einfach nur verstehen müsse, literarische Gattungen zu unterscheiden (S. 146). Hier wäre es natürlich schön gewesen, wenn sich Mette etwas vertiefter mit der literarischen Gattung der Genesis auseinandergesetzt hätte, statt sich darauf zurückzuziehen, die Schöpfung sei dort „ideal kindgemäß erzählt" (S. 145). Es gibt nämlich durchaus evangelikale Theologen, die sich äußerst tiefgründig mit der Gattungsfrage auseinandergesetzt haben und zu dem Ergebnis kommen, dass der Schöpfungsbericht eine historische Erzählung ist. Man fragt sich ernsthaft, ob der Autor tatsächlich glaubt, bisher sei kein bibeltreuer Evangelikaler auf die Idee gekommen, „literarische Gattungen zu unterscheiden". Das als Lösung für das Diskussionsfeld Schöpfung – Evolution zu verkaufen, wirkt schon fast peinlich.

Nach diesem enttäuschenden „Höhepunkt" des Werks schließen sich Interviews und Gastkommentare an. Besonders erfreulich ist hier das Interview mit Wolfgang Bühne, der selbstkritisch, aber deutlich auf der absoluten Autorität der Heiligen Schrift beharrt – und auch erklärt, weshalb es keine „Bruderschaft" mit Theologen geben kann, die Jungfrauengeburt, Sühneopfer oder Auferstehung leugnen. Torsten Dietz geht klarer als Mette auf die zentrale Frage des Bibelverständnisses ein, insbesondere auf die Notwendigkeit biblischer Begründung (leider in verhunztem Gender-Deutsch, „Bibelforscherinnen und -forscher"). Michael Diener, Präses des *Gnadauer Verbandes*, legt 1. Korinther 13 aus, Ulrich Fischer vom *Amt für Missionarische Dienste der EKD* lobt die Folgen der Aufklärung für die Kirche, Andreas Heiser aus der *Theologischen Hochschule Ewersbach* versucht zu erklären, warum Evangelikale der Theologie misstrauen, Tobias Faix stellt noch einmal seine Transformationsstudien vor, und Heinrich Derksen vom *Bibelseminar Bonn* erläutert das Potenzial russlanddeutscher Gemeinden.

Das Buch setzt sich fort mit „Einsichten und Aussichten" und dem Wunsch nach „gnädigen Glaubensgeschwistern" (S. 205). Darin wird man dem Verfasser ebenso beipflichten können wie in seiner Erwartung, dass bei aller Unterschiedlichkeit in zweitrangigen Fragen eine Begegnung in der Mitte, bei Jesus, möglich sein sollte. Die Agenda, die er dann entwirft, ist dann allerdings eine „hochpolitische" (S. 211), die die christliche Gemeinde „gesellschaftsrelevant" machen soll (S. 209). Es sei nicht zu spät für eine Bekehrung „zum Wesentlichen", worunter Mette Umgang mit der Schöpfung, Kritik am religiös motivierten Terrorismus, Dialog mit dem Islam, Umgang mit dem aggressiven Atheismus, Verlust der Privatsphäre in den sozialen Medien, die Armut in der dritten Welt und die Flüchtlingsströme, die Altersversorgung der nächsten Generation, den Pflegenotstand und die Anspruchshaltung an Vater Staat versteht (S. 209f.) – eine merkwürdig irdische Auffassung des „Wesentlichen". Die „Kirche der Zukunft", von der Mette träumt, wird die Grenzen der Denominationen überwinden, von der Gottesfurcht und dem Bewusstsein für die Heiligkeit Gottes katholischer und orthodoxer Glaubensgeschwister lernen, das Trennende der Tauffrage auflösen, bisher ignoriertes Liedgut entdecken (Choräle die einen, Lobpreis die anderen), diakonische Konzepte entwickeln, Grenzen zwischen Landeskirchen, Brüdergemeinden und Pfingstgemeinden überwinden. Und dabei „unvernünftig und maßlos in der Verehrung Jesu sein" (S. 223). Durchaus bedenkenswert ist auch die Ermahnung, „das Evangelium nicht zur niederschwelligen Billigware verkommen zu lassen, sondern es so aufzurichten, dass der Zugang Konsequenzen fordert" (S. 227). Im anschließenden Fazit empfiehlt der Autor Schritte zur Erneuerung: „einander wertschätzen, einander ertragen, miteinander beten, theologischen Disput pflegen und miteinander dienen" (S. 244).

Insgesamt hinterlässt das Buch einen zwiespältigen Eindruck. Die Situationsbeschreibung der evangelikalen Bewegung ist sicher in mancher Hinsicht zutreffend, wobei die theologische Deutung, der Leib Christi sei „segmentiert, amputiert und ramponiert" (S. 245) zu hinterfragen wäre. Die Schilderung des Glaubenswegs des Autors ist so authentisch wie traurig, man wünscht ihm förmlich den „wunderschönen und unbekümmerten" Glauben seiner Kindheit zurück, in der die Bibel Fix- und Drehpunkt seines Lebens war. Warum er diesen Glauben aufgegeben hat, bleibt bis zum Ende unklar. Nachvollziehbar dagegen ist das Verlangen nach gnädigerem Umgang miteinander im christlichen Dialog, der in der Tat zu oft von liebloser Rechthaberei und Verächtlichmachung des Gegenübers geprägt ist – kein gutes Zeugnis für Nachfolger Christi. Auch im Hinblick auf die gegenseitige Wertschätzung und die Toleranz in zweitrangigen Fragen ist Mette sicher recht zu geben – zu viele Streitigkeiten, zu viele Spaltungen geschehen aus Gründen, die eine solche Spaltung nicht rechtfertigen. Problematischer erscheinen dagegen die Visionen einer gesellschaftlich relevanten, politischen Kirche. Jesu Reich ist eben „nicht von dieser Welt", und weder Jesus noch die Apostel haben sich allzu ausführlich zum Pflegenotstand oder der Altersversorgung der nächsten Generation geäußert, obgleich das damals sicherlich noch drängendere Themen waren als heute. Natürlich gehört diakonisches Handeln zum Auftrag der Gemeinde – aber ist es wirklich das „Wesentliche"?

Und noch etwas verwundert: das fast völlige Fehlen einer Auseinandersetzung mit der „Wahrheit". Mette schreibt viel über Gnade und Liebe, geht aber kaum darauf ein, dass Jesus gekommen ist, um von der Wahrheit Zeugnis zu geben (Joh 18,37), und dass er seine Gemeinde als Pfeiler und Grundfeste der Wahrheit baut (1Tim 3,15). Wer ernsthaft an einer Beilegung von innerevangelikalen Streitigkeiten interessiert ist, muss sich vordringlich mit dem Problem befassen, wie das Verhältnis von Liebe und Gnade zur Wahrheit ist. Nicht jede inhaltliche Auseinandersetzung, nicht jede Kritik ist nämlich per se „ungnädig". Auch scheint Mette die Frage des Schriftverständnisses als zweitrangig aufzufassen. Schon damit wird er auf entschiedenen Widerspruch bei den Bekenntnis-Evangelikalen stoßen (müssen), die übrigens zu Recht darauf hinweisen, dass ein Nachfolger Jesu auch und gerade von dessen Schriftverständnis lernen sollte, in dem für die „Option des Unglaubens" keinerlei Raum ist. Ohne eine gemeinsame Überzeugung von der Bedeutung und Qualität der Grundlage (!) der christlichen Lehre, der Heiligen Schrift, wird man zwar gnädig und liebevoll diskutieren, zu einer wirklich vertieften Einheit aber kaum kommen können.

4

Weiterglauben – doch nicht so

Ein Beitrag zur Debatte darüber, wie der Glaube weit wird, ohne seine Bindung zu verlieren

THOMAS JEISING

Die Debatte, die Thorsten Dietz mit seinem Buch *Weiterglauben* angestoßen hat, ist wichtig, seine Antworten aber sollten hinterfragt werden. Polarisierungen in der Christenheit werden am besten mit einer liebevollen Streitkultur, aber nicht mit einem neuen Glauben überwunden. Dabei führt Bibelkritik weder zu einem besseren Verständnis der Bibel noch zu einem besseren christlichen Leben.

Kaum war das neue Buch von Thorsten Dietz *Weiterglauben: Warum man einen großen Gott nicht klein denken kann*[44] auf dem Markt, da wurde auch schon darüber diskutiert. Jürgen Mette empfiehlt es überschwänglich.[45] Markus Till bespricht es in seinem Blog kritisch.[46] Ulrich Parzany empfiehlt diese kritische Besprechung bei *Bibel und Bekenntnis*, woraufhin Dietz auf dem Blog von Tobias Faix[47] antwortet. Was hat es mit dem Buch auf sich, und warum ist es eine so aufregende Lektüre?

---

44 Moers, Brendow, 2018

45 https://www.pro-medienmagazin.de/kultur/buecher/2018/06/08/gestandene-christen-bekennen-sich-zu-ihren-zweifeln/

46 http://blog.aigg.de/?p=4130

47 http://tobiasfaix.de/2018/06/weiterglauben-im-gespraech-eine-antwort-auf-die-kritik-von-markus-till-von-thorsten-dietz-ein-gastbeitrag/

Thorsten Dietz will mit seinem Buch drei Probleme lösen. *Zuerst* einmal will er Polarisierungen im Christentum überwinden. Die gehen für Dietz offenbar vor allem von „fundamentalistisch" denkenden Christen aus, die dann auch noch andere Christen kritisierten, die sich in ihrem Glauben „weiterentwickelt" haben. Wenn nun die fundamentalistischen Christen, die Dietz vereinzelt auch auf Seiten liberaler Bibelkritik sieht, vor allem aber bei den Bibeltreuen, aufhörten, eng zu glauben und anfingen, weit zu glauben, würde eine positive Streitkultur gefördert. *Zweitens* könnte ein weiter Glaube dazu führen, dass sich weniger junge Christen, die einmal zu evangelikalen Gemeinden gehörten, später von diesen abwendeten. Sie müssten nur den engen Glauben hinter sich lassen und könnten dann trotzdem weiterglauben. *Drittens* erscheint Dietz dieser von Weite geprägte Glaube am besten zu den Herausforderungen einer unübersichtlichen Welt zu passen, denen sich dann eine geeinte Christenheit jenseits aller Lagerbildungen widmen könnte.[48]

Den fundamentalistischen Christen will Dietz zur Überwindung ihres Denkens mit Verständnis begegnen, ihnen die Gründe für ihre Enge erklären und den Weg hinaus zeigen. Sie sollen erkennen, dass ihr Fundamentalismus nur eine Reaktion auf Verunsicherung ist, aber der wahre christliche Glauben ein Glaube ohne Sicherheiten sein kann (Kap. 1–3). Dass Dietz bei aller vermeintlichen Neutralität doch vor allem die konservativen evangelikalen Christen im Blick hat, zeigt sich daran, dass er die engen Gläubigen überzeugen will, ihre Bibelhaltung zu ändern und anzuerkennen, dass die Bibel vor allem insofern „Gotteswort im Menschenwort" ist, dass wir uns von ihr angesprochen fühlen (Kap. 4). Deswegen sollen sie damit aufhören, sich auf eine Historizität des in der Bibel Erzählten zu stützen, die es vielfach nicht gebe, sondern die symbolisch erzählte Botschaft erkennen. Die biblischen Texte sollen eher als kunstvolle Bilder gedeutet werden, die eine Wahrheit unhistorisch abbilden, dabei aber eine „Begegnung mit Jesus Christus" ermöglichen (Kap. 5). Der neue, weite Glaube ist für Dietz deswegen auch ein mystischer Glaube. Natürlich seien auch theologische Fragen wichtig, aber es gehe vor allem um eine „Frömmigkeit als innerer Erfahrung", die im Gefühl der Ergriffenheit von einem

48 Dieses Anliegen unterstreicht Dietz stärker als im Buch, wo das im letzten Kapitel im Bild vom Flussdelta verschwimmt, in seiner Antwort auf die Rezension von Markus Till – siehe Fußnote 14.

unbegreiflichen Gott besteht (Kap. 8). Auf dieser Grundlage sieht er in einer unübersichtlichen Zeit eine Zukunft für den christlichen Glauben und eine Wirkung der Gemeinschaft der Christen auf die Welt (Kap. 9).

Das Ganze ist an keiner Stelle eine neue Botschaft. Wer die Theologiegeschichte der vergangenen 100 Jahre überschaut, weiß, dass die Art von Glauben, für die Thorsten Dietz wirbt, der Glaube ist, der nach dem Siegeszug der historisch-kritischen Theologie aufgerichtet wurde und dessen Spitze darin liegt, dass man an die Auferstehung glauben will, auch wenn der Körper von Jesus Christus im Grab geblieben ist. Nur kommt die Werbung jetzt von einem Professor der *Evangelischen Hochschule Tabor*, die über Jahrzehnte für ein konservatives, bibelorientiertes Christsein stand und Missionare und Prediger für die Gemeinschaftsbewegung ausgebildet hat. Thorsten Dietz trägt sein Anliegen mit erfrischender Offenheit vor. Er steht zum Projekt „Universitätstheologie für Evangelikale“[49]. Seine Einbindung in dieses Unternehmen von *Worthaus* hebt er an vielen Stellen im Buch hervor, die Vorträge dort sieht er als eine „wesentliche Hilfe“ für den „Glaubensweg“ vieler (S. 9).

Die Ehrlichkeit und der um Verständnis bemühte Ton machen das Buch sympathisch. Nur sollte das niemanden darüber täuschen, dass hier nicht „die Brücken, die Übergänge und Verbindungstunnel zwischen den Lagern“ „gepflegt“ und „gestärkt“ werden (S. 11). Das Ziel ist letztlich die Überwindung eines „prämodernen“, bibelgebundenen Kinderglaubens, der auf das historische Heilshandeln Gottes aufbaut, wie es in der Bibel bezeugt ist, hin zu einer aufgeklärt mystischen Frömmigkeit als einem postmodernen „Glaubensstil“. Der kann dann glauben, selbst wenn die Bindung an historische Tatsachen, wie sie etwa im Glaubensbekenntnis zum Ausdruck kommen, entfällt, weil die Ereignisse gar nicht stattgefunden haben, sondern reine „Glaubenssätze“ sind. Das ohne „Polarisierung“ zu bewirken kann ein frommer Wunsch sein, wäre aber nur durch stille Anpassung einer Seite erreichbar. Dass eine solche Anpassung im Gang ist, sollte umso mehr zu einer kritischen Auseinandersetzung ermutigen.

---

49 vgl. https://bibelbund.de/2017/12/worthaus-universitaetstheologie-fuer-evangelikale/

Notwendige und überflüssige Polarisierungen

Thorsten Dietz beklagt die Polarisierungen in der Christenheit, die dazu führten, dass viele Fragen „in vielen christlichen Kreisen“ „schlicht tabu“ sind. Wer seine Zweifel an der bisherigen Frömmigkeit äußere, gehöre nicht mehr dazu und dürfe nicht mehr mitarbeiten. Wer sich zu einem neuen Glauben weiterentwickelt hat, bekomme keinen Raum mehr in seiner Gemeinde (S. 20). Nun vermag ich nicht zu beurteilen, ob Thorsten Hebel, dessen Weg Dietz als Beispiel wählt, nach seiner „Entkehrung“, die er in seinem Buch *Freischwimmer* verteidigt hat, immer liebevoll und christlich behandelt wurde. Ich habe das aber in meinem Umfeld so erlebt. Es war mehr Trauer und Mitleid als Verurteilung zu bemerken. Er ist auch nicht der erste Evangelist, dessen Predigten ich dankbar zugehört habe, der dem Glauben (oder nur einem bestimmten Glaubensstil?) den Rücken gekehrt hat.

Wenn aber jemand, der in der evangelikalen Öffentlichkeit einen Namen hat, einen neuen Weg gehen will und sich zu einem eher deistischen Glaubensverständnis wendet, dann ist eine Debatte naheliegend, insbesondere wenn das Ganze von ihm selbst nicht nur auf seelsorgerlicher Ebene behandelt wird.

Ich frage mich nur, wie eine Polarisierung vermieden werden kann, wenn die einen das nun als Abfall vom rechten Glauben deuten und die anderen das Gleiche für eine Weiterentwicklung zu einem erwachsenen Glauben halten. Wie soll eine Debatte darüber ohne Polarisierung auskommen? Für empfindliche Gemüter ist das unangenehm, aber unvermeidbar. Es kommt dann darauf an, dass wir diese Debatte mit christlicher Liebe und gutem Umgang führen, aber umgehen können wir sie nicht. Kann aber deswegen niemand mehr offen über seine Zweifel reden, und gibt es jetzt ein Klima der Angst und Unterdrückung? Ich nehme das nicht wahr. Zu mir kommen auch regelmäßig Menschen, die ernste Glaubenszweifel haben oder die ihren Frömmigkeitsstil hinterfragen oder die durch ihr Verhalten in ernste Probleme geraten sind. Aber es gibt unterschiedliche Wege, damit umzugehen. Soweit ich sehe, wird selten jemand wegen Glaubenskrisen oder Nöten oder Irrwegen geächtet. Damit sind auch die seltenen Fälle nicht entschuldigt, hier haben Christen und Gemeinden Schuld auf sich geladen. Die Debatte entsteht aber nicht deswegen, sondern weil Krisen oder Zweifel gerechtfertigt oder gar als neuer Weg des Glaubens dargestellt werden. In einer Gesellschaft, die alles gern zu einem Teil der Identität erklärt und wo jedes *Coming Out* bejubelt wird, steht der christliche Weg als altmodisch dar. Es sind zwei Welten, ob jemand im seelsorgerlichen Gespräch bekennt: „Ich habe abgetrieben", oder sich demonstrativ auf einem Cover der Zeitschrift *Stern* abdrucken lässt und das Gleiche sagt. In einem Fall gibt es keine Polarisierung, im anderen Fall schon. Christliche Gemeinden haben immer auch homosexuell empfindende Menschen begleitet. Die Polarisierung begann, als das auch von Christen zu einer Identität erklärt wurde, die als normale christliche Lebensform angesehen werden müsse.

Genau das ist auch schon in der Bibel zu beobachten und zieht sich durch die ganze Kirchengeschichte. Wer diese Art von Polarisierung nicht will, der muss entweder einen Pluralismus einführen, der alles und jedes als möglichen Glaubensweg toleriert (das will Dietz offenbar nicht), oder er richtet eine Meinungsdiktatur auf, in der dann vielleicht die konservativen oder „fundamentalisch" denkenden Christen ausgeschlossen werden (das will er wohl auch nicht). Ich höre die Mahnung zu einer Auseinandersetzung, die Liebe und Respekt nicht vergisst. Aber können wir die Vermeidung von Polarisierungen zum Maßstab machen, wenn wir es mit einander ausschließenden Überzeugungen zu tun haben? Insofern unterstreiche ich die Wendung am Ende des ersten Kapitels bei Dietz:

„Besser streiten lernen, darum muss es heute in vielen christlichen Kreisen gehen. Zwischen radikaler Totalkritik der jeweils anderen und großer Gleichgültigkeit bzw. Kontaktvermeidung gibt es einen weiten Raum, in dem Menschen mit unterschiedlichen Hintergründen und Voraussetzungen Fragen stellen und diskutieren können"(S. 32).

Ich nehme es Thorsten Dietz auch ab, dass er ehrlich „ringen und diskutieren, aufeinander hören und voneinander lernen" will. Leider machen Teile des Buches, das einerseits ständig zur Bescheidenheit angesichts der eigenen begrenzten Erkenntnis mahnt und im nächsten Atemzug diese Erkenntnis als alternativlos darstellt, keine große Hoffnung. Auch scheint das Lächerlichmachen von Andersdenkenden zum Stil von *Worthaus* zu gehören.[50] Davon hebt sich allerdings der Ton in diesem Buch fast überall wohltuend ab.

50 vgl. die Besprechung eines Vortrages durch Michael Kotsch, https://bibelbund.de/2015/05/diffamierung-als-bestes-argument/

Auf dem Weg zur Gelassenheit

Indem wir lernen, unsere Glaubensinhalte als relativ zum wahren Gott zu sehen, sollen wir „einen etwas gelasseneren Umgang mit Glaubensunterschieden gewinnen" (S. 33). Thorsten Dietz entfaltet in guter Exegese von Bibelabschnitten, dass der Gott der Bibel sich zugleich offenbart und doch der unsichtbare Gott bleibt. (Diese Seiten waren für mich beim Lesen sehr wertvoll.)

„Gott ist größer als alle unsere Gedanken über ihn, er entzieht sich all unserem Begreifen – und zugleich kommt er uns ganz nah. Im Grunde ist das unstrittig" (S. 46).

Wo aber fängt dann die eigentliche Herausforderung an? Dietz meint, dass das in der „produktiven Spannung zwischen dem Gegebenen und seiner persönlichen Verarbeitung" liegt (S. 47). „Reifer Glaube" sei dann der, der sich mit der eigenen Tradition und „den überlieferten Geschichten der eigenen Erzählgemeinschaft" bewusst auseinandersetzen könne. Das Problem entstünde immer da, „wo erwachsene Gläubige ihre Gottesvorstellungen mit Gott selbst verwechseln" und sie ihre Einsichten nicht mehr als Stückwerk ansähen (S. 49). Man könnte dem vorbehaltlos zustimmen, wenn nicht mit Bezug auf Johannes Hartls Dissertation offenbar das Verständnis von der „wortwörtlichen Wahrheit der Bibel" auch irgendwie unter die unterschiedliche Gotteserkenntnis gerechnet würde. Wenn die entscheidende Einsicht sein soll, „dass man von Gott gar nicht anders reden kann als metaphorisch oder symbolisch und dass solche Rede von Gott ganz und gar biblisch und angemessen ist" (S. 48), dann schwingt dabei auch ein gewisser Vorbehalt gegen die Offenbarung Gottes im Wort der Bibel mit. Ich vermisse den fröhlichen Dank über den Reichtum der Erkenntnis Gottes, die Christus uns ermöglicht hat. Ich vermisse die Freude an genau den wörtlichen Formulierungen, die uns Gott zur überfließenden Erkenntnis seiner Geheimnisse gegeben hat und die uns zugleich in unsere Schranken weisen, nicht darüber hinauszugehen. Stattdessen sei „eine wesentliche Erkenntnis, die viele Christenmenschen dringend nötig haben", „dass alle unsere Worte zu kurz greifen, dass all unsere Einsicht nur eine Annäherung an das Geheimnis Gottes ist" (S. 49). Richtig ist, dass unsere Gotteserkenntnis beschränkt ist und wir den Wunsch haben mögen: „Zeige uns den Vater!" Aber wenn Jesus sagt: „Wer mich sieht, der sieht den Vater!", dann macht er gerade damit den Reichtum deutlich, den wir im biblischen

Evangelium haben. Eine darüber hinausgehende Gotteserkenntnis und Nähe zu Gott ist erst in der Herrlichkeit möglich und bis dahin für den sündigen Menschen auch nicht erstrebenswert.

Die durchaus erhellenden Aussagen über Wahrheit und Wahrheitserkenntnis gipfelt bei Dietz in dem Satz: „Darin liegt die Besonderheit des biblischen Begriffs von Wahrheit, er verkörpert ein relationales oder dialogisches Wahrheitsverständnis“ (S. 64).

Einerseits habe die Bibel „nicht einfach einen ganz anderen Wahrheitsbegriff“ (S. 61), andererseits habe der christliche Wahrheitsbegriff besondere Aspekte, die in der Begegnung mit Jesus, in einem wachsenden Erkenntnisprozess und der dadurch bewirkten Veränderung des Menschen und seinem Handeln lägen. Dabei bezeichnet Dietz mehrfach wahre Aussagen oder sogar richtiges Denken nicht als Wahrheit im christlichen Sinne.

„Wir finden die Wahrheit über Gott nicht einfach in der Bibel im Sinne von richtigen Sätzen, die sich aufschreiben und auswendig lernen lassen“ (S. 65).

Sinnvoll erscheint mir das nicht.

In der Erkenntnistheorie[51] spricht man in diesem Zusammenhang von propositionalem und nicht-propositionalem Wissen, also solchem Wissen, das in Aussagesätzen gefasst werden kann, und solchem, bei dem das nur schwer oder gar nicht möglich ist. Beides muss aber notwendig auf Wahrheit beruhen, wenn es Wissen oder Erkenntnis genannt werden soll. Natürlich gibt es in der Bibel zahlreiche Wahrheitssätze über Gott, und die sind und bleiben auch wahr, wenn wir sie aufschreiben und aussagen. Aber weil Gott eine Person ist, die mit uns in Beziehung tritt, kann – wie in jeder personalen Beziehung – das nicht auf Satzwahrheiten beschränkt bleiben. Es gibt, wenn ich sage: „Ich kenne meine Frau“, vieles, was sich dabei nicht leicht oder gar nicht in Aussagesätze fassen lässt. Muss aber darum ein Satz der Art: „Meine Frau mag blaue Blumen“ prinzipiell ohne Wahrheit sein, nur weil die Aussage meine Frau nicht umfassend beschreibt und das begrifflich schwer Fassbare darin nicht enthalten ist? Das ist weder notwendig noch sinnvoll. Dass in der Erkenntnis von Personen nicht-propositionales Wissen enthalten ist, ist weder im täglichen Leben noch

51 Ich sehe mich zu diesem Ausflug ermutigt, weil Dietz für seine Argumentation auch auf Begriffe aus der Erkenntnistheorie zurückgreift.

im Hinblick auf einen persönlichen Gott eine Überraschung. Der besondere Wahrheitsanspruch Jesu liegt gerade darin, dass er den Menschen die Möglichkeit abspricht, „in der Wahrheit" zu leben, ohne eine Glaubensbeziehung zu ihm zu haben. Dass es keine wahre Gotteserkenntnis ohne Glaubensbeziehung zu Jesus gibt, bedeutet aber im Umkehrschluss nicht, dass man keine wahren Aussagen über Gott, sein Wesen und seinen Willen machen kann. Wir finden viele solcher Wahrheitsaussagen in der Bibel. Weil diese sich auf eine Person beziehen, die noch dazu weit über jeder menschlichen Person steht, überrascht es nicht, dass die wahren Aussagen über Gott sehr komplex sind, was als Widerspruch erscheinen kann, aber – wie auch Dietz betont – nicht als solcher aufgefasst werden soll.

Am Beispiel der Lehre vom Kreuz Christi will Dietz die Konsequenzen aus seiner Definition des christlichen Wahrheitsbegriffes darlegen. Er kommt zu dem Ergebnis, dass man die Glaubenswahrheit festhalten müsse, aber dass man die Ausdrucksformen dafür immer wieder anpassen sollte. Er will dabei keineswegs die vielen „Begriffe, Bilder und Symbole, die manchen Christen noch lieb und vertraut sind" (S. 74), einfach über Bord werfen. Aber er warnt auch:

„Wer aus Angst vor Irrtümern alle neuen Gedanken und Formulierungen radikal ablehnt und sich krampfhaft klammert an die Worte und Bilder, mit denen er selbst den Glauben kennengelernt hat, darf sich nicht wundern, wenn er eines Tages nicht einmal seinen eigenen Kindern erklären kann, was er glaubt" (S. 75).

Die interessante Frage, bei der es leider bei Andeutungen bleibt, wäre meines Erachtens, ob wir im Hinblick auf die Bedeutung des Sterbens Jesu an die zahlreichen biblischen Formulierungen gebunden sind oder in welchen Grenzen wir es wagen dürfen, darüber hinaus zu gehen. Wäre es schon die „merkwürdige Fixierung auf ganz bestimmte Formeln und Begriffe" (S. 74), wenn man mit Luther meint: „Denn es ist gar gefährlich, von Gottes Sachen anders zu reden oder mit andern Worten, als Gott sie selbst braucht."[52] Das hängt mit der Frage zusammen, ob es möglich ist, die Glaubenswahrheit der biblischen Sprache zu entkleiden, sie sozusagen nackt zu bewahren und dann jeweils wieder neu einzukleiden. Ich halte das für eine Illusion, Dietz scheint es

52 An die Ratsherren aller Städte deutschen Landes, dass sie christliche Schulen aufrichten und halten sollen (1524), Martin Luther, Gesammelte Werke (K. Aland, Hg.) Bd. 5, S. 78

nicht auszuschließen. Ich glaube deswegen, dass wir für die theologische Rede von der Erlösung durch das Kreuz an die biblische Sprache und ihre Bilder gebunden sind, was nicht heißt, dass wir in der Verkündigung nicht anderes zur Veranschaulichung heranziehen dürfen.

Streitfall Schriftverständnis

Thorsten Dietz sieht, dass viele Diskussionen in der christlichen Welt auf den „Streitfall Schriftverständnis" hinauslaufen, und will die Frage beantworten: Ist die Bibel Gottes Wort? (S. 77-98). Sein Ergebnis ist, dass man an der Formel „Gotteswort im Menschenwort" festhalten und sich im Übrigen mit dem „Staunen vor dem Unerklärlichen" und dem „Ereignis" des Angesprochenseins durch einen unverfügbaren Gott zufriedengeben soll.

Dietz vermischt dazu zuerst die Frage nach dem Schriftverständnis mit der Frage nach der rechten Auslegung der Schrift.[53] Er sieht das in manchen Argumentationen vorgegeben, die die Hoffnung vermittelten, dass das rechte Schriftverständnis als Grundlage auch zu einer einheitlichen Auslegung führen würde. Es gebe aber, ob das Schriftverständnis nun von der orthodoxen Inspirationslehre oder von der historisch-kritischen Methode bestimmt sei, selbst innerhalb der Lager keine übereinstimmende Auslegung.

In einem zweiten Schritt problematisiert er den Satz „Die Bibel ist Gottes Wort" so, dass der am Ende als irgendwie falsch erscheint und darum durch die Formel „Gotteswort im Menschenwort" ersetzt werden solle. *Erstens* rede Gott im eigentlichen Sinn gar nicht:

„Natürlich ist klar, dass ‚Reden', wie jedes Wort, das wir auf Gott beziehen, metaphorisch bzw. symbolisch gemeint ist" (S. 79).

Zweitens rede die Bibel differenziert vom Wort Gottes, und darum könne das nicht, ohne mindestens zu verkürzen, auf die Bibel als Ganze angewendet werden, auch wenn „die neutestamentlichen Autoren (...) ganz offensichtlich die Schriften des Alten Testaments als Gottes Wort gelesen (haben), genauso wie die allermeisten Christen in der Kirchengeschichte" (S. 80). *Drittens* sei nicht die Bibel „das" Wort Gottes, sondern das sei Jesus Christus, und darum sollen und können viele biblische Texte „gar nicht ‚geglaubt' werden". Man glaube nur an Jesus,

53 Das ist Absicht, und er verteidigt dieses Vorgehen auch gegen die Kritik von Markus Till im Blogbeitrag.

und dieser Glaube werde allein durch das Evangelium von Jesus Christus bewirkt, nicht aber durch die ganze Bibel.

In einem dritten Schritt schließlich entfaltet Dietz eine Geschichte des Schriftverständnisses von der Reformation bis zum Neupietismus, die für ihn organisch auf „die dritten Wege der Schriftauslegung" zuläuft, die er selbst auch für das angemessene Schriftverständnis hält. Es gebe keine „Sicherheit von Lehrüberzeugungen", sondern nur eine „Gewissheit des Glaubens" (S. 93-94). Die Rede von der Irrtumslosigkeit der Bibel sei aus dem Sicherheitsbedürfnis geboren, das sich etwas wünsche, worauf man sich eindeutig verlassen kann. „Manche Christen wünschen sich im Blick auf ihre Bibel eine Eindeutigkeit, die die biblischen Texte selbst in grundsätzlichen Fragen verweigern" (S. 95). Dass Dietz verbunden mit der Forderung nach „ein wenig mehr Bescheidenheit und Demut" mal wieder das Strohmann-Argument einer „Inspirationstheorie, die das Wirken des Heiligen Geistes als Ausschluss des Menschen aus der Abfassung der Schrift versteht" (S. 97), bemüht, kann ich nur als Fehlgriff deuten, denn es wird ihm schwer gelingen, jemanden zu finden, der eine solche Theorie ernsthaft vertritt und begründet. Der richtige Umgang mit der Bibel beachte das Stückwerk in allem Erkennen, er achte, dass in jeder Offenbarung Gottes doch immer „dieser Schleier" bleibt. Gott rühre an und bleibe doch ungreifbar.

„Zum Bibellesen gehört die Einsicht, dass ich nicht festhalten kann, was mich ergreift. Die Formulierung ‚Gotteswort in Menschenwort' ist eine Erinnerung an dieses Geheimnis" (S. 98).

Keine Antwort – auch eine Antwort?

Statt die in der Kapitelüberschrift gestellte Frage zu beantworten, führt Dietz seine Leser konsequent weiter zu seinem mystischen Glaubensverständnis. Brauchen wir wirklich keine Inspirationslehre, weil die nicht zu einer einheitlichen Auslegung führen kann? Die Formel „Gotteswort in Menschenwort" kann zwar von vielen geteilt werden, aber nur deswegen, weil sie beinahe beliebige Interpretationen zulässt.

Ein schriftgemäßes Inspirationsverständnis hat aber eine andere Aufgabe als eine schriftgemäße Exegeselehre, und darum sollte beides nicht vermischt werden. Beim Schriftverständnis geht es um die Frage nach der Autorität der Bibel. Warum hat sie einen Vorrang? Warum ist sie ein Heilsmittel und kann mir Christus so vor die Augen malen, dass sie Glauben schafft, der auf ewig rettet? Um die Sicherung einer einheitlichen Auslegung der Bibel geht es hier noch nicht. Aber ohne eine fundierte Antwort auf die Inspirationsfrage ist offen, warum sich die Auslegung überhaupt so viel Mühe geben soll, herauszufinden, was wirklich da steht. Wenn es nur auf das Ereignis des Angesprochenseins ankommt, das ganz unverfügbar bleibt, wäre das alles Zeitverschwendung. Kein Buch der Welt hat so viel Lebenszeit in Anspruch genommen, zu verstehen und nachzusprechen, was in ihm ausgesagt wird. Ganze Bibliotheken füllt das Mühen um jedes Wort, jeden Satz, jeden Zusammenhang. Gerechtfertigt erscheint das nur, wenn die Bibel in einer gewissen Exklusivität Gottes Wort ist und wenn es deswegen darum geht, genau zu verstehen, was der wahre Gott uns mitteilen wollte. Auch das Buch von Thorsten Dietz lebt von dieser Frage: Kann es uns mitteilen, wie wir nach Gottes Willen richtig glauben sollen, oder handelt es sich nur um irgendwelche Ideen eines zweifellos klugen Menschen, die plausibel sein mögen oder nicht? Warum sollen wir denn dem Menschen- und Gottesbild der Sintflutgeschichte den Vorzug geben vor dem Gilgamesch-Epos, wie es auch Dietz tun will, nachdem er beides im Hinblick auf die Inspiration auf eine Stufe gestellt hat? Nur weil uns das eine mehr anspricht als das andere? Nur weil es zur Tradition der christlichen Kirche gehört, auf die Bibel zu hören? Nur weil viele Menschen gute Erfahrungen mit dem Bibellesen gemacht haben? Oder weil die Bibel den Zugang zu Gott und seinem Willen darstellt?

Wir sollten auch das Ringen um die rechte Auslegung nicht geringachten, selbst wenn es uns nicht zu einer einheitlichen Meinung führt. Genau an diesem Streit um das rechte Verständnis, den wir in Liebe zu den Mitchristen führen wollen, zeigt sich doch, dass wir die Bibel als Gottes Mitteilung schätzen. Wenn es in ihr nur um menschliche Meinungen und Erlebnisse ginge, möge sie Menschen bewegen. Wenn es aber um Gottes Meinung geht, nicht nur um die von Paulus oder Petrus, nicht um die von Luther oder Calvin, nicht nur um die von Thorsten oder Thomas, dann geht es um mehr: um die Frage nach dem ewigen Leben nämlich. Die Inspirationslehre beantwortet die Frage, ob Gottes Meinung überhaupt in der Bibel steht und warum diese Wörter einen Weg zur Errettung weisen sollen. Die Auslegung untersucht, welche Meinung das genau ist. Der Sprung zum Ergriffensein verschiebt die Ausgangsfrage „Ist die Bibel Gottes Wort?“ konsequent auf die Ebene des Menschen, sodass die Antwort lauten würde:

„Immer dann, wenn ich mich angesprochen fühle." Dagegen macht die Bibel mit ihrem „Heute so ihr seine Stimme höret, verstocket eure Herzen nicht!" deutlich, dass Gott redet, auch wenn der Mensch weghört. Gott hat geredet durch den Sohn, auch als seine Rede als Gotteslästerung abgelehnt wurde.

Es ist eine richtige und wichtige Feststellung, dass man nicht die richtige Inspirationslehre vertreten muss, um gerettet zu werden.[54] Aber es ist doch der rechte Glaube, der rettet, und der wird – wie Dietz feststellt – vom Evangelium gewirkt, das wiederum nirgendwo anders zu finden ist als im Wort Gottes, das wir in der Bibel lesen und aus der Bibel hören. Die schöne Differenzierung dessen, was mit „Gottes Wort" in der Bibel alles gemeint ist (S. 79), ist wichtig, auch wenn sie mal wieder mit einer Haltung vorgetragen wird, als ob das in allen Jahrhunderten der Christenheit übersehen worden sei. Sie sollte aber mit dem Bewusstsein gelesen werden, dass uns jeder einzelne Punkt nicht von der Bibel unabhängig macht, sondern uns auf sie verweist. „Gottes Selbstmitteilung in Jesus Christus" ist nicht unabhängig von der Bibel zu haben. Oder meint Dietz, dass er in der Mystik einen unabhängigen Zugang zu Jesus gefunden habe? Das „Evangelium von Jesus Christus" ist keine Formel, sondern eine facettenreiche Botschaft, die in der ganzen Bibel entfaltet wird („nach der Schrift" 1Kor 15,1-5). Oder meint Dietz, wir hätten das Evangelium ohne die beständige Bindung an die Schrift? Seine Warnung vor Selbstsicherheit wäre auch hier angebracht. Auch kann ich mir nicht vorstellen, dass er „Verkündigung" ohne die Bindung an die inhaltlichen Aussagen der Bibel als Gottes Wort bezeichnen will. Offenbar war das selbst den Aposteln wichtig.

Verwundert es da, dass wir immer wieder bei der Frage nach dem richtigen Schriftverständnis landen? Leider hat Dietz auch die Auseinandersetzungen in einigen Auslegungsfragen (er benennt beispielhaft die Trauung homosexueller Paare) nicht genau genug analysiert. Wenn diese auf die Frage nach dem Schriftverständnis hinausgelaufen sind, dann hatte das nicht den Grund, dass sich nicht alle Seiten darüber klar und einig sind, was in der Bibel steht. Dieser Teil der Exegese ist weitgehend unstrittig. Auch die historisch-kritische Lesart führt hier

54 Das kann man sogar in der Chicago-Erklärung zur Irrtumslosigkeit der Bibel nachlesen; CE Art. XIX.

(beispielhaft nachzulesen in der EKD-Verlautbarung von 1996 „Mit Spannungen leben“[55]) zu einem Ergebnis, dem Konservative weitgehend zustimmen können. Dann aber kamen Schritte, die diesem Ergebnis letztlich keine Autorität für kirchliches Handeln zumessen wollten.[56] Und weil Thorsten Dietz der Frage nach der Autorität des Wortes Gottes, wie wir es aus der Bibel kennen, wieder nur ausweicht, täuscht er mit seiner Formel seine Leser. Oder ist keine Antwort auch eine Antwort? Dann wäre das geschriebene Gotteswort ohne eigene Autorität, weil es nur symbolisches Menschenwort ist, und es erhielte eine nur individuelle Autorität als Gotteswort für jeden, der sich davon ergriffen fühlt. Das würde natürlich auch bedeuten, dass die Kirche der Welt nicht mehr Gottes Willen mitteilen könnte, sondern nur eigene Meinungen und vielleicht die Meinungen von antiken Menschen, aber nur soweit diese mit einem Mainstream harmonieren.

Bliebe noch die Behauptung, dass der Wunsch nach klaren Ansagen, die auch die Bibel nicht anbiete, einem Sicherheitsbedürfnis einiger Menschen in einer unübersichtlichen Zeit entspringt: Fundamentalismus als Reaktion auf Globalisierung, ein „Aufstand gegen die Moderne“ (S. 28). Diese psychologische Deutung trifft meines Erachtens im Hinblick auf Teile des Fundamentalismus als gesellschaftlichem Phänomen durchaus zu.[57] Es scheint mir nur weitgehend fehl am Platz in der Inspirationsdebatte.[58] Sonst müsste man

55 https://www.ekd.de/spannungen_1996_1.html; vgl. 2.2 Biblische Aussagen zur Sexualität. Hier wird allerdings auch der etwas seltsame Gedanke vertreten, dass zwar die homosexuelle Praxis in der Bibel ethisch abgelehnt wird, aber die Gestaltung einer (verbotenen) homosexuellen Lebensweise dem Gebot der Liebe unterliege. Wenn sie dann nach dem Gebot der Liebe gestaltet ist, scheint man sie nicht mehr (völlig) ablehnen zu müssen.

56 Siegfried Zimmer hat es in seinem *Worthaus*-Vortrag zur Homosexualität in der Auslegung der betreffenden Bibelstellen im Grunde nicht anders gemacht. „Exegese“ scheint bei ihm darin zu bestehen, dass er die Autorität des in der Bibel Ausgesagten mit weitgehend spekulativen „Fakten“ aus der Antike relativiert.

57 Man sollte aber auch die Grenzen dieser Deutung sehen. Es erschließt sich nämlich nicht, warum eine junge Frau aus Verunsicherung über die unübersichtliche Moderne einem IS-Fundamentalisten in den unübersichtlichen Krieg nach Syrien folgen sollte. Da spielt z. B. psychologisch auch die Suche nach Sinn und einer Bedeutung des Lebens eine Rolle. Für andere mag die Hinwendung zum Fundamentalismus eine Art Verzweiflungstat angesichts völliger Perspektivlosigkeit sein.

58 Wer etwa in Eckhard Schnabels „Inspiration und Offenbarung: Die Lehre vom Ursprung und Wesen der Bibel“ (Wuppertal: 1997) den ersten Teil „Die Lehre von der Inspiration in der Theologiegeschichte“ studiert, wird dieses Motiv weder beim Autor noch in den geschilderten Diskussionen finden. Wenn etwa der Begründer des Pietismus P. J. Spener von „falscher Sicherheit“ sprach, meinte er die „fleischliche Einbildung eines Glaubens“,

Martin Luther zum Fundamentalisten stempeln, weil er Erasmus gegenüber auf das Recht des Christen auf feste Behauptungen bestand und diese zum Wesensgehalt des christlichen Glaubens zählte. Aber vielleicht will Dietz das. Immerhin dichtet er Luther einen „Schock" über die These von Kopernikus an (S. 85), dass sich die Erde um die Sonne drehe.[59] Er dichtet den Menschen damals auch eine Verunsicherung über die Entdeckung Amerikas an, weil sie sich bis dahin angeblich auf einer „kreisförmigen Scheibe" wähnten.[60] Australien bedeutete auch nicht das Ende einer „bibelbegründeten Geografie", wovon angeblich alle so verunsichert waren, dass Isaac de La Peyrère[61] mit seiner Präadamitentheorie „so viel wie möglich von der biblischen Urgeschichte zu retten" versuchte (S. 86). Es kann nicht gut gehen, wenn man am liebsten die ganze Geistesgeschichte mit nur einer Schablone erklären will: hier die Verunsicherung alter Gewissheiten durch die Wissenschaften, dort die falsche Flucht in fundamentalistische Sicherheit; aber es gibt noch die „dritten Wege" einer Gewissheit ohne Fundamente.[62] Die Geschichte der Schriftauslegung

---

der keiner ist, aber nicht, dass sich der Christ auf die Zuverlässigkeit biblischer Aussagen verlässt (Pia Desideria, 49).

59 Die angeblichen Aussagen Luthers sind ein Irrtum. Nur Melanchthon hat sich belegbar zum Thema geäußert und hielt die Sache für einen alten Hut, den er schon aus antiken Schriften des Archimedes kannte. Vgl. Andreas Kleinert: „Eine handgreifliche Geschichtslüge. Wie Martin Luther zum Gegner des copernicanischen Weltsystems gemacht wurde." Berichte zur Wissenschaftsgeschichte. 26 (2003), S. 101–111.

60 Die Mär vom verbreiteten Glauben an die Erde als Scheibe, die erst durch Kolumbus beendet wurde, hat es zwar sogar in viele Schulbücher geschafft, ist aber eine Legende, die in der Zeit der Aufklärung erfunden wurde und nachweislich falsch ist. Vor 1830 hat niemand dem mittelalterlichen Menschen diese Ansicht unterstellt, und das ist auch seit mindestens 20 Jahren bekannt. Vgl. Jeffrey Burton Russell, Inventing the Flat Earth: Columbus and Modern Historians, 1997.

61 Die Motive von La Peyrère waren so vielschichtig, dass schon seine Zeitgenossen darüber rätselten. Nur was Dietz behauptet, war sicher nicht dabei, denn La Peyrère las zwei Schöpfungsberichte und hielt Adam und Eva allein für die Ureltern der Juden, während alle anderen Völker aus der Menschenschöpfung des ersten Berichtes hervorgegangen seien. Es ist auch völlig verfehlt, ihn zu einem Galileo der frühen Bibelkritik zu machen, der dann unter Druck zum Katholizismus konvertierte, ohne die politischen Verwicklungen zu beachten, in die er sich begeben hatte. Vgl. Andreas Nikolaus Pietsch. Isaac La Peyrère: Bibelkritik, Philosemitismus und Patronage in der Gelehrtenrepublik des 17. Jahrhunderts. DeGruyter, 2012.

62 Dass Dietz den gesamten Pietismus als Stütze für seine „dritten Wege" in Anspruch nimmt, ist vielleicht nur eine Vereinfachung. Oder hier wird auch ein Mythos geformt, um Christen aus dieser Tradition zu überzeugen. Tatsächlich hat es nicht nur am Anfang des Pietismus, sondern ebenso im Neupietismus und bis heute namhafte Vertreter

ließe sich auch ganz anders darstellen, dann wäre eine bibelkritische Haltung nicht die Spitze einer Evolution, sondern vielleicht – wie in der Deutung von Francis Schaeffer – ein Teil der „Preisgabe der Vernunft".

Es passt auch nicht gut zu dem Vorhaben, Polarisierungen zu überwinden, wenn man in seinem Gegenüber einen eigentlich therapiebedürftigen Zeitgenossen sieht, dem man zwar mit Verständnis begegnet, weil seine Meinungen ein „Seismograph" „für die problematischen Seiten der Moderne" seien (27-28), aber dann letztlich nur in einem Glauben die Lösung sieht, der auf alle Gewissheiten verzichtet. Ein solcher Glaube ist ein Ziel der Mystik in allen Religionen, aber nicht eigentlich ein christlicher Glaube. Dabei will ich Dietz insoweit zustimmen, dass der christliche Glaube eine mystische Dimension besitzt und behalten muss. Wenn er nur eine „objektivistische Entführung" bekämpfen will, dann ist ihm Recht zu geben. Ich vermisse aber das Plädoyer für den starken Zusammenhalt der mystischen mit der rationalen Dimension des Glaubens, die nach den klaren Aussagen aus der Bibel fragt und auf diese baut. Dazu gehört dann auch die handelnde Dimension des Glaubens, die im Gehorsam tun will, was sie als Wille Gottes erkannt hat. Es war immer ein Irrweg, das zu zerreißen. Wenn es also um das richtige Zueinander der Dimensionen geht, dann ist Dietz' Anliegen berechtigt. Allerdings würde an dieser Zuordnung auch schnell klar, wie wichtig dafür das Miteinander von Wort und Glaube ist. Denn letztlich ist auch die mystische Einheit mit Christus durch das Wort Gottes inspiriert.

Ist der Angriff auf die historische Wahrheit der Bibeltexte notwendig?

Zu Thorsten Dietz' Schriftverständnis gehört offenbar notwendig, dass er die historische Wahrheit der biblischen Erzähltexte einschränken muss. Am Beispiel der Sintflutgeschichte macht er deutlich, dass es Gründe gebe, die für ihn zwangsläufig zu einer Deutung als Mythos führen müssen. Auch wenn dies nicht ausgeführt wird, gibt es doch Andeutungen, die klarmachen, dass das nicht auf die Sintflutgeschichte beschränkt bleibt, sondern sich auch auf die gesamte Urgeschichte

gegeben, die zwar das persönliche Element beim Bibelstudium betonten, aber deswegen weiter die Inspiration der Schrift vertraten und teilweise auch ausdrücklich ihre Irrtumslosigkeit.

bezieht. Inwieweit auch die weitere Geschichtsschreibung betroffen ist und nach welchem Prinzip Grenzen gezogen werden sollen, wird nicht klar.[63]

Eine Gruppe von Argumenten erkennt er im „Buch der Natur". Wenn es keine naturwissenschaftlichen Belege für die Sintflut gebe, dann könne man nicht „gegen sehr viele Beobachtungen und Messungen von Biologen, Genetikern und Historikern in aller Welt, die ein historisches Verstehen der Sintflut in den letzten 5000 Jahren ausschließen (...), anglauben" (S. 107). Wenn alles gegen die Historizität spreche, dann solle man die Auslegung der Bibel entsprechend anpassen. Das andere Argument ist, dass eben die biblische Geschichte von der Rettung Noahs selbst so gelesen werden wolle, dass es keine Wiedergabe eines historischen Ereignisses sei. Irgendeinen Beleg dafür sucht man allerdings vergeblich.[64] Nun gehört es gerade deswegen schon immer zur Auslegung der Bibel, dass sie innerhalb des Rahmens der realen Welt verstanden wird, weil sie von Gottes Handeln in eben dieser Wirklichkeit spricht. Der Gott der Bibel handelt in dem Raum und der Zeit unserer Lebenswelt durch konkrete Ereignisse, die ein Datum haben und nicht nur zu einer mythischen Überwelt oder allein zum inneren Erleben des Menschen gehören, sondern Spuren in der Geschichte hinterließen. Die Bibel stellt offenbar die Behauptung auf, dass Noah und seine Familie so real waren, dass sie die tatsächlichen Vorfahren der heute lebenden Menschen sind. Dietz verneint das. Die Bibel beschreibt die Auferstehung von Jesus Christus als so real, dass die Jünger mit Jesus gegessen haben und ihn anfassen konnten. Theologen, die zusammen mit Thorsten Dietz bei *Worthaus* mitarbeiten, verneinen das.[65] Er selbst scheint hier nicht so radikal, sondern teilt die Haltung von Christoph Markschies:

---

63 In seinem Blogbeitrag als Antwort auf Markus Till macht er aber klar, dass er das von den jeweils zu der Zeit geltenden Standards der Geschichtsschreibung abhängig machen will. Das Gilgamesch-Epos ist für ihn der Standard für die Urgeschichte, spätere Texte müssen sich dann an Herodot, Hesiod oder Homer messen lassen. Die Apostelgeschichte könne wegen Thukydides auch als historische Geschichtsschreibung gedeutet werden.

64 Weil er das nicht belegen kann und sogar mehrfach zugibt, dass die Bibel selbst das Gegenteil sagt, will ich nicht näher darauf eingehen. Seine rein spekulative Behauptung läuft auf Folgendes hinaus: Wenn es die heutige Auseinandersetzung um die Historizität damals gegeben hätte, hätten die Autoren auch geäußert, dass sie es nicht historisch meinen. vgl. 106-107.

65 Vgl. Fußnote 5 in https://bibelbund.de/2017/12/worthaus-universitaetstheologie-fuer-evangelikale/

„Ostern ist etwas passiert, was ich nicht erklären kann. Ich bin nicht so töricht, dass ich, nur weil ich es nicht erklären kann, nicht daran glaube. Lieber staune ich darüber, dass der Tod nicht das letzte Wort hat, sondern das Leben den Sieg behält" (S. 96).

Man muss Thorsten Dietz recht geben: Wenn schlüssig bewiesen werden könnte, dass die Sintflut nicht stattgefunden haben kann, dann wäre eine symbolische Auslegung dieser Geschichte und in der Folge vieler anderer in der Bibel vielleicht am sinnvollsten. Aber stehen wir an dieser Stelle? Richtig ist – und das wird etwa auch von den mit *Wort und Wissen* zusammenarbeitenden Wissenschaftlern gesagt –, dass die geologischen Daten am besten zu einem Langzeitszenario der Entstehung von Schichten passen.[66] Die Erde macht den Eindruck eines sehr hohen Alters. Die Bibel geht dagegen von einer jungen Erde aus, wobei es nicht darauf ankommt, ob wir dabei von 6000 oder von 20 000 Jahren reden. Allerdings scheint mir Dietz zu wenig zu beachten, dass sein Plädoyer für Demut im Bezug auf unser Wissen über Gott auch in Hinsicht auf unser Wissen über die Welt angebracht wäre. Es ist ja nicht so, dass die Geologie über ein gesichertes Wissen über die Entstehung der Gesteine verfügt, in dem nur noch mehr oder weniger Detailfragen offen sind. Dietz meint: „Noch so viele offene Fragen ändern nichts daran, dass die Annahme einer jungen Erde so unhaltbar geworden ist wie die einer flachen Erde" (S. 105). Die Geologie arbeitet mit einem Modell, das von bestimmten Grundannahmen ausgeht und in das sich möglichst viele Beobachtungen einfügen lassen. Aber dieses Modell erklärt eben gerade nicht die Entstehung aller beobachtbaren Gesteinsformationen. Es hat sich als in Teilen brauchbares Modell erwiesen, das gilt, bis es von einem besseren abgelöst wird. Ich lehne es nicht grundsätzlich ab, wenn Christen versuchen, die biblischen Texte mit den gegenwärtigen Modellen der Erdentstehung zu harmonisieren. Ich sehe derzeit nur kaum eine Möglichkeit, ohne dabei wesentliche Glaubensinhalte aufzugeben, die ihren Grund in der biblischen Botschaft haben.

66 Den gegenwärtigen Stand aus Sicht derer, die von einer historischen Sintflut ausgehen, gibt am besten wieder: Manfred Stephan (Hrsg.), Sintflut und Geologie, 4. Aufl. Hänssler, 2015. Stephan scheut sich auch nicht, die Fehler von manchen Kreationisten in ihrer Argumentation zu benennen. Dietz stellt auch die Behauptung auf, dass es unmöglich sei, dass die heutige Erdbevölkerung von einer Familie abstammen kann und dass das heutige Genom der Aborigines beweise, dass sie nicht von Noah abstammen könnten. Beides ist Spekulation ohne Beweiskraft.

Der Unterschied im Ansatz wird vielleicht am besten deutlich, wenn man sich klar macht, dass die Bibel bezeugt, dass Gott einerseits innerhalb der Gesetze seiner eigenen Schöpfung und innerhalb der Geschichte handelt, dass aber zu seinem Handeln auch Wunder gehören, die die physikalischen, chemischen und auch die räumlichen und zeitlichen Gesetze durchbrechen können. Wunder Gottes haben selbstverständlich keinen Platz in einem Physikbuch und auch nicht in einem geologischen Modell. Aber die Physik und die Geologie sind trotzdem keine geschlossenen Systeme, innerhalb der Gott nicht Wunder tun kann. Was die Sintflut angeht, so halte ich beides für möglich: Entweder Gott hat innerhalb geologischer Gegebenheiten gehandelt. Das passt zugegebenermaßen nicht in die derzeit gebrauchten Modelle, die sich aber ändern können. Oder die Sintflut ist als ganzes Ereignis ein Wunder Gottes. Dann müsste man es nicht in den Kategorien der Geologie, der Physik oder der Chemie unterbringen. Kein Mediziner muss im Studium etwas über Totenauferweckung lernen. Gott hat es trotzdem in der Geschichte mehrfach getan. Kein Chemiker soll die Verwandlung von Wasser in Wein erforschen, das Thema hat auch im Chemiebuch nichts zu suchen. Aber Jesus hat trotzdem große Mengen Wein erschaffen, dessen Alkoholgehalt dann m. E. mit einer gängigen Öchslewaage hätte bestimmt werden können. Kein Meteorologe muss eine mögliche Sturmstillung per Befehl in die Wettervorhersage einbauen, aber Jesus hat das trotzdem getan. Aber vielleicht hält Dietz die Wundergeschichten auch nur für Bilder, die von Ereignissen gemalt wurden, die in der Realität ganz anders waren (vgl. S. 118-122). Er legt sich nicht fest, wo er zwischen den Alternativen einer grundsätzlichen Ablehnung aller Wunder und der historischen Wirklichkeit der Wundererzählungen stehen will.

Darum frage ich mich wieder, worin die von Dietz problematisierte Polarisierung liegt. Langzeitszenarien für die Schöpfung der Welt werden auch von Christen vertreten, die an der Irrtumslosigkeit der Schrift und der Historizität von Adam und Noah festhalten.[67] Ich sehe aber in ihnen nicht die verunsicherten und deswegen in den Fundamentalismus geflohenen Christen, die dann auch noch den anderen das Leben schwer machen. Die gibt es, und vielleicht hat auch Thorsten Dietz unter

67 Als prominentes Beispiel erwähnt Dietz Timothy Keller. Er hätte auch noch andere aufzählen können. Selbst ein „Hardliner“ in Sachen Irrtumslosigkeit der Schrift, wie Norman Geisler, macht die Überzeugung von einer jungen Erde nicht zum Kriterium für Bibeltreue.

einzelnen von ihnen im Umfeld von *Tabor* zu leiden. Aber selbst dort kann er offenbar, ohne um seine Anstellung fürchten zu müssen, nicht nur seine persönlichen Zweifel äußern, sondern für eine längst nicht mehr gemäßigte Bibelkritik Werbung machen. Ich frage mich, ob die Polarisierung nicht doch mehr von denen ausgeht, die Christen mit einem konservativen Bibelverständnis unterstellen, sie hätten einen unreifen, engen Glauben, der dem wirksamen Zeugnis von Jesus in der heutigen Welt im Wege steht. Ich halte das für eine fragwürdige Haltung der Überlegenheit gegenüber einem großen Teil der Weltchristenheit.

Die versprochene 3D-Ansicht fehlt

Nun hat aber Thorsten Dietz noch ein positives Anliegen. Er will mit der Einbeziehung der historischen Bibelforschung den Bibeltexten mehr Tiefe verleihen. Christen sollen durch die Erkenntnisse der historisch-kritischen Bibelauslegung den Text endlich mehrdimensional in „3D" sehen. „Historische Forschung macht Texte dadurch verständlicher, dass der historische Kontext mit seinen kulturellen Besonderheiten mit präsent wird" (S. 100). Man fragt sich nur, welche bibeltreuen Christen Dietz vor Augen hat, die ihre Bibel angeblich nur durch die „Brille ihrer Gemeindeprägung" lesen wollen und an historischen Hintergründen kein Interesse haben. Das am meisten verbreitete Bibellexikon wurde nicht nur unter der Leitung von Fritz Rienecker herausgegeben, der die Irrtumslosigkeit der Schrift vertrat, es wird auch seit Jahrzehnten von Christen studiert, die an historischen Hintergründen interessiert sind. Die Herausgeber der *Wuppertaler Studienbibel* bekennen sich dazu, dass die Bibel Gottes Wort ist. Zugleich wollen sie theologisch Christus in die Mitte stellen und historische Hintergründe beleuchten. Dietz tut so, als sei beides nur mit der von ihm vertretenen Bibelhaltung möglich. Die historische Erforschung der Bibel ist nicht mit der historisch-kritischen Methode erfunden worden, sondern eine Disziplin, die in vielen Bibelkommentaren aus fast allen Jahrhunderten der Kirchengeschichte geübt wurde. Dietz wird recht haben, dass „manche Christen (...) das ‚allein die Bibel' bisweilen so (verstehen), als wären auch alle außerbiblischen Texte und Beobachtungen überflüssig".[68] Aber welche Vertreter der Irrtumslosigkeit und welche Kriti-

68 So im Blogbeitrag als Antwort auf Markus Till, der an manchen Stellen pointierter ist als das Buch.

ker der historisch-kritischen Bibelauslegung verteidigen so etwas? Die Behauptung, dass die Vertreter des „klassischen Fundamentalismus" das „Zeugnis von Jesus Christus" in der Schriftauslegung vernachlässigen und die biblischen Texte nicht „historisch verantwortungsbewusst als Texte der Antike auslegen" (ebd.), stimmt so einfach nicht. Es ist im Gegenteil so, dass gerade das in Gefahr ist, wenn die Spitze der „Bibellektüre" im persönlichen Angesprochensein gesucht wird: „Offenheit für das Ereignis; dass ich lese und lese und dabei die Erfahrung mache, gelesen zu werden; dass ich verstehen möchte und mich durch Verständnis beschenkt sehe" (S. 97).

Aber es gibt hier noch etwas zu bedenken. Die Reformation hatte der Gemeinde und dem einzelnen Gläubigen die Bibel neu in die Hand gegeben. Das war von der doppelten Gewissheit geprägt, dass die Bibel sowohl eine äußere Klarheit besitzt, die sie grundsätzlich verständlich sein lässt, als auch, dass sie sich selbst auslegt und so ausreichend sichergestellt ist, dass sie nicht falsch verstanden wird. Trotz abenteuerlicher Sekten, die sich auf die Bibel berufen haben, hatte die Reformation das nicht zurückgenommen. Die römische Kirche hat ihre Gläubigen erst 1965 zum Lesen der Bibel ermutigt. Mit dem systematischen Zweifel daran, dass die Bibel ohne die Erkenntnisse der Theologie richtig gelesen werden kann, wird den Glaubenden letztlich die Bibel genommen. Sie können angeblich ohne die Kenntnisse antiker Texte und Gegebenheiten nur zweidimensional sehen. Sie verfehlen die Christuserkenntnis und lesen die Texte überhaupt nicht so, wie sie als antike Texte verstanden werden wollen. Um die Sintflutgeschichte nicht versehentlich wie Generationen von Christen historisch zu lesen, brauchen sie die Hilfe der Theologen. Bei aller Hochschätzung der Theologie und aller nüchternen Wahrnehmung von falschen Auslegungen: Ich halte das für einen Hochmut und ein mangelndes Vertrauen, dass uns Gott die Bibel so gegeben hat, dass sie auch ohne Theologiestudium richtig gelesen werden kann.

Bleibt die Frage, ob Thorsten Dietz mit seiner Auslegung der Sintflutgeschichte nun die versprochene „3D"-Ansicht bietet. Offenbar hält er das babylonische Gilagamesch-Epos für das dreidimensionale Sehen der Noahgeschichte für notwendig, weil es dort „verblüffende Parallelen" gebe (S. 111). Die Behauptung steht im Raum, dass in Israel „die Menschen diese Erzählung von vornherein als eine Variante einer in ihrer gesamten kulturellen Umwelt bekannten Geschichte" lasen oder hörten (S. 112). Mit diesem Blick sieht Dietz in der Sintfluterzählung die Geschichte von einem sich wandelnden Gott, der die Schöpfung „zurücknehmen" wolle. Die Botschaft sei: „Er bleibt sich darin treu, dass er sich wandelt, er ist der Ewige in steter Bewegung" (S. 114). Warum das erst durch die Kenntnis des Gilgamesch-Epos mit seinen streitenden, eifersüchtigen und sich gegenseitig bekämpfenden und betrügenden Göttern deutlich wird, bleibt ein Geheimnis. Andererseits ist das auch nicht die Botschaft der ganzen Geschichte, sondern kann von Dietz nur aus der Einleitung gefolgert werden. Aber er liest hier auch nicht eine Geschichte, sondern „zwei verschiedene Erzählungen", die „am Ende nicht harmonisiert" wurden, weil die „Endredaktoren" keine „stimmige Geschichte der Sintflut vorlegen (wollten), sondern die Verstehensbemühungen der Erzähler sichtbar machen" (S. 111). Diese Erkenntnis stammt aber wieder nicht aus der Bibel und auch nicht aus irgendwelchen antiken Texten über die damalige Erzählkultur, sondern sei „Konsens der Exegese"[69]. Weiter liest Dietz nun, dass die Schöpfung von Anfang an „ambivalent" gewesen sei. Der Mensch sei immer Gottes Ebenbild gewesen und schon immer „böse von Jugend auf". Man solle die Sündenfallgeschichte nicht als Umbruch lesen, durch den die Herrschaft der Sünde in die Welt kam. „Eine solche Schwarzweiß-Zeichnung kann sich nicht auf die Urgeschichte berufen" (S. 115). Aber steht das nicht in der Bibel, und haben nicht die antiken Leser genau das gelesen, wenn sie daraus auch zu Recht keine Urstandslehre über die Wesenseigenschaften von Adam vor dem Sündenfall abgeleitet haben? Das Gilgamesch-Epos kennt keine gute Schöpfung, sondern nur die Intrigen der Götter, die aus den Leichenteilen einer Göttin Erde und Himmel formen. Utnapischtim, der Noah im Epos, belügt und betrügt die Menschen, um seine Haut zu retten. Wirft das das notwendige Licht auf die biblische Geschichte, um richtig darauf zu hören, dass Noah Gnade bei Gott gefunden hat? Braucht man es, um „eine radikale Verneinung der Verdienstfrömmigkeit" zu erkennen (S. 116)? Dietz liest aus Noahs Bau der Arche schließlich einen Auftrag zum Umweltschutz. Dass das keine „historisch verantwortungsbewusste" Auslegung antiker Texte ist, ist ihm wohl selber klar. Darum bemüht er jetzt auch die „Mehrheit der

69 Es kann nur eine Auswahl aus der historisch-kritischen Exegese gemeint sein, denn ich besitze auch Kommentare, die die Geschichte für ein harmonisches Ganzes halten.

Weltchristenheit“ und die letzte Hollywood-Verfilmung des Noah für seinen „3D“-Blick. Dabei hätten gerade hier der antike Hintergrund und das Gilgamesch-Epos hilfreich sein können. Denn für den modernen Menschen ist die Dimension der unzähmbaren Naturkräfte, die das Leben bedrohen, vielfach aus dem Blick geraten. Hier enthält die Sintflutgeschichte gerade die Botschaft, dass Gott, der Schöpfer, auch in jeder Hinsicht der Herr der Naturgewalten ist.

Beim *Worthaus*-Projekt mit seiner Betonung auf einer Bibelauslegung, die die Bibel in ihrem historischen Kontext besonders ernst nehmen will, fällt ein erschreckender Umgang mit eben diesem Kontext auf. Einerseits leistet man sich zahlreiche Behauptungen über die Geschichte, die schlicht nicht stimmen,[70] und andererseits werden die historischen Hintergründe in einer recht eigenwilligen Weise interpretiert, die am Ende nicht zu einem lebendigen dreidimensionalen Sehen führt, sondern zu einer Verzerrung dessen führt, was wirklich da steht.

Nach dem kräftigen Auftritt bleiben die übrigen Kapitel des Buches etwas farblos. Welche Autorität die Bibel in ethischen Fragen haben soll, will Dietz mit einem Durchgang durch Luthers Umgang mit Ehefragen beantworten. Das Problem daran ist, dass Dietz ethische Aussagen Luthers mit seinem Handeln in seelsorgerlichen Fällen vermischt. Dabei hat Luther selbst viel Wert darauf gelegt, dass seelsorgerliche Ratschläge nicht zur ethischen Richtlinie werden dürfen.[71] Dietz dagegen behauptet, die Bibel kenne keine „überzeitlichen“ Normen und Gebote. Die Normen und Gebote hätten für uns nur eine „erhellende und orientierende Kraft“ (S. 143), damit wir dann in der aktuellen Situation selbst entscheiden können. Das aber ist das Gegenteil von dem, was Luther wichtig war. Die überzeitlichen Normen der Bibel müssen als ethische Norm verkündigt werden. Die Herausforderung ist, sie dann in der jeweiligen Situation recht anzuwenden. Aus der Situation ergibt sich aber nie eine Norm. Dietz mahnt noch, dass diejenigen, die sich aus „Evangelikalien“ verabschiedet haben, nicht jegliche Gemeinschaft mit Christen aufgeben sollen. Und er macht denen, die unter

70 Sehr detailliert geht Armin Baum in einem Beitrag für das Weiße Kreuz auf die Behauptungen von Siegfried Zimmer zur antiken Sexualethik ein und zeigt, dass davon nur wenig stimmt. Vgl. http://www.armin-baum.de/?p=2798

71 Einen sehr hilfreichen Einblick bietet in dieser Hinsicht Gerhard Ebeling. Luthers Seelsorge – an seinen Briefen dargestellt. Mohr, 1997. Zur Eheseelsorge S. 78-142.

der Unübersichtlichkeit der Moderne leiden, mit dem Bild vom Flussdelta Mut, dass auch viel Positives daraus werden kann.

Fazit

Thorsten Dietz spricht einige Fragen an, die es wert sind, offen und streitbar diskutiert zu werden. Ja, dazu sollten wir besser streiten lernen. Er tut das auch weithin in einem Ton, der zum Nachdenken und zur Diskussion einlädt. Der Schwerpunkt des Buches liegt dann aber nicht auf der Forderung nach mehr Liebe und der Anwendung gesunder Regeln für das Argumentieren. Das Buch ist vielmehr weithin ein Plädoyer, einen weiten Glauben in einer größeren Unabhängigkeit von der Bibel zu pflegen. Wenn Paulus von einem weiten und starken Glauben spricht, dann steht für ihn die Fähigkeit zur Annahme der Glaubensgeschwister und zur Rücksichtnahme im Fokus, nicht aber eine losere Bindung an Glaubenswahrheiten. Man muss sich vor Augen halten, dass hier kein Vermittler spricht, sondern jemand, der für Bibelkritik wirbt. Dietz plädiert für einen eher mystischen Glauben, in größerer Freiheit von biblischen Grenzen. Das sei die Zukunft der Christenheit. Dazu will er zum Gespräch einladen.

Wir sollten aber auch bedenken, dass Francis Schaeffer den Weg in die Mystik bereits vor über 40 Jahren als Schritt über die „Linie der Verzweiflung" charakterisiert hat, der dem Abschied von der historischen Wahrheit des Christentums folgt. Er rief die Christen dazu auf, sich angesichts der Probleme nicht anzupassen, sondern ganz auf die biblischen Wahrheiten zu stützen, diese dann aber auch in Liebe zu leben und sich nicht in Rechthaberei zu verkämpfen.[72] Das scheint mir auch heute der bessere Weg zu einem weitherzigen Glauben zu sein.

---

72 Vgl. *Die große Anpassung: der Zeitgeist und die Evangelikalen*, Schulte+Gerth 1988.

5

Von einem „Freischwimmer“, der abgedriftet ist

HOLGER LAHAYNE

Im Herbst 2015 erschien Torsten Hebels Buch *Freischwimmer*. Der Schauspieler, Kabarettist, Theologe sowie Gründer und Leiter der „blu:boks“ in Berlin beschreibt darin seine Zweifel an Gott und Christentum, aber auch seinen neu entdeckten Glauben. Die Geschichte des ehemaligen Evangelisten spricht bis heute viele an. Offensichtlich stieß das Buch in eine Marktlücke, denn es hat sich bisher nach Angaben des Autors vortrefflich verkauft.

Das Göttliche im Menschen

Am 22.06.2016 stellte sich Hebel den Fragen der Moderatorin in der ERF-Radiosendereihe „Calando – Kultur & Charaktere“. Es ging in der langen Sendung um Biografisches, Hebels Arbeit in Berlin und natürlich um die Themen aus *Freischwimmer*. Nach einem „Gottesmoment“ in der Art einer „Eruption“ im Frühjahr 2015 glaubt Hebel inzwischen wieder. Er sei zwar kein klassischer Evangelist mehr, aber immer noch „werbend für Gott unterwegs“.

Es gehe beim Glauben aber „nicht darum, was ich für wahr halte oder nicht für wahr halte“; nicht darum, welche Dogmen man aufstellt und wie man Menschen aufteilt: „Wer das glaubt, der gehört dazu“, und wer nicht, der eben nicht. „Es geht bei Spiritualität, bei einer Beziehung mit Gott, um gelebte Liebe, und darum, dass ich mich selbst in Gott finde und Gott in mir finde.“

Wir brauchen, so Hebel, das richtige Glaubens-, Gottes- und Menschenbild. Er betont, dass den Menschen ihre „angeborene Würde", ihr Wert, zugesprochen werden müsse. Es gehe darum, „den Menschen in die Position zu rücken, das zu erkennen". Für Gott Werbung zu machen bedeutet nun, dass man Menschen hilft, das Göttliche oder Gott in sich selbst zu entdecken. Bei *JesusHouse* im Jahr 2007, als Hebel neben Christina Brudereck predigte, hätte die Kollegin das damals deutlich besser als er begriffen.

Hebel hält gar nichts vom Dualismus und der Unterscheidung: „Entweder du bist Christ oder du bist keiner." Das sei eine „total dumme Aussage". All das ist ihm zu eng gedacht, und hier kommt das Bild hinter *Freischwimmer* in den Blick. Er befindet sich gleichsam nicht mehr im abgegrenzten Swimmingpool, sondern im Meer, im Ozean des Göttlichen. Das Meer ist so groß, „dass man es gar nicht verlassen kann". Ähnlich drückte er sich auch im Interview mit „ideaSpektrum" aus (6/2016): „Ich bade in der Präsenz Gottes: Gott in dir und du in Gott. Es geht weniger um den Verstand, sondern darum, die Präsenz Gottes zu spüren und zu erleben."

Natürlich war das Echo auf das Buch unterschiedlich. Hebel hat dabei auch nichts gegen Kritik, wünscht sich einen „offenen Diskurs". Von der einfühlsamen ERF-Moderatorin hatte er wenig Kritisches zu befürchten.

Vielleicht gehört es ja zum Konzept der Sendung, dass der Ton immer freundlich bleibt, während das Gespräch so dahinplätschert. Natürlich muss nicht in jedem Format immer Tacheles geredet werden. Aber hätte man bei der einen und anderen Äußerung Hebels nicht einhaken können, ja, müssen? Hat Christentum im Kern nur noch etwas mit Ethik („gelebte Liebe") und gar nichts mehr mit Lehren, die wahr sind oder Wahrheit beanspruchen, zu tun? Geht es vor allem darum, das Göttliche in sich zu finden und sich im Göttlichen freizuschwimmen? Ist die Kernbotschaft des Christentums nicht auch die objektive Befreiung von Schuld – Schuld, die Menschen von Gott trennt?

Und warum soll die Unterscheidung zwischen Christ und Nichtchrist so dumm sein? Muss sie nicht jede Gemeinde in irgendeiner Weise treffen? Soll eine Kirche etwa jeden spirituell Bewegten aufnehmen, um ja jede Ausgrenzung zu meiden? Erschöpft sich die Aufgabe der Kirche und der Christen darin, Menschen zur Erkenntnis ihrer angeborenen Würde zu verhelfen?

Werbung für ein Verb

Hebel war auch in der ERF-Reihe „Gott sei Dank“ vom 8. Juli 2016 zu Gast. Früh fällt hier das Stichwort „geistlicher Missbrauch“ im Hinblick auf christliche Unterweisung. Eine Argumentationslinie, die sich (natürlich verschärft) auch im *Gotteswahn* von Richard Dawkins findet, was wohl aber niemandem aufgefallen war. Kinder hätten laut Hebel ein Recht darauf, dass man ihnen sagt, dass sie „fehlerlos“ sind; dass ein Kind „so wie es ist, gut ist. Punkt“. Keinerlei Rückfrage des Moderatorenduos.

Natürlich sind auch hier Hebels Glaubenszweifel Thema. Eine ganze Weile wusste er nicht, ob es Gott gibt oder nicht. Und wie er es heute mit der Religion halte, will Ingo Marx wissen. „Mit der Religion? Finde ich einfach Scheiße.“ Ungewöhnlicher Ton im ERF. Es gehe nicht um Zugehörigkeit zu einer Konfession und Religion (!) – „alles schnurz“. „Es geht beim Christsein nicht darum, dass ich dogmatisch abgrenze, wozu ich gehöre (…), sondern es geht um einen Zustand. Gott ist für mich kein Substantiv, sondern ein Verb. Es ist ein Lebensgefühl, dass ich begriffen habe, im Hier und Jetzt, jetzt, wo wir hier sitzen, in diesem Moment (…), jetzt und hier ereignet sich Gott.“ Er ist eine Macht, die ihn hält, „richtig erlebbar, nicht hier (im Kopf), sondern hier (im Herz). Das hat mich verändert. Es ist ein Zustand geworden.“ Er müsse nicht mehr klären, ob etwas so oder so und nicht anders sei; vom „Entweder-Oder“ sei er zum „Sowohl-als-auch“ gelangt. Menschen sollen in dem Wissen ruhen, dass „egal, was ich tue“, Gott immer bei ihnen und in ihnen ist.

„So, wie ich bin, bin ich gut“

In den verschiedenen Interviews sowie im Buch geht es immer auch um die evangelikale Umwelt, die Hebel in eine Glaubenskrise stürzte: „Garniert mit Sätzen wie ‚Du bist, was du tust!‘ wurde in mir das Bewusstsein genährt, dass ich, so wie ich bin, falsch bin. Und weil ich falsch bin, bin ich nicht wertvoll. Und weil ich nicht wertvoll bin, ist die Gnade Gottes umso größer, dass er solch einen sündigen Menschen überhaupt liebt“ *(Freischwimmer)*.

Im Podcast *Hossa-Talk #43* geht Hebel ebenfalls auf das früher prägende Motto „Das, was du tust, ist das, was du bist“ ein. Dort umschreibt Hebel „überspitzt“ die Denkweise, von der er sich nun distanziert hat: „Wenn du sündigst und Sünde tust, bist du auch sündig in den Augen Gottes, und er behandelt dich dann eben auch als Sünder, und dann bist du so schlimm und so schlecht, dass er seinen eigenen Sohn qualvoll foltern und abschlachten muss am Kreuz, damit der schlechte Torsten überhaupt auch nur ansatzweise geliebt und gerettet werden kann."

Jetzt sieht er dies ganz anders: „Mein neues Gottesbild ist völlig losgelöst von meiner moralischen und ethischen Integrität. Das bedeutet, eine Liebe zu begreifen, die mich wirklich brutto meint, und zwar auch gefühlsmäßig, egal, ob ich jetzt gut drauf bin oder schlecht drauf bin", egal, ob er nun sündigt oder nicht – „die Liebe Gottes ist jeden Tag gleich, und jeden Tag unantastbar für jede Biografie auf diesem Planeten". So habe er ein neues „Bewusstsein für die Gegenwart Gottes" bekommen: „Gott ist also nicht mehr der Gott, der kommt und geht, der sich entfernt, wenn ich unattraktiv und schmutzig und dreckig bin, sondern der Gleichbleibende mit einer Güte und Gnade und Freude bei mir, in mir und um mich herum, über mir, unter mir, der überall Halt ist und mich trägt und den ich gar nicht verlieren kann."

Hebel erwähnt Richard Rohrs Buch *Pure Präsenz: Sehen lernen wie die Mystiker* und das neue, nämlich „mystische Gottesverständnis", das er nun gefunden habe. Der Franziskanerpater Rohr erläutert darin, dass der hebräische Gottesname Jahwe dem Geräusch des Ein- und Ausatmens ähnlich sei. Bei jeder Atmung spreche man gleichsam den Namen Gottes aus. Hebel: „Kann es sein, dass jeder Mensch, der geboren wird, mit dem ersten Atemzug schon den Namen Gottes ausspricht?" Dass auch beim letzten Atemzug Gott auf unseren Lippen ist?

Hebel weiter: „So, wie ich bin, bin ich gut, und Gott in mir bedeutet die Akzeptanz meiner selbst, die Akzeptanz meines Seins, so wie ich bin, ganz nackt, ganz roh, ganz so, wie ich halt im innersten Kern meines Wesens bin. Das anzunehmen, das zu akzeptieren, das zu sagen: Ich akzeptiere mich jetzt mal selbst – durch Gott möglich gemacht. Ich habe eine Selbstannahme erfahren, dadurch habe ich eine Annahme Gottes erfahren, und dadurch habe ich ein Bewusstsein erfahren, das ich so vorher nicht kannte."

Im Mai 2015 habe er zu einem neuen Frieden in der Seele gefunden und eine „Vereinigung mit Gott" oder dem Göttlichen erlebt: „Das, was wir suchen, ist schon längst da und in uns." Das „Paradigma hat sich geändert". Er hat gelernt, „im Hier und Jetzt zu leben". „‚Ich bin, wer ich bin' ist fast eine meditative Übung für mich geworden."

„So leben wie Jesus“

„Wie würdest du jetzt das Evangelium beschreiben? (…) Hast du einen neuen Zugang zum Evangelium gefunden? Was wäre für dich jetzt eigentlich die Gute Nachricht?“, so die *Hossa*-Talker. Hebel: „Also, die Gute Nachricht ist tatsächlich, dass das Evangelium überhaupt nichts mit moralischer Schwäche zu tun hat oder damit, dass es bei Gott entscheidet, was ich tue oder was ich nicht tue.“ Das Evangelium habe für ihn etwas damit zu tun, „zu wem ich gehöre und bei wem ich bin und dass ich dort meine Würde und meinen angeborenen Wert erlebe, den ich per se als Mensch habe.“ So versteht er den Paradigmenwechsel: „Du bist nicht, was du tust, sondern du bist, wer er ist. Weil er in dir lebt und dich heilig macht.“ Und noch einmal: „Eine der größten Schwächen der evangelikalen Entwicklung in den letzten 30, 40 Jahren (war), dass dieser Satz ‚du bist, was du tust‘ sehr eingehämmert wurde.“ Etwas später: Das Evangelium bedeutet, „so zu leben wie Jesus“.

Die Talker wenden ein, dass Gott den Menschen zwar so annimmt, wie er ist, doch Jesus stehe „für eine herausfordernde Ethik“, d. h. unser Tun und Handeln bleibe doch wichtig. Hebel bestätigt: Es sei „total wichtig“ zu lesen, was Jesus gesagt hat über das, wie wir leben sollen, „und das dann auch wirklich ernst zu nehmen“. „Ich finde es aber total unwichtig, in irgendeiner Form irgendwelche Kirchenleute oder Kleriker zu befriedigen, die meinen, mit ihrem Regelwerk in irgendeiner Form Kontrolle ausüben zu müssen und mir sagen zu müssen, wie Spiritualität oder Gott funktioniert. Dagegen bin ich sehr allergisch. Das hat viel mit Selbstdarstellung zu tun, viel mit Macht, mit Missbrauch zu tun (…). Viele Dinge, die im christlichen Bereich geschehen, haben null, absolut null mit Jesus Christus zu tun, ABSOLUT NULL!“ Gofi und Jay: „Sehr schön gesagt.“

Empathie, Demut, Mitgefühl

Die Kritik am Buch und Hebels geistlichem Werdegang ist natürlich auch Thema. Den Leuten, „die jetzt hier ankommen und sagen, ich bin nicht mehr auf dem Weg, denen möchte ich nur einen einzigen Satz entgegenschmettern: An den Früchten wird man sie erkennen.“ Es gehe beim Christentum „nicht darum, wer recht hat und wer nicht recht hat. Es geht nicht darum, dass man dogmatische Kernbegriffe austauscht und sagt: Entweder ich habe recht oder du hast recht. Es geht darum, dass wir demütig werden; es geht darum, dass wir liebend werden; es geht darum, dass wir Empathie für Menschen neu empfinden, für uns selbst und für andere. Es geht darum, dass wir einen Lebensstil leben, der mitfühlend ist mit allem, was uns umgibt. Und wenn diese beiden Parameter nicht da sind, das heißt Demut und Mitfühlen, dann habe ich meine Anfragen."

Jay (Jakob Friedrichs) findet „genau richtig", was Hebel sagt. „Was in den Evangelien immer wieder passiert, ist Empathie, Liebe, ist gelebtes Auf-andere-Zugehen, mit ihnen Leben teilen (...)." Hebel setzt fort: „Wenn das deutlich wird, ist das immer und ausnahmslos gegen organisierte Religiosität, es ist genau gegen dieses dogmatische Bollwerk, das aufgebaut wird von Sadduzäern, von Pharisäern"; es ist gegen das „Einkategorisieren" von „Christ – Nichtchrist, gläubig – nichtgläubig usw." Gott sage vielmehr zu denen, die in diesen Kategorien denken, d. h. zu den konservativen Christen: „Der Wind weht, wo er will – macht euch mal locker! Ihr habt vielleicht viel weniger zu sagen, als ihr denkt." Und dann an alle gerichtet: „Wo sind denn unsere barmherzigen Christen? Wo sind denn die Leute, die die Gesellschaft verändern durch ihre Empathie und Liebe?"

„Seitdem ich dies spirituelle neue Leben habe, mache ich mich unabhängiger von Menschen", so Hebel weiter im Hinblick auf seiner Kritiker. All die Anfragen an seinen Glauben – „das interessiert mich überhaupt nicht, null". Dass sich selbst theologische Lehranstalten fragen, wie sie sich zu seinem Buch positionieren sollen, findet er „lächerlich". Hebel ruft vielmehr auf: „Leute, lasst uns ins Gespräch kommen. Vielleicht liege ich auch falsch mit vielen Sachen. Ich bin doch auf dem Weg. Ich hab die Weisheit doch nicht mit Löffeln gefressen." Man solle sich doch „mitfühlend und demütig miteinander austauschen."

Die Einstellung des „und wenn du das nicht glaubst, bist du raus" sei „ein Zeichen von Fundamentalismus". Hebel will aber mit „fundamentalistischem Glauben nichts zu tun haben", er will „auch mit diesen Menschen nichts zu tun haben." Trotzdem fühle er mit ihnen und sei „jederzeit zum Dialog bereit". Er bedauert, dass bisher keiner den Mut hatte, ihm direkt zu sagen bzw. zu schreiben: „Torsten, dein Buch finde ich Scheiße. Da stehen Dinge drin, die kann ich so nicht glauben."

Zweifel ohne Kirche

Leider findet dieser Dialog öffentlich so gut wie nicht statt. Tatsächlich müsste er viel Zeit in Anspruch nehmen, und es ist fraglich, ob er zu einem fruchtbaren Ergebnis führen könnte. Denn mit so manchen seiner Thesen entzieht Hebel jeder argumentativen Auseinandersetzung den Boden. Vieles in seinen Äußerungen ist sehr widersprüchlich, wie allein schon die Einladung zu Dialog und Widerspruch an die Konservativen, die aber vorher kräftig abgewatscht wurden. Wie soll sich ein Diskurs gestalten, wenn ihm Anfragen und Kritik völlig egal sind?

Die „Evangelikalen dürfen glauben, wie sie glauben, ich darf glauben, wie ich glaube. Lasst uns diskutieren, frech, fromm, fröhlich, frei" und einräumen, dass andere eben anders glauben „und es wahrscheinlich so viele Wege zu Gott gibt, wie es Menschen gibt". Gewiss, jeder hat das Recht zu glauben, wie er will, und Glaube gestaltet sich unterschiedlich. Solch ein Dialog à la Hebel läuft jedoch auf ein bloßes gegenseitiges Schildern des eigenen Glaubens hinaus. Die Behauptung, dass es falsche Wege gibt und dass er persönlich womöglich vom rechten Kurs abgedriftet ist – also ein echter Streit –, würde wohl wieder mit den üblen Schimpfworten belegt werden wie: Pharisäertum, Faschismus, Fundamentalismus und Intoleranz. Ist so ein kritischer Dialog möglich?

Dabei ist das Thema der Glaubenszweifel so wichtig – für Christen aus dem ganzen theologischen Spektrum. Die Äußerungen Hebels werden die theologisch konservativ Gesinnten an diese Frage wohl kaum heranführen und ein vertieftes Nachdenken über Zweifel und den Umgang mit ihm initiieren. Auf Büchertischen von Veranstaltungen und Gemeinden liegt nun, so ist zu vermuten, fast überall dieses Buch und wird Fragenden, Suchenden, Zweifelnden empfohlen. Leider gibt es sonst wenig deutschsprachige Literatur zum Ringen zwischen Glauben und Unglauben.

Hebel wird oft für seinen Mut gelobt, seine Glaubenszweifel offengelegt zu haben. Davon ist tatsächlich zu lernen. Dennoch will sich mir der tiefere positive Nutzen des Buches nicht erschließen. Wem hilft Hebel mit all seinen Äußerungen wirklich? Worin liegt der tatsächliche seelsorgerliche und pastorale Wert? Worin die konkrete Ermutigung? Seinen ganz eigenen Weg mit Gott zu gehen? Aber wozu braucht es da solche Bücher?

Ich kann mir nicht vorstellen, wie Gemeinden und Kirchen die Geschichte Hebels sinnvoll nutzen können. Der sichtbare Leib Christi ist bei ihm fast ausschließlich negative Projektionsfläche und an so gut wie allem schuld. Dass Gemeinden Menschen abstoßen und vom

Glauben wegführen können, ist unbestritten. Aber können sie und ihre Dienste nicht auch glaubensstärkend wirken? Und wie werden Gemeinden durch Überwindung von Zweifeln letztlich gestärkt?

Aber darum geht es Thorsten Hebel ja gar nicht (mehr). Sein neuentdeckter Glaube kommt wunderbar ohne jede Kirche aus, und die Frage, zu welcher Gemeinde er denn nun gehöre, würde wohl harsch abgewiesen werden. Hebel betont bei *Hossa*, „wie sehr es Jesus hinzieht zu denen, die noch nicht einmal Platz finden würden in unseren Gemeinden heute". Wohl wahr. Aber soll man denn diesen Platz überhaupt noch finden? Wo ist sein Platz?

Bei Hebel verwischen alle Grenzlinien. Nirgendwo wird erkennbar, dass die neue Art des Glaubens eine verbindliche Gemeinschaft benötigt. Es wird vielmehr deutlich, dass diese mystische Religiosität aus organisierter Religion ganz herausführt. Die Bedeutung der Kirche für das Heil klingt wie eine überholte Position aus engstirnig-dogmatischer Vorzeit. Wieder einmal zeigt sich, dass die Ekklesiologie in Lehre und theologischer Ausbildung keinesfalls vernachlässigt werden darf.

Kai-Uwe Schroeter schreibt in seiner sehr ausgewogenen Kritik zum *Freischwimmer:*

„Es gibt viele Dinge außerhalb meiner selbst, die mich des Glaubens vergewissern können. Dazu gehören die Bibel, die Bekenntnisse, die Gemeinschaft oder auch die Liturgie des Gottesdienstes. Glaube ist nicht nur persönlicher Glaube, sondern ein Einstimmen in einen gemeinsamen Glauben – den ich Gott sei Dank nicht erst erfinden muss. Hebel zerbricht an seinen persönlichen Zweifeln. Es wäre ihm zu wünschen, dass er im gemeinsamen Glauben der universalen Christenheit Halt findet."

Ein anderer Freischwimmer

Das Thema der Glaubenszweifel ist zu wichtig, als dass man es nur einem Freischwimmer überlassen sollte. Francis A. Schaeffer (1912–1984) machte Anfang der 50er-Jahre ebenfalls eine große Krise durch. Alles, das gesamte Lehrgebäude des Christentums, stand für den schon erfahrenen Profi im christlichen Bereich auf der Kippe. Auch Schaeffer kam von einem sehr konservativen Hintergrund her, dem Fundamentalismus calvinistischer Prägung. *Faith Theological Seminary, Bible Presbyterian Church* – enger ging es damals kaum. Doch der Missionar in Europa litt an der Kälte des Nachkriegsfundamentalismus, wollte daher den ganzen Glauben noch einmal neu durchdenken. Tatsächlich ging es bei ihm um alles oder nichts.

Schaeffers Glaube ging aus diesem intensiven Ringen erneuert und gestärkt hervor. 1955 gründete er mit seiner Frau in der Schweiz die *L'Abri Fellowship*. Hebel hat natürlich recht: Theologie ist in weiten Teilen Biografie, und so konnte Schaeffer seine eigenen Erfahrungen in den Dienst an Zweifelnden auf der Suche nach Gott einfließen lassen. Wenn Atheisten, Agnostiker und enttäuschte Christen in den 60er- und 70er-Jahren nach L'Abri kamen, konnte er teilweise nachempfinden, womit sie kämpften. Auch Schaeffer hatte sich freigeschwommen, war aber nicht im Ozean des Göttlichen gelandet. Er blieb seiner Konfession und dem *Westminster-Bekenntnis* immer treu, ja, brachte dessen positive Seiten noch besser zum Strahlen. Und vor allem kehrte er zur Bibel zurück, zum unfehlbaren Wort Gottes, dass der Todkranke noch in seinen letzten Lebensjahren in *The Great Evangelical Disaster – Die große Anpassung* heftig verteidigte.

Schaeffer hatte seine Krise auch verarbeitet, vor allem in *True Spirituality – Geistliches Leben, was ist das?*, das 20 Jahre später, 1971, erstmals im Druck erschien. Ohne das Material dieses Buches, so Schaeffer dort gleich im Vorwort, wäre die *L'Abri Fellowship* nie entstanden. Im Grunde ist *True Spirituality* existenziell durchrungene reformatorische und reformierte Theologie pur, natürlich mit zahlreichen persönlichen Erkenntnissen durchsetzt. Vor allem ist es ein durch und durch biblisches Werk, eine Art großer Auslegung von Teilen des Römerbriefes. Der Kontrast zu Hebels *Freischwimmer*, in dem die Bibel gewiss keinen zentralen Raum einnimmt, könnte kaum größer sein.

Hebel hatte dieses Buch vor über 25 Jahren mit Begeisterung gelesen (wir studierten damals beide am *Neues Leben Seminar*, nun *TSR*). Und in seinen kräftigen Sätzen über die existenzielle Realität des Glaubens (das *Hier und Jetzt*, s. o.) ist ein fernes Echo von Schaeffers großem Thema zu hören. Ich hätte meinem alten Studienfreund vor einigen Jahren geraten: Nimm mal eine Auszeit und fahr in die Schweizer Berge oder in den englischen Zweig der *L'Abri Fellowship* vor den Toren Londons. Genau die richtigen Orte zum Nachdenken, Reden, Austauschen, Hören. Hebel hätte an Bekanntem anknüpfen und wieder auf Kurs kommen können. Aber es kam anders.

Die Schaeffers kamen als Missionarsfamilie in die Schweiz. Sie wurden zu ganz anderen Missionaren und Evangelisten, als dies bisher üblich war. Keine Altarrufe nach vorne zur Bekehrung (die Hebel ja auch so kritisch sieht), keinerlei Bühnenshow, vielmehr Vorträge, Selbststudium und Gespräche, Gespräche, Gespräche. Schaeffer sah sich immer als Evangelisten und wurde prägend in der zweiten Hälfte des letzten Jahrhunderts. Dabei äußerte er sich nie verachtend über Kollegen wie Billy Graham und andere, die „klassisch" evangelisierten. Hebel taumelt dagegen hin und her zwischen Ex-Evangelist und „immer noch werbend für Gott unterwegs sein". Dabei scheint es, dass er mehr für sich (und seine Arbeit in Berlin) werbend unterwegs ist als für Gott. Im irgendwie pantheistischen, unpersönlichen Gottesverständnis macht dies ja auch keinen großen Unterschied mehr.

Die schlechte Nachricht

Folgt man Hebels biografischen Ausführungen, so gewinnt man den Eindruck, dass er schon früh mit einer Art Religion der Werke konfrontiert worden war. „Du bist, was du tust!" Dein Handeln ist entscheidend und definiert deine Identität. Ob diese ja doch recht plumpe Botschaft die Verkündigung in seiner Jugendzeit wirklich trifft, sei dahingestellt. In jedem Fall scheint es so, dass Hebel in jungen Jahren und womöglich auch noch im Studium das Evangelium in seiner Klarheit nicht erkannt (und gehört) hatte.

Das Christentum seiner Herkunft riecht nach Gesetzlichkeit, die er nun hinter sich gelassen hat. Das Evangelium habe für ihn, wie bereits gesagt, nun etwas damit zu tun, „zu wem ich gehöre und bei wem ich bin und dass ich dort meine Würde und meinen angeborenen Wert erlebe, den ich per se als Mensch habe." Hebel verankert seine Identität nun in Gott, was natürlich genau richtig ist: „Du bist nicht, was du tust, sondern du bist, wer er ist. Weil er in dir lebt und dich heilig macht."

Du bist, wer er ist – das ist voll ins Schwarze getroffen. Eigentlich. Je nachdem, wie wir diesen Satz mit Inhalt füllen. Hebel geht es praktisch immer um unsere Menschenwürde als Geschöpfe und Ebenbilder Gottes. Diese Linie führt bei ihm dann zu der häufigen Betonung von Selbstachtung und Selbstwert, Kreativität und Schaffensdrang, „gelebte Anerkennung und Wertschätzung" der Person. „Und genau diese Wertschätzung wird mir durch Jesus vor Augen geführt" *(Freischwimmer).* An all dem ist nichts, aber auch gar nichts auszusetzen. Bei Hebel ist dies jedoch das ganze Bild. Ein In-Sünde-gefangen-Sein gibt es bei ihm nicht, daher auch keine Soteriologie, eine Erlösungslehre im eigentlichen Sinn. Denn die beginnt mit der Erkenntnis: Ich bin nicht so wie Jesus, so wie ich eigentlich sein sollte.

Der „er" im „du bist, wer er ist" verschwimmt daher auch im Unklaren. Wer ist gemeint? Gott? Das Göttliche in jedem Menschen? In diese Richtung geht es wohl. Meine Identität liegt in dem, was Jesus tat, und zwar zur Rettung von Sünden und zur Heiligung (s. u.), – diese Dimension kommt bei Hebel gar nicht mehr in den Blick. Und so ist seine Botschaft letztlich erschreckend Herz-los, ohne Evangelium, ohne Christus.

Thorsten Hebels Evangelium ist nun ein *Evangelium des rechten Tuns*: so leben wie Jesus. Jesusmäßig handeln, empathisch sein, lieben, die Welt ein wenig heller machen, „Teil der Bewegung werden, die diesen Planeten verändert und heil macht". Das klingt sympathisch, weil er versucht, „raus dem dogmatischen Rahmen zu kommen hin zu was Erfahrungsorientiertem, Praktischem". Aber ist es Hebel noch nicht aufgefallen, dass damit die Gesetzlichkeit und die Religion der Werke wieder zu Hintertür hereingekommen sind, und zwar mit voller Wucht?

Viele progressiv Gesinnte unter den Christen dreschen nun mit Vorliebe auf gesetzliche Formen des evangelikalen Christentums ein, und diese Kritik ist nur zu oft berechtigt. Aber was ist das Gegengift? Imperative! Aber nicht diejenigen der biblischen, apostolischen Predigt wie: „Glaube und tue Buße!" – und das heißt: Gestehe ein, dass du für dein Heil nichts tun kannst –, sondern moralische Forderungen. Absurderweise (so muss man wohl schon sagen) hat die Evangelische Kirche von Hessen-Nassau nun die Gesamtbotschaft der Bibel, also ihren Kern, in ihrer Bierdeckelaktion (gestartet 2016) in drei solcher Imperative gefasst: Liebe Gott, liebe dich selbst, liebe die anderen. Das ist, reformatorisch gesprochen, Gesetz und nicht Evangelium.

Die doppelte Gnade

In der oben erwähnten ERF-Fernsehsendung nannte Hebel zwei Fragen, die jeder im Leben zu lösen habe: „Wer bin ich?" und „Wozu gehöre ich?" Diese Fragen sind tatsächlich entscheidend. Leider fehlt ihm inzwischen mit einem mystisch-diffusen und unpersönlichen Gottesbild die Grundlage einer auch nur halbwegs klaren und biblischen Antwort.

Die Bibel und die altkirchlichen sowie reformatorischen Bekenntnisse antworten hier trinitarisch: Alle Menschen sind Geschöpf Gottes, und Christen sind Eigentum Christi, ihres Erlösers *(Heidelberger Katechismus*, Fr. 1). Dieser wohnt durch den Heiligen Geist in ihnen; durch den Glauben an den Sohn werden Menschen Kinder Gottes, des Vaters, und in seine Familie hineingeboren. Tatsächlich ist die Annahme als Kind Gottes das Größte, was Gott uns schenken kann: nicht nur Vergebung und Befreiung von Schuld, positiv auch noch die Verbindung mit Gott selbst, das Mithineinnehmen in sein Leben (nun aber nicht pantheistisch verstanden).

Die Annahme als Kind ist eng verbunden mit der Einheit mit Christus. Beides wurde von Johannes Calvin oft betont. „Gott hat uns einmal in seine Hausgenossenschaft aufgenommen, und zwar, um uns nicht nur als seine Knechte, sondern als seine Kinder anzusehen", so in Institutio IV,17,1. Christus ist das „Band unserer Kindschaft", das wir nun darstellen sollen (III,6,3). Wir haben uns, so der Reformator, auch daran zu erinnern, „dass die Heiligkeit das Band sein muss, durch welche sie (die Verbundenheit mit Gott) besteht. Das bedeutet nicht, dass wir etwa durch das Verdienst unserer Heiligkeit in die Gemeinschaft mit Gott gelangten. Wir müssen im Gegenteil zuerst ihm anhängen, damit uns seine Heiligkeit durchdringe und wir dann folgen, wohin er uns ruft!" (III,6,2)

Calvin prägte den Begriff der „doppelten Gnade" durch Christus: „Durch die Gemeinschaft mit ihm empfangen wir vornehmlich eine doppelte Gnade: Einerseits werden wir durch seine Unschuld mit Gott versöhnt, sodass er jetzt nicht mehr unser Richter ist, sondern wir an ihm unseren gnädigen Vater im Himmel haben; und andererseits werden wir durch seinen Geist geheiligt und trachten nun nach Unschuld und Reinheit des Lebens" (III,11,1).

In der Einheit mit Christus sind Rechtfertigung/Versöhnung und Heiligung gegeben: „Weshalb werden wir nun im Glauben gerechtfertigt? Weil wir im Glauben die Gerechtigkeit Christi ergreifen, durch die allein wir mit Gott versöhnt werden! Diese aber kann man gar nicht ergreifen, ohne zugleich auch die Heiligung zu erfassen! Denn Christus ist uns gegeben ‚zur Gerechtigkeit und zur Weisheit, zur Heiligung und Erlösung' (1Kor 1,30). Christus rechtfertigt also keinen, den er nicht zugleich heiligt! Diese Wohltaten sind durch ein bleibendes und unlösbares Band miteinander verknüpft (…)." Rechtfertigung und Heiligung sind zu unterscheiden, doch sie gehören zusammen, denn „Christus trägt sie beide untrennbar in sich". Er „spendet uns beides zugleich, das eine nie ohne das andere. Daraus geht deutlich hervor, wie wichtig der Satz ist, dass wir nicht ohne die Werke, aber dennoch auch nicht durch die Werke gerechtfertigt werden!" (III,16,1).

Wer bin ich? Ich bin als Christ eins mit Christus. Wir sind in ihm durch den Glauben vollkommen gerechtfertigt – nicht per se als Mensch, wie Hebel behauptet. Wir sind in ihm geheiligt; so, wie ich bin, bin ich einzig in Christus gut. Die Gute Nachricht ist, dass Gott allein rettet; dass Gott seinen Sohn für uns dahingegeben hat, der unsere Schuld auf sich genommen und den geforderten Gehorsam dem Vater schon dargebracht hat. Wir sind eins mit Gott, und daher gilt nun: „Du bist, was Gott für dich tat und tut." Das Evangelium ist nicht, „so zu leben wie Jesus", sondern *er selbst*, sein Leben, seine Taten und die Nachricht von ihm. Und weil sein Geist in uns erneuernd wirkt, haben unsere Taten eine Kraftquelle und eine Zielorientierung, die nur in Christus gegeben sind: ihm immer ähnlicher zu werden.

Hebel dagegen breitet seine fade Soße des „die Präsenz Gottes spüren und erleben" über alle aus. Gewiss, in ihm, in Gott, „leben, weben und sind wir" (Apg 17,28). Alle Menschen spüren auf unterschiedliche Weise etwas von der Präsenz Gottes (s. Röm 1). Doch ohne Christus ist dies keine gute Nachricht.

Es ist zu hoffen und zu beten, dass Fragende, Zweifelnde und Verzweifelte die einzige Gute Nachricht in Christus (neu) erkennen und (wieder) auf den rechten Kurs geraten – auch durch gute (alte) christliche Literatur, den „frischen Wind der Jahrhunderte" (C. S. Lewis). Wer hingegen ins mystisch-pantheistische Fahrwasser gerät und Hebels Kurs folgt, der wird sich nicht freischwimmen, sondern über kurz oder lang in der eigenen Göttlichkeit ersaufen.

6

Gottes Offenbarung: klar oder unklar?

Warum *Weiterglauben* in die Sprachlosigkeit führt

THOMAS LAUTERBACH

Ein Buch mit Zitaten von C. S. Lewis, in dem Aussagen mit Beispielen aus Science-Fiction Filmen illustriert werden, ist mir durchaus sympathisch. Warum sollte ich es kritisch lesen? Dies war mein erster Gedanke, als ich Weiterglauben *von Thorsten Dietz las.*

Dietz behandelt eine Reihe von wichtigen, z. T. für den christlichen Glauben entscheidenden Themen: z. B. ob und wie man Gott erkennen kann; was Wahrheit ist; wie man die Bibel angemessen versteht; auf welche Weise man brennende ethische Fragen behandelt; die Polarisierungen der Gesellschaft, die auch unter Christen zu finden ist. Der Titel des Buches *Weiterglauben* beschreibt gleichzeitig sein Ziel, das Dietz folgendermaßen zusammenfasst: „‚Weiter' lässt sich temporal und lokal verstehen: lokal im Sinne von mehr Weite, Flucht aus der Enge, aber eben auch temporal, weiter im Sinne von weiterhin glauben, den Glauben nicht verlieren wollen. Dieses Buch handelt von der Frage, ob und wie beides gelingen kann" (S. 15).

Positive und hilfreiche Aspekte des Buches

Eine ganze Reihe von Aussagen und Erkenntnissen des Buches ist hilfreich. Wenn Dietz z. B. angesichts zunehmender Polarisierung unter Christen dazu auffordert, miteinander zu ringen, zu diskutieren und aufeinander zu hören sowie besser streiten zu lernen, kann man ihm nur zustimmen (S. 31-32).

Seine Ablehnung des absoluten Relativismus der Wahrheit trifft den Punkt, wenn er betont, im wirklichen Leben sei Skeptizismus keine Option (S. 55). Oder wenn er den postmodernen Relativismus als Gespinst bezeichnet, da dieser selbst den Anspruch auf absolute Wahrheit vertritt und sich als Lösung aller Probleme in der Welt sieht (S. 60). Seine Ausführungen über Aspekte des christlichen Wahrheitsbegriffs helfen, dessen ganzen Reichtum vor Augen zu haben. So stellt er dar, dass es bei Wahrheit nicht allein um Fakten geht, sondern sie die Beziehung miteinschließt, ein Prozess ist, die Kraft zur Verwandlung beinhaltet und sich im Leben und Handeln zeigt (S. 61-63). Ein weiterer sehr positiver Beitrag des Buches besteht darin, ein Bewusstsein für Christen zu schaffen, die zweifeln (S. 19). Beim Lesen habe ich mich mehr als einmal gefragt, ob in unseren Gemeinden Offenheit besteht, Christen, die Zweifel über den Glauben haben, verständnisvoll zu begegnen.

Die Kernfrage: Wie offenbart sich Gott?

Zu jedem Kapitel des Buches könnte man viel schreiben – Positives wie Fragwürdiges. Ich denke jedoch, dass sich letztlich viele der darin angesprochenen Themen auf eine Kernfrage reduzieren lassen: Wie offenbart sich Gott? Wie gibt er sich uns Menschen zu erkennen? Klar oder unklar? Genau das ist die Frage. Sie zieht sich durch das gesamte Buch und hat Auswirkungen auf praktisch alle von ihm angesprochenen Themen.

Sein Verständnis von Offenbarung – also wie sich Gott Menschen zu erkennen gibt – fasst er in Anlehnung an Johannes Hartl folgendermaßen zusammen: „Von Gott reden können wir gar nicht anders als metaphorisch, also zeichenhaft, symbolisch, vermittelt über Bilder und Geschichten" (S. 47). Damit wählt Dietz sozusagen einen Ansatz „von unten". Er setzt beim Menschen und dessen Möglichkeit an, Gott erkennen zu können, anstatt bei Gott, der sich dem Menschen zu erkennen gibt bzw. sich ihm enthüllt.[73]

73 Offenbarung setzt immer bei Gott an, der sich enthüllt. Von Beginn an wird Gott in der Bibel als sprechender, sich mitteilender Gott beschrieben. Da der Mensch nach seinem

Dabei nimmt er die Begegnung von Mose mit Gott auf dem Berg Sinai als Beispiel dafür, wie Gott sich offenbart und wie nicht (2Mo 33,12-23). Er betont, Gott gehe auf Mose ein, komme ihm nahe. Doch letztlich verweigere Gott die zentrale Bitte des Mose, seine Herrlichkeit zu sehen (S. 37). Daraus zieht Dietz mehrere Konsequenzen:

- » Gott zeigt sich zwar und kommt Mose nahe, doch sieht dieser nur, wie Gott sich ihm entzieht (S. 38).
- » Unklarheit ist für die Offenbarung Gottes wesentlich, da sich Gott folgendermaßen offenbart: offenbar verborgen und verborgen offenbar (S. 38).
- » Gott redet, handelt und greift ein, jedoch stets so, dass alles, was gehört, gesehen und gespürt wird, zweideutig bleibt (S. 39).
- » Gott macht sich anschaulich und bleibt gleichzeitig unsichtbar, lässt sich berühren und bleibt doch ungreifbar. Alle Einsichten des Glaubens sind davon geprägt (S. 39).
- » Weil Gott all unsere Worte sprengt sowie unsere Gedanken, können wir nicht anders, als in Rätseln von ihm zu sprechen (S. 40).

Dietz möchte nicht den Eindruck vermitteln, Gott würde sich uns völlig entziehen. Daher betont er z. B., Gott würde sich zeigen, sichtbar machen (S. 38). Die ganze Spannung zeigt sich in einem Satz: „Wir haben Gott nie im Griff. Wir stehen aber auch nicht vor einem absoluten Rätsel“ (S. 43).

Dieses Verständnis von Offenbarung ist jedoch problematisch. Denn die entscheidende Frage bleibt unbeantwortet: Wo finden wir dann Gewissheit, wer Gott ist und wie er handelt? Ginge es Dietz allein darum, zu betonen, dass Menschen niemals alles über Gott wissen können, was es über ihn zu wissen gibt, könnte man ihm nur zustimmen. Gottes Wort selbst spricht davon, Gott sei unbegreiflich, im Sinne von unfassbar. Etwa wenn es in Psalm 145 heißt: „Groß ist der Herr und sehr zu loben. Seine Größe ist unerforschlich“ (Ps 145,3). Dieser

---

Bild und zur Gemeinschaft mit ihm geschaffen wurde, teilt sich Gott sozusagen „verstehbar“ mit. Eine Einschränkung, wie sie Dietz hier vornimmt, lässt den Ansatz bei der Erkenntnisfähigkeit des Menschen, anstatt Gott zuzutrauen, dass er sich deutlich zu erkennen geben kann.

Aspekt der Unfassbarkeit Gottes wurde schon immer anerkannt.[74] Es ist jedoch etwas völlig anderes, zu bekennen, Gott sei unfassbar, als zu sagen, Gottes Offenbarung seiner selbst sei unklar.

Selbst die Begegnung von Mose mit Gott, die Dietz als Ausgangspunkt nimmt, spricht für die Unfassbarkeit Gottes, nicht jedoch für Unklarheit in Bezug auf sein Wesen. Vielmehr hilft Gott Mose gerade, ihn tiefer zu erkennen! Mose erfährt nicht alles über Gott, was er erfahren möchte oder was es zu erfahren gibt. Gott sagt deutlich, sein Angesicht könne niemand sehen (33,23). Auf die Bitte von Mose, Gottes Herrlichkeit zu sehen, antwortet er jedoch direkt: „Ich werde all meine Güte an deinem Angesicht vorübergehen lassen und den Namen Jahwe vor dir ausrufen: Ich werde gnädig sein, wem ich gnädig bin, und mich erbarmen, über wen ich mich erbarme" (33,19). Diese Antwort Gottes weicht der Bitte Moses nicht aus, sondern soll diesem gerade helfen, ihn tiefer zu erkennen – seine Güte, Gnade und sein Erbarmen. Mose reagiert daher auch nicht frustriert oder enttäuscht, sondern indem er sich vor Gott niederwirft und ihn anbetet (34,8). Wie Graham Cole treffend anmerkt: „Mose wollte die göttliche Herrlichkeit sehen. Er wollte die Majestät Gottes vor sich ausgebreitet sehen. Aber Gott gab ihm stattdessen eine Erklärung seiner Güte. Gottes Herrlichkeit liegt nicht in seiner Macht, sondern in seiner Güte, die ihren Ausdruck in der souveränen Gnade und Barmherzigkeit findet … Es gibt nur eine angemessene Antwort auf diese Enthüllung der göttlichen Natur: ‚Und Moses senkte schnell sein Haupt zur Erde und betete an.'"[75]

Gott offenbart sich uns Menschen. So, dass wir wahr und zuverlässig erkennen können, wer er ist und wie er handelt. Menschen können genug wissen, um zu verstehen, wer Gott ist und was nötig ist, um in Gemeinschaft mit ihm zu leben. Dies ist das durchgängige

---

74 „Geschichtlich gesehen hat die Kirche nicht nur an die Existenz Gottes geglaubt, sondern auch daran, dass Gott erkannt werden kann. Dieses Erkennen ist und kann nicht erschöpfend sein, da Gott unfassbar ist. Daher können Menschen niemals alles über Gott wissen, was es über ihn oder über spezifische Eigenschaften seines Wesens zu wissen gibt. Gott ist jedoch in dem Maße erkennbar, das für Menschen genügt, um eine persönliche Beziehung auf dieser Erde mit ihm zu haben." Allison, Gregg R. (2011), Historical Theology: An Introduction to Christian Doctrine, Grand Rapids: Zondervan; S. 187.

75 Cole, Graham A. (2016), *Why a Book? Why This Book? Why the Particular Order within This Book? Some Theological Reflections on the Canon*, in Carson, D. A. (Hg.), The Enduring Authority of the Christian Scriptures, Grand Rapids: Eerdmans; S. 461.

Verständnis von Offenbarung in der Bibel. So sagt Gott im Kontext einer Gerichtsandrohung: „Der Weise rühme sich nicht seiner Weisheit, und der Starke rühme sich nicht seiner Stärke, der Reiche rühme sich nicht seines Reichtums; sondern wer sich rühmt, rühme sich dessen: Einsicht zu haben und mich zu erkennen, dass ich der Herr bin, der Gnade, Recht und Gerechtigkeit übt auf der Erde; denn daran habe ich Gefallen, spricht der Herr" (Jer 9,22-23). Gerade die vielfältigen Gerichtsankündigungen des Alten Testaments zeigen, worin das Problem der Israeliten bestand. Nicht in ihrer mangelnden Erkenntnis Gottes aufgrund der Unklarheit seiner Offenbarung, sondern vielmehr darin, dass das Volk Gott und sein Wesen kannte, jedoch nicht mit ihm und ihm entsprechend lebte.

Gleiches trifft auch auf das Neue Testament zu. Jesus sagt: „Dies aber ist das ewige Leben, dass sie dich, den allein wahren Gott, und den du gesandt hast, Jesus Christus, erkennen" (Joh 17,3). Jesus geht selbstverständlich davon aus, dass es möglich ist, Gott und ihn selbst zu erkennen, was letztlich gleichbedeutend damit ist, ewiges Leben zu haben.

Dieses Erkennen beinhaltet zwei Dinge: die persönliche Gemeinschaft mit Gott sowie das Wissen darum, dass wir ihn durch Jesus Christus, als dem Wort Gottes, erkennen können (Joh 1,18).[76]

Die Schwierigkeit in der Beurteilung von Dietz' Position besteht darin, dass er einerseits zustimmt, dass Gott sich offenbart, d. h. sich zu erkennen gibt, Menschen nahekommt usw., andererseits jedoch immer auch von Unklarheit, Undeutlichkeit und Zweideutigkeit spricht. Das lässt die Leser mit der berechtigten Frage zurück, wer denn nun bestimmt, wo die Offenbarung klar und wo unklar ist. Und, daraus folgend, wo die Grenzen berechtigter oder eben unberechtigter Gottesvorstellungen liegen.

Das grundlegende Problem an Dietz' Ansatz ist, dass er von der Erkenntnisfähigkeit des Menschen ausgeht. Anhand der vorgefassten Meinung – es wäre nur möglich, in Bildern, Metaphern usw. von Gott zu reden (s. o.) – gelangt man zur Schlussfolgerung, Gottes Offenbarung

---

76 Hier können wir nicht auf alle von Dietz angeführten Bibelstellen eingehen, die seiner Meinung nach belegen, dass die Offenbarung Gottes unklar und zweideutig ist (vgl. S. 39-45). Eine kurze Antwort lautet: Einige Stellen, wie etwa Röm 11,33-36, beziehen sich auf die Unfassbarkeit Gottes. 1Kor 13,12 hingegen spricht nicht von der Unklarheit der Offenbarung, sondern der Grenze unseres menschlichen Erkennens.

sei immer auch unklar oder zweideutig. Dieser Ansatz „von unten“, der vom Menschen hin zu Gott ausgerichtet ist, widerspricht jedoch der biblischen Sicht von Offenbarung. Denn diese führt von Gott zum Menschen. Was Leon Morris bereits im Jahr 1976 schrieb, trifft heute noch genauso zu: „Bei Offenbarung geht es nicht um Wissen, das wir einst hatten, dann jedoch im Laufe der Zeit vergessen haben. Es geht ebenso wenig um die Art Wissen, die wir durch gewissenhaftes Erforschen erlangen können … Im Christentum ist der Ausdruck wichtig, da er verdeutlicht, dass Gott die Initiative ergriffen hat, sich dem Menschen zu enthüllen. Gott zu kennen wird daher nicht als das Endprodukt des gewissenhaften Forschens von Menschen angesehen, sondern als ein Ausdruck der Gnade Gottes und seines Willens, erkannt zu werden.“ [77]

Ist die Bibel Gottes Wort? – Streitfall Schriftverständnis

Es überrascht nicht, dass sein Verständnis von Offenbarung auch das Schriftverständnis von Dietz tief prägt. Wo die Offenbarung an sich unklar oder zweideutig ist, muss dies letztlich auch auf die Bibel als dem Zeugnis der Offenbarung zutreffen. Dabei spricht er Gottes Wort seinen Offenbarungscharakter an sich nicht ab. Seine Position lautet vielmehr: „… die Bibel als Gottes Wort im Menschwort zu verstehen“ (S. 79). Damit verbunden ist jedoch für Dietz auch die Einsicht, dass die Bibel nicht Gottes Wort an sich ist: „Die Bibel ist nicht einfach ‚das‘ Wort Gottes. Die Unterscheidung zwischen Jesus Christus selbst bzw. dem Evangelium von Jesus Christus und der Bibel ist schlechthin entscheidend. Christen glauben an Jesus Christus und nicht an die Bibel. Das ist kein falscher Gegensatz, sondern im Grunde eine Selbstverständlichkeit“ (S. 80). Diese Unterscheidung von Jesus Christus bzw. dem Evangelium auf der einen Seite und der Bibel auf der anderen ist jedoch höchst problematisch. Denn im Gegensatz zu Dietz’ Behauptung ist dies tatsächlich ein falscher Gegensatz. Hinter dieser Sicht steckt der Gedanke, dass das biblische Wahrheitsverständnis ein relationales, d. h. beziehungsorientiertes ist (S. 63). Daher sei die Wahrheit nicht vordringlich in der Bibel zu finden, sondern in der Beziehung und Begegnung mit Jesus, der ja als Person das Wort Gottes ist (Joh 1,1). Die Betonung der Beziehung ist vollkommen richtig und

77 Morris, Leon (1976), *I Believe in Revelation*, Grand Rapids: Eerdmans; S. 10

hilfreich. Der christliche Glaube besteht nicht nur darin, richtige Informationen über Gott und Jesus zu haben, sondern in der Beziehung mit ihm zu leben. Doch so richtig diese Feststellung ist, so verkürzt ist sie auch. J. I. Packer hat daher recht, wenn er schreibt: „Das sprachliche ‚Wort' bezeugt das persönliche ‚Wort' und ermöglicht uns, letzteres so zu kennen, wie Er ist, was uns sonst verwehrt bleiben würde."[78]

Gerade das Johannesevangelium, auf das Dietz sich stützt, trennt nicht zwischen persönlicher Beziehung und der Wahrheit der Bibel. Für Johannes gibt es keine Trennung zwischen dem fleischgewordenen Wort Jesus, den Worten, die Jesus spricht, und seinem eigenen Evangelium. Dies wird z. B. daran deutlich, wie Johannes den Begriff der Wahrheit gebraucht. Jesus selbst ist die Wahrheit (Joh 14,6), der Heilige Geist ist der Geist der Wahrheit (14,17), Jesus spricht die Wahrheit (16,7a), der Geist der Wahrheit leitet in die ganze Wahrheit (16,13) und Gottes Wort ist die Wahrheit (17,17). All diese Aussagen stehen nicht unabhängig für sich, sondern sind aufeinander bezogen und voneinander abhängig. Jesus spricht die Wahrheit, weil er die Wahrheit ist, zu der der Geist der Wahrheit führt, und zwar durch Gottes Wort, das die Wahrheit ist. Daher ist die Trennung zwischen dem Glauben an Jesus und dem an die Bibel von Gottes Wort her nicht aufrechtzuerhalten. Selbst eine Unterscheidung, die Dietz als selbstverständlich ansieht, wird der Bibel nicht gerecht.[79] Die praktische Konsequenz eines solchen Verständnisses lässt sich erkennen, würden wir das Wort „Glauben" durch seine wichtige, biblische Bedeutung „Vertrauen" ersetzten. Ist eine Beziehung zu Jesus Christus wirklich möglich, wenn wir sagen würden: „Christen vertrauen Jesus Christus, nicht der Bibel"? Wie soll es möglich sein, in einer persönlichen Beziehung mit einer Person zu leben, ohne deren Worten, die wir in der Bibel finden, vertrauen zu können?

---

78 Packer, J. I. (2016), *God Has Spoken*, London: Hodder & Stoughton; S. 72.

79 Dies wird auch deutlich, wenn Johannes in Kapitel 20,30-31 den Zweck seines Evangeliums nennt. Dort sehen wir, wie Johannes sein Buch als Mittel ansieht, um Jesus als Messias und Sohn Gottes zu erkennen und an ihn zu glauben, mit dem Ziel, in ihm das (ewige) Leben zu haben. Das heißt, Erkenntnis zu haben, wer Jesus ist (Messias und Sohn Gottes), an ihn zu glauben und Heil (ewiges Leben) zu erfahren, ist durch das „Buch" möglich, das Johannes schrieb.

Die praktische Konsequenz von *Weiterglauben* – Sprachlosigkeit

Wohin führt das im Buch *Weiterglauben* vertretene Verständnis von Offenbarung und der Bibel? Letztlich in die Sprachlosigkeit. Sprachlosigkeit über Gott, sein Wesen, sein Handeln in Jesus Christus und vielem mehr. Wo Offenbarung ihren Ausgangspunkt beim Menschen nimmt anstatt bei Gott selbst, der sich enthüllt, treten an die Stelle der Offenbarung menschliche Vorstellungen und Bilder über Gott. Wenn die Offenbarung Gottes nicht klar, sondern unklar, immer auch zweideutig ist und Gott in gewisser Weise unsichtbar bleibt, kann keine klare Aussage mehr über Gott, sein Wesen und sein Handeln erfolgen. Konsequent zu Ende gedacht bleiben nur persönliche Meinungen und Vorstellungen über Gott, die gleichberechtigt nebeneinanderstehen und auch stehen sollen.

Was dies in der Praxis bedeutet, wird bereits am Anfang des Buches von Dietz deutlich. Dort geht er auf das Buch *Freischwimmer* von Torsten Hebel ein[80], in dem dieser von seinem Umgang mit Zweifeln schreibt. Dietz schreibt, Hebel sei es gelungen, „einen neuen, für ihn stimmigen Zugang zum Christentum zu finden" (S. 16). Und weiter: Hebel „findet einen anderen, neuen Zugang zu Jesus Christus und entwickelt allmählich einen Umgang mit dem christlichen Glauben, der für ihn stimmig ist" (S. 17). Hier wird deutlich, wohin das im Buch *Weiterglauben* beschriebene Offenbarungs- und Schriftverständnis führen kann: Er findet einen stimmigen Zugang, der für ihn stimmig ist. Im Mittelpunkt steht der Mensch: sein Zugang, sein Finden und das, was für ihn in Bezug auf Gott und Glauben wichtig erscheint.

Dietz scheint die Entwicklung Hebels positiv zu sehen, auch wenn er einschränkt, ein solcher Weg werfe auch Fragen auf (S. 18),[81] ob er selbst nun diesen beschriebenen Weg als legitim ansieht oder nicht. Seine Sicht von Offenbarung und der Bibel als Gottes Wort können jedoch genau diese Auswirkung haben – der Mensch schafft sich ein Gottesbild, das für ihn gut ist und passt. Denn wenn Gottes Offenbarung

---

80 Hebel, Torsten (32016), *Freischwimmer: Meine Geschichte von Sehnsucht, Glauben und dem großen, weiten Mehr*, Holzgerlingen: SCM Hänssler.

81 Manchmal ist das Lesen von *Weiterglauben* etwas frustrierend. Dietz trifft Aussagen, die er dann aber wieder relativiert, sodass der Leser nicht genau „greifen" kann, was denn nun seine Meinung ist.

immer auch rätselhaft ist, zweideutig und unklar, dann gibt es keine Instanz, die beurteilen könnte, wie Gott wirklich ist.

Auch wenn wir einen angemessenen Umgang mit Zweifeln in unseren Gemeinden anstreben sollen – „Seid barmherzig mit denen, die ins Zweifeln gekommen sind!" (Jud 22) –, wird Zweifel in Gottes Wort nie als Wert in sich gesehen oder als Tugend beschrieben. Vielmehr sollen Zweifel überwunden werden und zu neuem Vertrauen zu Gott führen. Und zwar zu einem Gott, wie er sich selbst offenbart, nicht, wie wir ihn gerne hätten. Weil sich Gott offenbart, können wir ihn kennen und mit diesem unvergleichlichen Gott leben. Wir sind nicht im Unklaren über sein Erbarmen, seine unermessliche Gnade und die Vergebung, die er hoffnungslosen Rebellen und Sündern in Jesus zukommen lässt (1Tim 1,12-13). Weil wir all dies wissen, können wir dankbar in das Lob von Paulus einstimmen: „Ihm, der mit seiner unerschöpflichen Kraft in uns am Werk ist und unendlich viel mehr zu tun vermag, als wir erbitten oder begreifen können, ihm gebührt durch Jesus Christus die Ehre in der Gemeinde von Generation zu Generation und für immer und ewig. Amen" (Eph 3,20-21).

Wo eine Pluralität von Gottesbildern herrscht, führt dies gerade nicht dazu, dass wir mehr über Gott sprechen, sondern dass wir eben nicht mehr über ihn sprechen können. Wir reden dann nur noch über unsere mehr oder weniger begründeten Meinungen über Gott. Dies ist umso erstaunlicher, da Dietz gerade mit seinem Buch dritte Wege im Verständnis und des Ringens im Glauben aufzeigen möchte (S. 31).

Dietz beklagt eine zunehmende Polarisierung unter Christen. Damit hat er sicher recht. Zu häufig gibt es Streit, Verurteilungen und Trennungen unter Christen, die ihren Grund in Äußerlichkeiten und Randfragen haben. Wie jedoch die Lektüre von *Weiterglauben* zeigt, geht es in diesem Buch nicht um Fragen, bei denen Christen zu Recht lernen sollten, ihre unterschiedlichen Erkenntnisse anzunehmen und zu ertragen. Denn die Frage, wie sich Gott offenbart und ob die Bibel Gottes Wort ist oder nicht, bildet den Kern aller Erkenntnis über Gott, sein Wesen und Wirken in Jesus Christus. In diesem Sinne ist der lokale Aspekt (s. o.) des Buches *Weiterglauben* zu weit gefasst. Bei vielen Aspekten, die im Buch durchaus positiv sind, kann es für Christen, die bibeltreu – d. h. der Bibel treu – sein wollen, keinen dritten Weg geben. Es ist Gottes Gnade, dass er uns die Bibel, sein

Wort, anvertraut hat, das uns zuverlässig zeigt, wer er ist und wie er handelt.[82]

Gott ist mächtig. Er kann sich klar offenbaren, auch wenn unsere Erkenntnis begrenzt ist. Er kann so reden, dass wir ihn deutlich verstehen können. Deshalb möchte ich mit den Jüngern bekennen: „Herr, zu wem sollten wir gehen? Du hast Worte des ewigen Lebens“ (Joh 6,68)!

82 Hier musste eine wichtige Frage ausgeklammert werden: Wenn die Offenbarung klar und die Bibel Gottes zuverlässiges Wort ist, wie lassen sich dann unterschiedliche Verständnisse und Erkenntnisse eben dieses Wortes erklären? Mit dieser und anderen entscheidenden Fragen zum Thema Offenbarung und Schriftverständnis hat sich Eckhard Schnabel ausführlich befasst: Schnabel, Eckhard J. ([2]1997), *Inspiration und Offenbarung: Die Lehre vom Ursprung und Wesen der Bibel,* Wuppertal: Brockhaus. Das Buch ist ungemein wichtig und lässt kaum eine Frage unbeantwortet.

7

Lesen wir die Bibel falsch?

THOMAS JEISING

Der Gott der konservativen Christen sei ein Oldtimer geworden. Weil aber der Gott der Bibel immer im Wandel war, passt er sich auch heute an. Wort Gottes sei alles, was uns anspricht und voranbringt, unter anderem auch die Bibel, das meint ***Rob Bell,*** *der mit seiner christlich gefärbten Religiosität viele Anhänger findet. Bell will die Bibel absolut menschenzentriert lesen, weil Gott auch so sei: Für uns und mit uns. Es gehe nur darum, dass wir ein positives Gefühl bekommen und dann Gutes tun. Seine Antworten auf wichtige Fragen sind aber entlarvend und zeigen, dass er die Kernbotschaft der Bibel nicht verstanden hat.*

Brauchen wir endlich einen neuen Gott, weil der alte altmodisch geworden ist? Und brauchen wir einen eloquenten Reformator, der uns diesen neuen Gott schmackhaft macht? Und kann uns dieser Mann dann die Bibel endlich so nahebringen, dass sie in der heutigen Zeit relevant, hilfreich und verständlich wird? Nicht wenige in der evangelikalen Bewegung sehen in Rob Bell einen solchen Mann.

Rob Bell war Pastor einer amerikanischen Gemeinde, hat aber in Hollywood auch eine regelmäßige Show in einem angesagten Club, unterhält die Menschen mit einem Podcast und schreibt zahlreiche Bücher. Seine Art, religiöse Fragen an den Mann und die Frau zu bringen, ist in den liberalen Großstädten an Amerikas Küsten offenbar angesagt. 2011 hat ihn deswegen auch das *Time Magazin* zu den 100 einflussreichsten Personen der gesamten Welt gezählt. In Deutschland ist er durch mehrere Bücher und durch einen Auftritt auf einem *Willow Creek Kongress* bekannt geworden. Das Buch *Love wins* (dt. *Das letzte Wort hat die Liebe*), in dem er den Evangelikalen eine Form der Allversöhnungslehre schmackhaft macht, wie sie auch in den deutschen evangelischen Landeskirchen verbreitet ist, hat großen Einfluss gehabt. Bell kann sich keinen Gott vorstellen, der Menschen verurteilt, weil er doch ein Gott der Liebe ist. Seinen persönlichen Weg zum Heilsuniversalismus hat er in seinem Buch *Save me from Hell* beschrieben. Wie das alles mit seinem Gottesbild zusammenhängt, zeigte sich in dem Werk *Mit dir, für dich, vor dir: Was Gott ist und was nicht*. Darin zeichnet er einen Gott, dem der Mensch im religiösen Gefühl der Faszination begegnen kann. Dabei soll erlebt werden, dass dieser Gott immer ein Gott ist, der für uns da ist.

Dieses Buch über Gott ist in vieler Hinsicht einfach armselig. Ich äußere mich dazu nicht, weil es mir Freude macht, ein Buch zu kritisieren, sondern weil es eine weite Verbreitung findet und einigen Einfluss ausübt. Ich halte das Buch nicht deswegen für schlecht, weil der Autor viele Meinungen vertritt, die ich aus guten Gründen nicht teile. Ausdrücklich auch nicht, weil er die Rettung aller Menschen erwartet. Diese Lehre ist durch viele Jahrhunderte der Christenheit in unterschiedlichen Facetten vorgetragen worden, und in meinem Bücherregal stehen gute Bücher dazu, die mich trotzdem nicht überzeugt haben.

Drei Gründe, warum Bells Buch über Gott einfach schwach ist

Rob Bells Buch ist erstens deswegen schlecht, weil man sich immer wieder fragt, an wen sich die Argumentation eigentlich richtet. Der größte Teil scheint Menschen im Blick zu haben, die nicht an Gott glauben können, die entweder Atheisten oder Agnostiker sind. Nur erscheint es mir zweifelhaft, dass man solche Menschen so ansprechen kann: z. B. mit pauschalen Verallgemeinerungen darüber, was immer mehr Otto Normalverbraucher – wie es in der deutschen Übersetzung heißt – angeblich über Gott denken.

Aber dann finden sich vor allem Beispiele von Enttäuschten aus dem konservativ-evangelikalen Lager. Man fragt sich zweifelnd, ob sich Bell vielleicht nur an solche richtet, die den konservativ bibeltreuen Glauben aufgegeben haben. Da kommen unterschiedliche Personen zu Wort: enttäuschte Pastorenfrauen, eine Frau, die an der Ablehnung von Leitungsfunktion für Frauen verzweifelte, manche, die nicht verstehen, warum Homosexualität Sünde sein soll, andere, die keinen Gott akzeptieren, der Menschen verurteilt. Aber sind das wirklich diejenigen, die dann Gott ganz leugnen? Wohl kaum, und für sie wäre dann mehr als ein Drittel des Inhalts deplatziert.

Und irgendwie scheint Rob Bell auch zu seinen konservativen Beobachtern und Kritikern zu sprechen. Nicht direkt zwar, aber die Ohrfeigen, die er austeilt, scheinen mir nicht allein dazu zu dienen, sich bei denen beliebt zu machen, die von Konservativen enttäuscht sind. Alle diese Zielgruppen in einem Buch zu vereinen, ist denkbar unglücklich.

Zweitens ist das Buch schwach, weil es abenteuerliche Argumentationsketten bietet und auf Sachargumenten aufbaut, die schlicht falsch sind. Rob Bell will allen Ernstes Menschen zum Glauben einladen, indem er mit der Quantentheorie behauptet, dass man nicht erklären könne, warum die Glühwendeln im Toaster rot und nicht blau leuchten. Man ahnt, worauf er hinauswill: Die Menge an Unerforschtem soll einen Menschen in Staunen versetzen. Und dieses Wundern scheint dann schon eine Vorstufe zum Glauben zu sein oder gar der Glaube selbst. Seine Ausflüge in die Physik sind aber durchweg von so wenig Fachwissen geprägt, dass es unverständlich ist, wie ihn Jürgen Mette in seinem Vorwort gleich zum Astrophysiker befördern konnte. Rob Bell gibt in seinen Anmerkungen am Schluss selbst zu, dass er sich das alles in populärwissenschaftlichen Büchern angelesen hat. Das hat er dann noch einmal so vereinfacht, dass am Ende vieles einfach nicht mehr stimmt. Wer die moderne Physik kennt, wird die Argumente lächerlich finden; wer – wie es Jürgen Mette im Vorwort von sich zugibt – keine Ahnung hat, wird vielleicht geblendet sein.

Wenn nun Rob Bell versucht, die Bibel zu erklären, ist das nicht weniger abenteuerlich. Warum spricht die Bibel von Gott als Vater? Bell behauptet, dass die Menschen anfangs Göttinnen verehrten, weil die Frauen die Feldarbeit machten und die Göttinnen um Fruchtbarkeit baten. Als die Arbeit auf dem Feld durch die Erfindung des Pfluges mehr Körperkraft erforderte und die Männer ran mussten, wurden die Götter eben männlich. Folglich ist es eine Sache der Umstände und endlich eine Geschmacksache, ob wir Göttinnen oder Götter anbeten. Bell bemüht statt Quantenphysik nun Religionsgeschichte, bricht ein paar zweifelhafte Theorien auf Kindergartenniveau herunter, und das Ergebnis ist beschämender Unsinn.

Drittens ist das Buch schwach, weil der Autor weiß, dass er vom *Time Magazin* schon zu den 100 einflussreichsten Personen der Welt gezählt wurde. Er gefällt sich darin, und das färbt auf das Buch (für mich unangenehm) ab. Rob Bell scheint sich beim Schreiben selbst zuzuschauen. Er wirkt wie sein eigener größter Fan, der sich Beifall gibt, wenn ihm eine Idee gelungen erscheint. An einigen Stellen formuliert er auch seine Selbstbegeisterung in Kommentaren, die er in Klammern eingefügt („Ich finde, jetzt bräuchte es einen Trommelwirbel oder Ähnliches."). Rob Bell sieht sich als eine Art Reformator, der den Puls der Zeit erspürt. Nur er hat die entscheidenden Wandlungen im Gottesverständnis festgestellt und kann die irreführenden Gottesbilder früherer Zeiten durch ein modernes, angemesseneres Verständnis ersetzen. Das Buch atmet dabei Selbstgefälligkeit gepaart mit Sendungsbewusstsein. Wem immer das gefallen mag – mit dem christlichen Glauben hat das nur noch wenig zu tun.

Die Argumentationskette, die uns zum neuen Gott führen soll

Werfen wir einen Blick auf die Botschaft, die Rob Bell seinen Lesern weitergeben will. In der Bewegung des Zeitgeistes erkennt er, dass die Menschen Gott ablehnen, weil dieser „mit unserer modernen Welt (nicht) Schritt halten" kann. Das althergebrachte Gottesbild ist ein in die Jahre gekommener Oldtimer[83], der nur von „geistlichen Wächtern, Scharfschützen auf den Glaubensdächern" verteidigt wird, aber ansonsten „mickrig, eng, unbedeutend, gemein, nicht besonders schlau" daherkommt. Aber Rob Bell hat erkannt, dass die neue, sich im Wandel befindende Gottesvorstellung wertvoll ist. Also den Oldtimer abstoßen und sich ein aktuelles Modell zuzulegen. Diesen neuen Gott stellt Bell nun ins Schaufenster.

Er beginnt beim religiösen Gefühl: „Ich spürte, wie etwas Erhabenes anfing, in mir zu summen." Es ist der „Geschmack oder Schimmer, wenn wir spüren und uns zutiefst bewusst wird, dass es da ‚mehr' im Leben gibt". Dieses „Summen" will Bell nicht zu den „althergebrachten, überlieferten religiösen Erfahrungen" führen – er sucht „andere Wege". Er selbst sei auf diesen Weg durch eigene Zweifel gelangt

83 Bell bietet als Werbung für sein Buch auch einen kurzen Videoclip mit seinem Oldtimer und ein paar seiner Thesen – https://www.youtube.com/embed/rG1CDec4qkg?rel=0.

und durch einen Berater, der ihn in der Krise begleitet habe. Er bleibe Christ, denn seine „Erfahrungen mit Jesus haben mein Denken und mein Herz geöffnet für einen größeren, weiteren, sich weiter ausstreckenden, geheimnisvollen und liebenden Gott, dem, so glaube ich, tatsächlich etwas an dieser Welt liegt." Damit der neue Gott nun aber nicht zu bedrängend und absolut wird, steckt Bell die Grenzen so weit wie nur möglich. Es bleibt bei diesem Gott alles offen, im „sowohl als auch". Und im Übrigen sei das Wesentliche gesagt, wenn Gott „mit, für, voraus" ist. Voraus ist Gott als eine Energie und Macht, die immer bei uns und für uns da ist, weil er fortschrittlich ist und immer mit der Zeit geht. Er ist nie irgendwo „hinten festgefahren", immer modern und bringt uns vorwärts.

Rob Bell versucht zuerst, über ein paar Ausflüge in die Physik beim Leser einen Geschmack für das Unendliche zu fördern oder ihn auch nur daran zu erinnern, dass er diesen „Geschmack", dieses „Summen" doch irgendwie kennt. Das führt über die Rotverschiebung des Lichtes, die Gravitation, die schwarzen Löcher, Erdbeben, die Relativitätstheorie holterdiepolter irgendwie zu den Quarks, das Higgs-Bosom, den Toaster, die Körperzellen, das Atom, die Seele und zu Gott: „Das klingt ein bisschen nach Gott, denn wenn ich von Gott rede, dann rede ich über eine Wirklichkeit, die erkannt, geführt, erfahren wird, aber die nicht an einem bestimmten physikalischen Ort in irgendeiner Weise lokalisiert werden kann." Eine seltsame Argumentation, aber in Bells Weltbild hat doch alles irgendwie mit allem zu tun, und hinter allem steckt irgendwie Gott. So sind für ihn diese lockeren Assoziationsketten zulässig, ersetzen aber tragfähige Argumente.

Zulässig erscheinen Rob Bell auch Verzerrungen der Geschichte. Er passt alles in seine Geschichtsphilosophie ein, die manchmal an Hegel erinnert. Das Mittelalter war finster, und alles wurde nur damit erklärt, dass Gott es so gesagt habe. Die Aufklärung und Newton[84] erklärten alles rationalistisch, pflegten eine reduktionistische Weltsicht und behaupteten, alles erklären zu können. Davon müssten wir uns heute wieder befreien. Denn nicht alles kann erklärt werden. Deshalb müssen wir wieder für das Wundersame, Göttliche und Seltsame offen werden. Dabei müsse aber alles Reden von Gott im „sowohl als auch"

84 Newton war kein Rationalist im heutigen Sinn. Bell scheint Newtons ontologische Naturphilosophie damit zu verwechseln.

bleiben. Besser geeignet scheint das Gefühl, das Ahnen, das Erleben, dass dies oder das noch eine tiefere Dimension hat. Und diese Dimension ist dann Gott, der immer und überall dabei ist, die göttliche Energie, die irgendwie alles belebt und alles mit allem verbindet. „Wenn wir aber von Gott sprechen, sprechen wir von der schlüssigen Behauptung, dass alles eine einzelne, allgemeine Quelle hat und unbegrenzt, endlos und zutiefst miteinander verknüpft ist."

Das führt Rob Bell zu seinem „Evangelium", das einfach heißt, dass Gott für uns ist. Das könne man dann erleben, wenn man ehrlich sein Versagen, seine Schwachheit und Hilfsbedürftigkeit eingestehe. Dann aber diene der christliche Glaube der Entfaltung und Entwicklung des Menschen. Das sei aber nicht auf den christlichen Glauben beschränkt, auch andere Religionen könnten nach dem Eingeständnis der eigenen Grenzen „zu einem besseren Selbst und einer besseren Zukunft für uns alle" verhelfen. Unterbrochen wird dies durch eine „Werbepause" für den Dalai-Lama. Einscheidend sei, die Menschen dürfen nur nicht der „Wahrheit über das göttliche Vorwärtsbringen" widerstehen.

Was die Bibel für Rob Bell bedeutet, ist nicht wirklich klar. Offenbarung von Gott ist sie nicht, aber sie scheint auch nicht nur Ausdruck menschlicher Frömmigkeit zu sein. Sonst müsste sich Bell nicht bemühen, manches Schwerverdauliche der Bibel zu erklären. Er greift dabei zu seiner Geschichtsphilosophie: Da Gott dauernd die Welt und die Menschen nach vorne bringt, sind etliche Aussagen der Bibel für frühere Zeiten ein Fortschritt gewesen. Da wir aber heute viel weiter sind, sollten wir nicht wieder zum Überholten zurückkehren. Er belegt dies mit vielen sexualethischen Bestimmungen, aber auch mit der Frage nach dem Dienst der Frau. Wenn ich es richtig verstehe, dann wendet Rob Bell sein Prinzip auch auf die Gottesvorstellung an: Was zu Zeiten der Bibel ein Fortschritt im Gottesbild war, das ist heute überholt, nur ein Oldtimer, der von manchen noch gepflegt wird, aber eben nicht mehr auf der Höhe der Zeit ist.

Auf der Höhe der Zeit ist in Bells Augen offenbar ein religiöses Gefühl, das sich an eine positive Energie anschließt, die überall zu finden ist und uns alle vorwärtsbringt, ganz wie es der Titel sagt: *Mit dir, für dich, vor dir: Das ist Gott*. Dass das biblisch ist, will Bell wieder assoziativ an den hebräischen Wörtern *ruach* (Geist, Wind, Atem, Hauch) und *kabod* (Herrlichkeit) erweisen. Leider zeugt das auch nur von vorgetäuschter Sprachkenntnis und ist keine Bibelauslegung. Beide

Begriffe gehören zur Gottesoffenbarung, können aber nicht von dieser abgetrennt werden.

Bleibt die Frage, warum Christen von solcher Frömmigkeit begeistert sein können und Rob Bell als „eine Mischung aus Einstein-Versteher, Astrophysiker und Evangelisten" verehren, der über ungewöhnlich hohe Sachkenntnis verfüge. So jedenfalls scheint es, wenn man das Vorwort von Jürgen Mette gelesen hat. Ehrlich gesagt habe ich keine Antwort darauf. Ich warne nur davor, das halbgare Physikwissen zu übernehmen und irgendwo als Argument zu benutzen. Damit kann man sich und die christliche Botschaft nur lächerlich machen. Für seine Bibelauslegung gilt das erst recht.

Der neue Gott in der alten Bibel

Bell meint, diesen Gott auch in der Bibel wiederzufinden, auch wenn er sich dafür von allem distanzieren muss, was er in der Bibel als altertümlich und überholt ansieht. Gott habe sich eben auch weiterentwickelt, indem er zum modernen Menschen anders spricht, als es für den antiken Menschen vielleicht noch notwendig war. Die Frage, was dann die Bibel sein soll, wenn sie einerseits irgendwie auf Gott zurückgeht, aber andererseits doch auch teilweise selbst in ihrem Gottesbild überholt ist, drängt sich unweigerlich auf. Diese Frage wollte Bell Mitte 2017 mit einem Werk beantworten, das den Titel trägt *What is the Bible? How an ancient Library of Poems, Letters and Stories can transform the Way You think and feel about everything.* 2018 erschien es in Deutsch unter dem Titel: *Die Bibel – faszinierend, einzigartig und voller Geheimnisse: warum dieses uralte Buch heute noch so relevant ist.*[85] Thorsten Dietz hat dort das Vorwort geschrieben.

Schon mit seinem ungewöhnlichen Aufbau will Rob Bell eine Aussage machen. Das Buch begründet nämlich nicht einfach die Herangehensweise an die Bibel, die Bell für richtig hält. Es springt irgendwie von Thema zu Thema, von Geschichtchen zu Geschichtchen, von Dichtung zur Historie, von Gleichnissen zu Fragen. Bell behauptet, dass das genau die Art sei, wie uns die Bibel begegnet. Gerade die Überraschungsmomente, wenn sich der Leser fragt, wie der Autor denn darauf wohl gekommen ist, seien entscheidend. Dass ihm aber

---

85 Ich beziehe mich hier auf die englische Originalausgabe. Die Zitate habe ich selbst übersetzt. Die Seitenzahlen entsprechen auch dem englischen Original.

die Bibel mit ihrer eigenen Botschaft zweitrangig ist, darauf deutet schon folgende Aussage aus der Einleitung:

„Dies ist ein Buch über eine Bibliothek von Büchern, die sich mit Verlust und Zorn und Transzendenz und Sorgen und Herrschaft und Geld und Angst und Stress und Freude und Zweifel und Gnade und Heilung beschäftigen, und wer wollte nicht über diese Themen sprechen?“ (S. 4)

Radikal auf den Leser zentriert

Ein erster Ansatz, die Bibel zu lesen, wird hier deutlich: Die Bibel muss radikal aus einer leserzentrierten Perspektive verstanden werden. Für Bell geht es weniger um den Autor. Die Bibel ist nicht zuerst Botschaft Gottes an die Menschen, denn dann ginge es darum, wer hier spricht, mit welcher Autorität er dies tut und was er genau sagen will. Die leserzentrierte Perspektive fragt vielmehr danach, wie die Aussagen wirken, was sie an Gefühlen und Gedanken auslösen und wie sie uns beeinflussen.

Was das für Folgen hat, zeigt Rob Bell an einer ganz ernst gemeinten, recht kuriosen Bibelauslegung. Von Mose heißt es (5Mo 34,7; LUT):

„Und Mose war hundertundzwanzig Jahre alt, als er starb. Seine Augen waren nicht schwach geworden, und seine Kraft war nicht verfallen.“

Weil Bell in der Aussage „seine Kraft war nicht verfallen“ eine Feststellung über die sexuelle Potenz von Mose liest, zieht er den Schluss, dass gesagt werden soll, dass wir bis ins Alter Sex haben sollen und viele Kinder zeugen, wenn wir lange in Saft und Kraft stehen wollen. Wir bekommen wenig Falten und bewahren unsere Frische. Aber noch mehr:

„Das ist, wie du die Welt veränderst, indem du in deine eigene Befreiung eintrittst und diesen Frieden und die Freude und die Freiheit deinen Kindern weitergibst“ (S. 14).

Bell ist ganz begeistert von seinem Sprung:

„Es begann also mit einer positiven Aussage über die Potenz von Moses, aber eine oder zwei Seiten später sprechen wir über die Enttäuschungen, die uns alle von Zeit zu Zeit betreffen. Ist es nicht so? Wir begannen mit einer Zeile über sein Leben, die uns zu einer Zeile über ihr Leben führte, was uns wiederum zu deinem und meinem Leben führte, was uns von der Vergangenheit zur Gegenwart und zur

Zukunft für alles Leben bringt. All das dadurch, eine Zeile zu lesen … in der Bibel“ (S. 15).

Von der Rückfrage, ob es in der Bibel nicht eigentlich um Jesus ginge und wie wir den schmalen Weg finden, der zum ewigen Leben führt, lässt sich Bell nicht beirren:

„Nein, das ist es nicht! Es ist größer und wertvoller und schließt mehr ein und ist überraschender und erhellender als das, weil die Jesusgeschichte größer und wertvoller ist und mehr einschließt und mehr herausfordert und gefährlicher und erhellender ist als das“ (S. 16).

Zur Zentrierung auf den Leser gehört die Feststellung, dass die Bibel nur Wörter normaler Menschen enthält, die uns erst durch existenziale Betroffenheit zu Gottes Wort werden müssen.

Diese Art, die Bibel zu lesen hat Folgen. Die Geschichte von der Ehebrecherin, der Jesus vergibt, wird zu einer Geschichte darüber, dass wir andere nicht verurteilen sollen. Der Fokus geht weg von Jesus und seiner Vollmacht zu vergeben. Er verschiebt sich von der Entlarvung der Ankläger, die Anwälte Gottes sein wollen und doch selbst schuldig sind, hin zur flachen moralischen Forderung, anderen zu vergeben. Und so liest Bell munter weiter, nimmt irgendwelche Details einer Geschichte, assoziiert über Wortbrücken und Spekulationen hin zu einer Botschaft, die den heutigen Menschen irgendwie berühren kann. Aus Epheser 1,9.10 wird die Botschaft, dass es Gott Freude bereitet, alles wieder in Ordnung zu bringen. Bell geht es nun darum, dass der Mensch das glaubt und durch positives Denken sein Leben und seine innere Haltung verbessert werden.

Zwar behauptet Bell, dass jeder Leser das selbst erkennen könne, aber tatsächlich kommt beim normalen Lesen niemand auf solch verdrehte Gedanken wie Rob Bell. Wer aus der Bibel herauslesen will, was Bell dort erkennt, muss entweder ebenso kreativ sein wie er oder er ist völlig von Rob Bell und seinen Fantasien beeinflusst.

In großer Höhe endlose Freiheit

Über die Apostelgeschichte steigt Bell dann in große Höhen auf:

„Das ist eine sich ausbreitende Realität, die durch alle Mauern bricht, die sie umgibt und über alle gegebenen Grenzen hinauswächst. Die wahre Natur von Gottes erlösender Liebe und Versöhnung aller Dinge kann nur helfen, indem sie ihren Weg bis an die Enden der Welt geht.“ (S. 48-49)

Das Buch Rut spreche aus der Vogelperspektive von der Vereinigung dessen, was lange getrennt war. Durch diese Vereinigung wird alles gut. Im 2. Buch Mose gehe es darum, dass sich alles bewegt von der Dunkelheit zum Licht, von der Sklaverei zur Freiheit, von der Abwesenheit Gottes zu seiner Gegenwart. Und wenn Bell noch höher steigt und die ganze Bibel in den Blick nimmt, dann ist ihm ganz klar:

„Darum ist die Bibel kein Buch darüber, wie man in den Himmel kommt. Das Handeln ist hier. Das Leben ist hier. Der Punkt ist hier. Es ist eine Bibliothek von Büchern über die Heilung und Wiederherstellung und Erlösung und Erneuerung von dieser Welt. Unser Zuhause. Das einzige Zuhause, das wir jemals hatten." (S. 53)

Gehört es zu Bells Bibelverständnis, dass man mal aus einem Detail eine den heutigen Menschen betreffende Botschaft formen kann, so ist das Gegenteil genauso möglich. Man schafft einen so weiten Abstand, eine so große Höhe über dem Text, dass es nicht mehr darauf ankommt, was dort wirklich steht. Dann kann jeder aus Konturen seine eigene Deutung konstruieren. Es sei eben nicht die beste Art, die Bibel zu verstehen, wenn man sie wörtlich lese.

„Als ob es eine richtige oder eine falsche Art gibt, jeden Vers in der Bibel zu lesen. Sicher, es gibt viele Wege, den Punkt zu verfehlen und es richtig falsch zu lesen. Aber zu sagen, dass es einen richtigen Weg gibt, das könnte unnötigerweise dein Lesen der Bibel beschränken." (S. 81)

Das Irgendetwas, wonach man suchen soll

Während Bell im ersten Teil seines Buchs das besondere Etwas der Bibel andeuten und schmackhaft machen wollte, will er im zweiten Teil dieses Etwas nun genauer entfalten.

Natur des besonderen Etwas sei Fortschritt zum Verstehen des Göttlichen, zu weniger Gewalt und einem mehr relationalen Verständnis des Göttlichen. Das sei die eigentliche Botschaft der Flutgeschichte. An der Diskussion über die Historizität der Jona-Geschichte will Bell zeigen, dass es darauf gar nicht ankommt, sondern auf „die Art von Liebe, die uns jetzt in reife und mutige Leute umformen kann, die sogar ihre Feinde lieben" (S. 105). Das ist ein bekanntes Argument der Vertreter der sogenannten *kerygmatischen Theologie*, die schon vor 100 Jahren nur noch die Botschaft gelten lassen wollte, die uns zu irgendeiner christlichen Tat bewegt und alles andere zur mythischen Ausdrucksform der Botschaft erklärten.

Das gewisse Etwas in der Bibel sei die Botschaft von einem Gott, der alle liebt und alle segnet. Aber Bell ist auch der Überzeugung:

„Wenn du die Bibel in ihrem Kontext liest, dann erkennst du, dass sie eine Bibliothek radikal fortschrittlicher Bücher ist, die die Menschlichkeit für eine bessere Zukunft fördern." (S. 114)

Die Frage, wie Jesus die Bibel gelesen hat, beantwortet Bell nicht überraschend. Jesus habe die Texte des Alten Testaments vom Wort zum Fleisch bringen wollen. „Das ist, was das Wort Inkarnation bedeutet: Es geht nicht letztlich um Wörter, sondern es geht um das Mächtige, Geheimnisvolle, was passiert, wenn die Wörter zur Tat werden in der realen Welt durch reale Menschen" (S. 157). Richtig begeistert ist Bell von einem Satz in 1Kor 3: „Alles ist euer!"

„Das heißt in anderen Worten, die Welt gehört euch. Was bedeutet das? Wo immer du Wahrheit findest, muss nicht durch Lehrer wie Paulus, Petrus und Apollos geschehen. Was immer dir hilft zu wachsen, wie auch immer dein Geist und Herz für das geöffnet wird, was Gott in der Welt tut, welche Wege oder Menschen oder Ereignisse Gott auch gebraucht, um dich die Wahrheit zu lehren – bestätige es, nimm es an, besitze es. Es gehört alles euch." (S. 173)

Bell sieht die Wahrheit Gottes überall aufleuchten, und wo immer man auf sie stößt, soll man sie ergreifen. Das sei wirkliche Freiheit und wirklich in Christus gegründet. Hier gerät Bell ins Schwärmen. Der Satz vermittle das Gefühl zu fliegen. Darum soll man auf die Frage, worum es eigentlich in der Bibel geht, antworten:

„Wiederhole die Zeile ‚Alles ist euer' wie ein Mantra den ganzen Tag lang. Schreib es an die Wand und auf deine Hand. Wenn dir irgendetwas Schönes, Inspirierendes, etwas Bewegendes, etwas, was dein Herz ergreift, begegnet, dann sag den Satz zu dir selbst. Lass ihn in deinen Nervenbahnen Furchen ziehen. Lass ihn das Lied sein, dem du zuhörst. Lass ihn in dein Herz geprägt sein. Lass ihn dein Denken öffnen. Er soll dir Augen geben, damit du siehst, was dir bisher fehlte." (S. 180)

Ergriffen sein

Rob Bell kann etwas durch den Ton seines Buches wirklich vermitteln. Ihm geht es darum, dass der Leser der Bibel ein *Wow* und *Oh*, ein *Huh* und *Ach* erlebt. Er soll erstaunt werden, soll fasziniert sein, soll sich überraschen lassen. Er soll nicht einfach nüchtern lesen, was da steht, sondern betroffen und ergriffen sein. Das hält Bell für die eigentlich richtige Haltung der Bibel gegenüber. Man soll ein Gefühl bekommen, als ob man tanzt oder gar fliegt. Aber dabei soll es nicht bleiben. Die Ergriffenheit muss uns zum Handeln bringen, und im Handeln sollen wir mit der Gewissheit leben, dass wir nicht allein sind, es nie hoffnungslos ist, sondern dass der Lebenskampf selbst göttlich ist.

Entlarvende Antworten

Im letzten Teil des Buches will Rob Bell Fragen beantworten. Es sind Fragen, die beim Lesen selbst entstehen können, aber auch Fragen, die durch die traditionelle Lehre von der Bibel als dem inspirierten Wort Gottes aufgeworfen werden.

Warum aber Menschen sterben müssen, wenn doch Gott alles immer gut machen will und der Fortschritt immer weiter voranschreitet, darauf weiß Rob Bell auch keine Antwort. Genauso schwer tut er sich, den Tod Jesu am Kreuz zu erklären. Er lehnt das Sühneopfer Jesu ab. Das Opfersystem stamme nicht von Gott, sondern von Menschen. Jesus wurde ermordet und starb nicht für uns. Aber er war bereit zu sterben und hat sich der Gewalt nicht entgegengestellt und so einen neuen Weg gezeigt, wie man mit Gewalt ohne Gegengewalt umgehen kann.

Sünde sei ein sehr starkes Wort für die Störung des Shalom Gottes. Wir seien nach dem Bild Gottes geschaffen und mit Herrlichkeit und Ehre gekrönt. Aber zwischen dieser Tatsache und der Tatsache, dass alle Sünden vergeben seien, stehe eben doch das Wort Sünde.

Für Bell scheint Sünde nur noch das unangenehme und sperrige Wort zu sein. Die grausame Tatsache der Sünde ist für ihn längst zwischen der Würde des Menschen und der Großzügigkeit Gottes verdampft.

Es ist erstaunlich, dass Rob Bell versucht, solche Fragen zu beantworten, wo doch die Antworten entlarvend zeigen, dass er die Botschaft der Bibel gar nicht verstanden hat. Sie sind in klingender Rhetorik versteckte Hoffnungslosigkeit und Leere.

Ist die Bibel nun das Wort Gottes? Ja, allerdings in dem Sinn, wie viele Dinge Gottes Wort sind. Dazu zählt Bell die Sterne, den Mund der Kinder, unser Bewusstsein, die Dichter und Philosophen.

Das Wort Gottes sei „das schöpferische Handeln Gottes, der in und durch die Welt spricht, wenn er etwas Neues schafft und neues Leben ins Dasein bringt“ (S. 266).

Dieses Wort Gottes muss man nicht in der Bibel allein suchen. Man kann es in vielen Büchern, vielen Wörtern und Erfahrungen finden. Auf alle diese Wörter sollen wir hören. Das lehre angeblich auch die Bibel.

Inwiefern hat die Bibel Autorität? „Autorität, das ist, wenn du etwas Gewicht, Kraft und Einfluss verleihst" (S. 272). Die Bibel hat nach Bells Verständnis keine Autorität von Gott, sondern nur eine von Menschen verliehene. Die Frage, ob die Bibel irrtumslos ist, sei schließlich so sinnlos, als wenn jemand frage, ob die Musik von Mozart, die er gerade hört, irrtumslos sei. Irrtumslosigkeit sei eine Kategorie, die mit der Bibel gar nichts zu tun habe. Die Schreiber der Bibel hätten außerdem ganz andere Interessen gehabt, als darauf zu achten, dass sie ihre Bücher oder Briefe ohne Fehler oder Irrtümer verfassten. Es ging ihnen darum – und hier hört man Karl Barth reden –, die Bewegung von Gottes Handeln in der Welt in Bildern, Symbolen, Gleichnissen, Visionen, Träumen, Gebeten und historischen Angaben und Hinweisen zu beschreiben. Bell fragt:

„Woher haben die Leute bloß die Idee, ohne Irrtum sei die höchste Form von Wahrheit? Ist der Sonnenaufgang ohne Irrtum? Ist die Liebe zwischen dir und dem Menschen, in den du verliebt bist, ohne Irrtum? Ist das beste Essen, dass du jemals gegessen hast, ohne Irrtum? … Ist also die Bibel irrtumslos? Ich habe eine höhere Sicht von der Bibel als diese." (S. 282)

Es ist Bell, der die Bibel in die Kategorie der Ästhetik verschoben hat, sodass ihre Information zweitrangig wird. Dann geht es nicht mehr um die Mitteilung rettender Tatsachen, sondern um Berührtsein und Faszination. Eine echte Botschaft kann natürlich von Fehlern und Irrtum betroffen sein. Ihre Zuverlässigkeit ist wesentlich.

Fazit

Rob Bell hat nicht erst mit diesem Buch eine christlich angehauchte Religiosität für den modernen Amerikaner formiert. Aber seine Ansichten über die Bibel fügen sich ganz in dieses System. Dass das System gar nicht zur Bibel passt, zeigen schon die Antworten, die Bell selbst auf naheliegende Fragen gibt. Eines aber wird ganz deutlich: In Bells Bibel ist nicht mehr Jesus Christus der Mittelpunkt. Da ist nicht der Sohn Gottes, für den Gott die Welt geschaffen hat, und der in die gefallene Schöpfung kommt, um die Sünde und ihre schrecklichen Folgen zu überwinden. Jesus, das lebendige Wort, wird hinter das menschliche Erleben zurückgedrängt. Nur – davon muss der Mensch doch gerade erlöst werden, dass er sich selbst in die Mitte stellt und sich Gott zu seinem Diener machen will.

8

Die Emerging Church und ihr Umgang mit der Bibel

Ron Kubsch

Aufmerksam lebenden Christen begegnet heute im Gespräch oder bei der Lektüre vermehrt die rätselhafte Rede von der „Emerging Church“.[86] *Gute Englischkenntnisse oder ein Wörterbuch helfen beim Entschlüsseln dieses Namens kaum weiter. Das Substantiv* church *steht für „Kirche“ oder „Gemeinde“, und das Verb* emerge *kann mit „auftauchen“ oder „zum Vorschein kommen“ übersetzt werden.* Emerging Church *heißt deshalb wörtlich so viel wie „auftauchende, neu entstehende“ oder „sichtbar werdende Kirche“. Aber was ist damit gemeint?*

Der Begriff „Emergenz“ (von lat. *emergo*) bedeutet im „klassischen“ Sinn die Entstehung neuer Seinsschichten, die nicht aus den Eigenschaften einer darunter liegenden Ebene ableitbar, erklärbar oder voraussagbar sind. Die *Emerging Church* (EmCh) überträgt diesen Emergenzgedanken auf den gemeindlichen Bereich und hofft, dass auf der Grundlage des schon Vorhandenen eine neue Art des Christseins entsteht. Dieses Christsein nimmt verschiedenste Stränge und Impulse aus der Kirchengeschichte auf, entwickelt Neues, bleibt dabei aber dynamisch, unabgeschlossen und meidet scharfe Konturen.

86 Manchmal werden für die Bezeichnung der *Emerging Church* synonyme oder bedeutungsähnliche Begriffe wie *Epic Church*, *Missional Church*, *Experimental Church* oder „Emergent Conversation“ verwendet. Ich spreche hier auch von der „emergenten Bewegung“ oder den „Emergenten“.

Die *Emerging Church* möchte keine klar strukturierte und zielstrebige Bewegung, sondern ein dezentrales, flaches Netzwerk von Menschen, Gemeinden und Organisationen sein, das sich den Herausforderungen einer sich verändernden Gesellschaft stellt.

Das Anliegen der Bewegung

Dabei geht die Bewegung davon aus, dass die westlichen Gesellschaften in ein postmodernes und postchristliches Denken[87] eingetreten seien und diese Entwicklung von den christlichen Gemeinden verarbeitet werden müsse, wenn sie nicht in der Bedeutungslosigkeit verschwinden wollten.

Für viele Repräsentanten der *Emerging Church* ist der sogenannte *Evangelikalismus*,[88] der inzwischen über 100 Jahre alt ist, unauflösbar mit dem Weltbild der Neuzeit verknüpft. Die Neuzeit (ca. 15. Jh. bis Mitte des 20. Jh.) wird dabei als ein Zeitalter interpretiert, in dem Kirchen und christlicher Glaube eine dominante Stellung innegehabt hätten. Die Vorherrschaft des Christentums sei jedoch in der zweiten Hälfte des 20. Jahrhunderts mit dem Eintritt in die *Postmoderne* verlorengegangen.

Diese Entwicklung erfordere ein neues Selbstverständnis der christlichen Gemeinde. Sie müsse sich vom fundamentalistischen Weltbild der Neuzeit lösen und sich den neu aufkommenden Denkweisen und Erwartungen öffnen. Das Streben nach Gewissheit, Ordnung, Einheit und Perfektion sei den Menschen von heute fremd. Die Gemeinden seien herausgefordert, die Verkündigung des Evangeliums mit dieser Wirklichkeit zu versöhnen.

Die informellen Ursprünge dieses Ansatzes reichen in die Mitte der 90er-Jahre zurück. Die eigentliche *Emerging Church* entstand um die Jahrtausendwende in Nordamerika im Umkreis des *Young Leader Networks*, das sich 2001 verselbständigte und in *Emergent Village* umbenannt wurde. Heute ist die *Emerging Church* in vielen Ländern der Welt präsent. Ihre Aktivisten sind für zahlreiche Buchveröffentlichungen verantwortlich und nutzen bevorzugt das Internet und

---

87 Zur Postmoderne siehe: Ron Kubsch. *Die Postmoderne*. Holzgerlingen: Hänssler, 2007.

88 Der Evangelikalismus (vom Englischen „evangelicalism") ist eine Bewegung innerhalb des Protestantismus, die sich auf die Bibel als zentrale Grundlage christlichen Glaubens beruft und die Bedeutung der persönlichen Gottesbeziehung, der Gemeinde und der Mission hervorhebt. Für eine kurze Einführung siehe: Stephan Holthaus. *Die Evangelikalen: Fakten und Perspektiven*. Lahr: St. Johannis, 2007.

Konferenzen für die Verbreitung und Diskussion ihrer Standpunkte. Auch in Deutschland hat sich inzwischen ein Netzwerk herausgebildet, deren Mitarbeiter bereits mehrere deutschsprachige Publikationen und Studientage organisiert haben.[89]

Zu beachten ist die Unterscheidung zwischen *emergent* und *emerging*. *Emergent* verweist auf das *Emergent Village*, die organisatorische Anlaufstelle für die Gespräche derer, die zum harten Kern des Netzwerkes gehören. *Emerging* ist dagegen ein umfassender Begriff für alle, die sich zur *Emerging Church* zählen. In der ihr finden sich liberale Vertreter ebenso wie theologisch eher konservative Evangelikale.[90] Darüber hinaus gibt es noch Kreise von Freunden und Sympathisanten, die in der Regel formal nicht an die *Emerging Church* gekoppelt sind, aber ähnliche Anliegen teilen.[91]

Das im Jahr 2003 erschienene Buch *Stories of Emergence* erzählt die Geschichte von fünfzehn Leuten, die zur EmCh gehören oder ihr zumindest nahestehen.[92] Die Autoren, überwiegend aus evangelikalen Kreisen stammend, beschreiben darin ihre Reise vom absoluten zum authentischen Glauben. Die Frustrationen mit dem programmatischen Evangelikalismus sind dabei meist eine geteilte Erfahrung. In dem Buch werden Vorbehalte gegenüber den Megakirchen, der verbreiteten Autoritätsgläubigkeit und den allgegenwärtigen 10-Schritte-Jüngerschaftsprogrammen oder dogmatischen 3-Punkte-Predigten geäußert. Auch hierarchische Leitungsstrukturen und die Benachteiligung von Frauen und sexuellen Minderheiten werden problematisiert.

Das Buch macht so deutlich, dass die Unzufriedenheit mit den etablierten Frömmigkeitsstilen bei der Entstehung der Bewegung eine gewisse Rolle gespielt habe. Man habe weggewollt von einem

---

89 Siehe: URL: http://www.emergent-deutschland.de (Stand: 08.12.13). Hilfreiche Einführungen auf Deutsch sind: Dan Kimball. *Emerging Church*. Asslar: Gerth Medien, 2005 u. Tobias Faix u. Thomas Weißenborn (Hrsg.). *Zeitgeist*. Marburg: Francke, 2007 u. Tobias Künkler, Tobias Faix u. Arne Bachmann. *Emerging Church verstehen*. Marburg: Francke, 2012.

90 Das gilt m. E. auch für das Netzwerk in Deutschland. Theologisch mehr oder weniger „klassische“ Evangelikale versuchen besonders im Bereich der praktischen Theologie, aus dem Fundus der EmCh zu schöpfen.

91 Vgl. dazu D. A. Carson. *Becoming Conversant with the Emerging Church*. Grand Rapids, MI: Zondervan, 2003. S. 12–13. Das Buch ist inzwischen in einer deutschen Übersetzung beim Verlag Betanien erschienen: Donald A. Carson. *Emerging Church: Abschied von der biblischen Lehre?*. Bielefeld: CLV, 2008.

92 Mike Yaconelli. *Stories of Emergence*. Grand Rapids, MI: Zondervan, 2003

moralisierenden Christentum mit seinen feststehenden Überzeugungen und Programmen hin zu einem Glauben, der von Echtheit und Ganzheitlichkeit geprägt sei. Die *Emerging Church* kann daher als Bezeichnung für die Sehnsucht nach Veränderung verstanden werden. Aber was soll sich verändern?

Ein Spruch, der oft zu hören ist, bringt das Hauptanliegen der Emergenten recht gut auf den Punkt:

„Es geht Jesus nicht so sehr darum, wie der Mensch in den Himmel kommt, sondern darum, wie man den Himmel auf die Erde bringt."

Nicht die Absonderung von der Welt, sondern die Gestaltung, Transformation und Verbesserung der Gesellschaft sei das Anliegen von Jesus. Christen sollten nicht weltabgewandt leben, sondern durch das, was sie sind und was sie tun, an der Herrschaft Gottes in dieser Welt teilhaben.

Während das traditionelle evangelikale Christentum eher das Jenseits betont („Wie wird ein Mensch errettet?"), liegt der *Emerging Church* mehr (nicht nur!) das Diesseits am Herzen („Wie breitet sich Gottes Herrschaft hier und heute aus?"). Das Reich Gottes sei unter uns und beschränke sich nicht auf die an Jesus Christus gläubigen Menschen. Gott interessiere sich keineswegs nur für die Gemeinde, sondern für die ganze Welt.[93] Christen seien deshalb berufen, sich von Gott bei seinem heilsamen Wirken in der Welt einbinden zu lassen.

Diese Grundhaltung verschiebt natürlich allerlei Proportionen. Der Gegensatz von „gefährlicher Welt" einerseits und „sicherer Gemeinde" andererseits löst sich mehr oder weniger auf. Gern wird in diesem Zusammenhang von einem inkarnatorischen Gemeinde- oder Missionsverständnis gesprochen. So wie sich Jesus bei seiner Menschwerdung auf diese Welt eingelassen habe, seien Christen heute gefordert, in diese Welt „einzutauchen". Es könne nicht mehr nur darum gehen, Christsein für die Menschen von draußen attraktiv zu machen. Eine missionarische Gemeinde müsse sich mit den Menschen, die sie erreichen wolle, identifizieren und dort leben, wo diese Menschen zu Hause seien. Eine in diesem Sinne missionarische Gemeinde verlegt ihre Aktivitäten gern mitten in die Gesellschaft, um nah bei den Menschen zu sein.[94]

---

93 Diese Einsicht wird gern mit Joh 3,16 begründet.

94 Eddie Gibbs und Ryan Bolger, beide Dozenten am *Fuller Seminary*, definieren die EmCh wie folgt: „Emerging Churches sind Gemeinschaften, die den Weg Jesu innerhalb

Da die in konservativen Kreisen allgegenwärtigen Streitigkeiten um die richtige Lehre, absolute ethische Standpunkte oder akzeptable Evangelisationsstile einem inkarnatorischen Christsein eher überflüssig oder hinderlich seien, rücken andere Fragen in den Vordergrund. Die *Emerging Church* bemüht sich um authentische Gemeinschaft, gelebte Kreativität und integrierende Denkstile. Sie sucht nach Ausdrucksformen für den Glauben, die auch für den „postmodernen" Menschen verstehbar und erlebbar sind. Indem sie die Kommunikationsstile und -kanäle der jüngeren Menschen nutzt, gelingt ihr das *Connecting* (Verbindung schaffen) mit den Menschen, die in einer von den elektronischen Medien dominierten Lebenskultur aufgewachsen sind. Erzählende Predigtformen erleichtern Jugendlichen den Zugang zu den biblischen Geschichten. Die Symbiose mit der Gegenwartskultur, der Einsatz für soziale Gerechtigkeit, die Bekämpfung von Armut und das Engagement für einen ökologischen Lebensstil erfahren so eine deutliche Aufwertung.

Doch wäre es falsch, die Emergenten als eine Bewegung anzusehen, die – ähnlich wie Gemeindewachstumsbewegungen – einfach neue Formen für den Glauben fruchtbar machen möchten. Sie schürften tiefer und wollen das Christsein selbst reformieren. Aber genau hier, bei dem Versuch, den Glauben umzugestalten, enttäuschen weite Teile der Bewegung.

Ich möchte deshalb nachfolgend vier bedenkliche „Baustellen" benennen, wobei ich der „Bibelfrage" etwas mehr Raum widme.

1. Pluralistischer Denkstil

Ein geistlicher Leiter kann unterschiedliche Persönlichkeiten sowie kontroverse Positionen kreativ aufnehmen und in Entscheidungsprozesse einbinden. Christen müssen nicht in allen Punkten gleicher Meinung sein. Die Vielfalt in der Einheit ist eine Gabe Gottes. Jedoch wird Leiterschaft uneindeutig, wenn sie Gegensätze und

---

postmoderner Kulturen gehen. Diese Definition schließt neun Praktiken ein. Emerging Churches identifizieren sich (1) mit dem Leben Jesu, transformieren (2) die säkulare Sphäre und leben (3) ein hoch kommunales Leben. Auf Grund dieser drei Aktivitäten heißen sie (4) den Fremden willkommen, dienen (5) mit Weitherzigkeit, nehmen (6) teil als Produzenten, sind (7) kreativ als geschaffene Wesen, leiten (8) als ein Leib und nehmen (9) an spirituellen Aktivitäten teil." Eddie Gibbs u. Ryan K. Bolger. *Emerging Churches: Creating Christian Community in Postmodern Cultures.* Grand Rapids, Mich.: Baker Academic, 2005. S. 44-45.

Widersprüche ausblendet und einen pluralistischen Denkstil verabsolutiert.

Vor einigen Jahren las ich, wie eine christliche Jugendzeitschrift damit warb, klar evangelikal-charismatisch-katholisch-protestantisch zu sein. Nun kenne ich katholisch-charismatische Christen. Aber kann es ein klares katholisch-protestantisches Christentum geben? Ein protestantischer Glaube, der zugleich katholisch ist, wäre jedenfalls kein eindeutiger Glaube (im Sinne von „klar").

Im Rahmen eines emergenten Ansatzes bereiten solche Gegensätze weniger Schwierigkeiten. Brian McLaren, eine Vaterfigur innerhalb der emergenten Bewegung, spricht davon, dass er ein liberaler und konservativer, ein wiedertäuferischer und anglikanischer Christ zugleich sei (die anglikanische Kirche praktiziert die Taufe von Kindern)[95] und gegensätzliche Positionen aufnehmen und in einer übergeordneten *Orthodoxie* zusammenfassen möchte. Orthodoxie wird nicht mehr als die „wahre Lehre", sondern als ein „wahrhaftiger Prozess", verstanden. Gegensätze wirken so nicht mehr befremdend, sondern sind willkommen.

Dwight Friesen plädiert sogar für eine Theologie, in der Widersprüche als Indikatoren für göttliche Wahrheit wahrgenommen werden: „Hier ist meine Arbeitsmaxime für eine orthoparadoxe Theologie: Je mehr unversöhnliche, verschiedenartige theologische Positionen auftauchen, desto mehr erfahren wir die Wahrheit"[96]. Denkt man diesen Ansatz zu Ende, wäre der Glaube an einen Gott, der existiert und zugleich nicht existiert, eine der höchsten Wahrheitserfahrungen, die ein Mensch machen könnte. Tatsächlich kombiniert Spencer Burke eine panentheistische Sichtweise, welche meint, Gott sei in allem, mit der Sicht der alten Glaubensbekenntnisse, nach der Gott Vater, Sohn und Heiliger Geist ist, der unsere Welt geschaffen hat. Für Burke ist Gott zugleich persönlich und unpersönlich.[97]

Natürlich finden wir in der Bibel Dinge, die wir nicht erschöpfend verstehen können. Würden wir uns jedoch diesen pluralistischen

---

95 Für eine Rezension über Brian McLarens Buch *A Generous Orthodoxy* siehe: Ron Kubsch. „Das Ende der Eindeutigkeit". In: factum 7/2007. S. 10-15.

96 Dwight Friesen. „Orthoparadoxy". In: Doug Pagitt u. Tony Jones. *An Emergent Manifesto of Hope.* Grand Rapids, MI: Baker Books, S. 208

97 Spencer Burke u. Barry Taylor. *A Heretic's Guide to Eternity.* San Francisco: Jossey-Bass, 2006. S. 194-195

Denkstil zu eigen machen, könnten wir gar nicht mehr verstehen, was Gott von uns möchte. Die Bibel fordert ein unterscheidendes Denken, das nach dem Wahren und Guten fragt. Die Aussagen „Gott lügt nicht" und „Gott lügt" können beispielsweise nicht beide wahr sein (vgl. Hebr 6,18).

2. Sünde und Sühne

Während die Apostel, viele Kirchenväter und die Reformatoren unter Berufung auf das Alte und Neue Testament die Sündhaftigkeit aller Menschen von Jugend an lehrten (vgl. 1Mo 6,5; 8,21 und Röm 3,12), betont man in emergenten Kreisen gern, dass diese Auffassung zu pessimistisch sei. Anstatt sich auf die Sündhaftigkeit des menschlichen Herzens oder die Erbsündenlehre zu stützen, sollten die gesellschaftlichen Bezüge, die den Menschen zum Sündigen verführen oder zwingen, in den Blick genommen und aufgebrochen werden.

So schreibt zum Beispiel Steve Chalke:

„Während wir Jahrhunderte mit dem Nachdenken über die Lehre der Erbsünde verbracht und dabei über die Bibel einen riesigen Berg theologischer Wälzer gekippt haben, um die der gesamten Menschheit innewohnende Sündhaftigkeit zu beweisen, haben wir einen erstaunlichen Aspekt vergessen: Jesus glaubte an das ursprüngliche Gute im Menschen! Gott erklärte, dass seine ganze Schöpfung, einschließlich aller Menschen, sehr gut war. Damit möchte ich nicht sagen, dass Jesus verleugnet, dass unser Verhältnis zu Gott der Versöhnung bedarf. Er weist jedoch jeden Gedanken weit von sich, dass wir uns nicht zivilisiert benehmen könnten."[98]

Nun hat Chalke zweifellos recht, wenn er sagt, dass der Mensch von Gott „gut" geschaffen wurde. Was er allerdings ausblendet, ist der Sündenfall (vgl. 1Mose 3). Jesus spricht davon, dass das Böse aus dem menschlichen Herzen kommt, da wir seit diesem Fall korrumpiert sind und gegen Gott rebellieren (vgl. Mt 15,19 u. Mk 7,21).

Diese optimistische Sicht des Menschen, die sowohl von der katholischen Kirche wie auch den protestantischen Kirchen und Freikirchen verworfen wurde, korrespondiert mit einer verkürzten Lehre vom Sühneopfer Jesu. Dass Jesus stellvertretend für unsere Sünden starb, ist

---

98 Steve Chalke u. Alan Mann. *The Lost Message of Jesus.* Grand Rapids, Mich: Zondervan, 2003. S. 67

für namhafte Emergente ein Gedanke, der nur im Zusammenhang mit dem Glauben an einen blutrünstigen und rachsüchtigen Gott nachvollziehbar ist (vgl. dazu aber Jes 53,12; Röm 3,25 und 2Kor 5,11).[99]

3. Religionsvermischung

Schließlich sind bei vielen Repräsentanten der *Emerging Church* Formen der Religionsvermischung zu entdecken. So gesteht man zum Beispiel östlichen Religionen besondere Kompetenzen im Bereich der ekstatischen Erfahrung zu, von denen Christen lernen könnten. Manche emergenten Gemeinden in Nordamerika bieten deshalb Yoga- oder Meditationskurse an. Nanette Sawyer, eine Künstlerin und Pastorin aus Chicago, berichtet, dass sie durch die Anleitung einer Hinduistin Christin geworden sei. Die Meisterin habe ihr durch Handauflegung eine Berührung mit Gott vermittelt und durch die Einführung in meditative Techniken dabei geholfen, Gottes bedingungslose Liebe zu erfahren.[100]

Die Frage, ob Menschen auch in anderen Religionen zum Heil finden können, bleibt leider oft ungeklärt. Ein Beispiel: McLaren ringt sich nach einer mehrseitigen Erörterung der Frage, ob Christen evangelisieren sollen, zu der erfreulichen Stellungnahme durch, dass das Gespräch mit anderen Religionen „die Evangelisation nicht ausschließt, sondern erst möglich macht". Wenige Zeilen später lesen wir jedoch:

„Ich muss hinzufügen, dass ich nicht der Auffassung bin, Jünger zu machen sei gleichbedeutend damit, jemanden an die christliche Religion zu binden. Es mag unter vielen (nicht allen!) Umständen ratsam sein, Menschen zu helfen, Nachfolger Jesu zu werden und sie dabei in ihrem buddhistischen, hinduistischen oder jüdischen Kontext zu belassen."[101]

Wenn er dann noch schreibt: „JA, du kannst Jesus nachfolgen, ohne dich selbst als Christ zu verstehen"[102] oder „Ich hoffe nicht, dass alle Juden oder Hindus Glieder der christlichen Religion werden. Ich hoffe aber, dass alle, die sich dazu berufen fühlen, jüdische oder

---

99 Vgl. dazu: Ron Kubsch. „Das Sühneopfer von Jesus Christus". Erschienen als Beitrag im TheoBlog unter: URL: http://www.theoblog.de/?p=695 (Stand: 27.09.2013).
100 Nanette Sawyer. „What would Huckleberry do?". *An Emergent Manifesto of Hope.* S. 44
101 Brian McLaren. *A Generous Orthodoxy.* Grand Rapids, MI: Zondervan, 2004. S. 293
102 Ebd. S. 20. Fn 2

hinduistische Nachfolger Jesu werden",[103] ruft das beim Leser seltsame Assoziationen hervor.

Was heißt das denn? Sollen Christen im Kontext anderer Religionen leben und sich den dortigen Riten anpassen? Das wäre mit dem Anspruch auf Echtheit und Authentizität schwer zu vereinbaren. Oder sollen Menschen Jünger Jesu sein, indem sie buddhistische, hinduistische oder jüdische Religion praktizieren? Dies würde das neutestamentliche Verständnis auf merkwürdige Weise verzerren (vgl. 1Thes 1,9). Was ist mit der Taufe? Was ist mit einem öffentlichen Bekenntnis zu Jesus Christus (vgl. Röm 10,9)?

McLaren will darüber nicht schreiben und unterschlägt, dass die Bibel für die Anbetung von Götzen deutliche Worte findet (vgl. zum Beispiel 1Sam 15,23; 1Kor 10,14; 1Petr 4,3 u. Apg 17,29-31).

4. Relative Schriftautorität

Die Kirche des Mittelalters verdeckte und verdrängte das Wort Gottes immer mehr durch eine von der Bibel entfremdete Lehr- und Lebenspraxis. Martin Luther (1483–1546) und mit ihm andere Reformatoren entdeckten deshalb das „Sola Scriptura"-Prinzip, nach dem die Bibel allein letzte Norm des Glaubens ist. Nicht mehr kirchliche Tradition oder private Einsichten sollten für die Beziehung zwischen Gott und dem Gläubigen maßgebend sein, sondern allein die Heilige Schrift. Die Bibel, und zwar nur die Bibel, war für die Reformatoren heiliges, göttliches Wort.

Leider haben weite Teile der *Emerging Church* mit dem „Sola Scriptura" der Reformation gebrochen. McLaren findet für die „solas"[104] verachtende Worte. Für ihn sind sie „fraglich, wenn nicht sogar eine große Gefahr".[105]

Gegenüber Begriffen wie „Autorität der Schrift", „Unfehlbarkeit", „Irrtumslosigkeit", „Wahrheitsgehalt" oder „Offenbarung" äußert er größte Vorbehalte. Solche Begriffe seien der Schrift selbst fremd.[106] Obwohl sich die Exegeten weitestgehend einig darüber sind, dass sich der Begriff *theopneustos* in 2Tim 3,16 auf das Einhauchen von

103 Ebd. S. 297

104 Gemeint sind damit: „Sola Gratia" – allein aus Gnade, „Sola Fide" – allein aus Glauben, „Solus Christus" – allein Jesus Christus und eben „Sola Scriptura" – allein die Schrift.

105 McLaren. A Generous Orthodoxy. S. 221

106 Ebd. S. 182-183

Schriftaussagen bezieht,[107] begreift McLaren „Inspiration“ im Sinne von „schöpferisch gegeben“. Die Schrift sei von Gott inspiriert, aber nicht wörtlich eingegeben. Gott und etliche Menschen und Kulturen hätten die Schrift geschaffen.

„Oft haben wir die Bibel so behandelt, als hätte Gott sie diktiert, ohne jede organische Beteiligung (von Menschen, R. K.) (ohne Personalität, ohne Gemeinschaft, ohne Kultur, ohne kulturellen Kontext).“[108]

McLaren bekämpft hier ein Phantom, auf das gern verwiesen wird, das aber (in der Gegenwartsliteratur) kaum belegbar ist. Natürlich hat Gott die Persönlichkeit der Schreiber gebraucht, um zu sagen, was er sagen möchte.

In ihrem Buch *Emerging Church verstehen*[109] distanzieren sich die Autoren davon, den Inhalt der Bibel mit dem Willen Gottes gleichzusetzen.[110] Trotzdem helfe uns die Bibel dabei, „ein treffenderes Bild von uns, von der Welt und von Gott zu bekommen.“[111] Wie geschieht das? Sie setzen auf eine narrative Theologie mit ihrem existentialistischen Wahrheitsverständnis.[112]

„Gesucht wird also eine andere Herangehensweise an die Bibel, die sowohl die Bibel sehr ernst nimmt, aber auch die Probleme, die es mit und in der Bibel gibt, nicht wegdiskutiert. Hier gehen erste Überlegungen in Richtung einer narrativen Theologie, in der die Bibel implizit durch viele kleine Geschichten die große Geschichte Gottes mit den Menschen und der Welt erzählt. Die Wahrheit der Bibel liegt nun nicht mehr allein darin, dass einzelne Sätze und Aussagen zutreffend sind, sondern dass sie Wirklichkeit neu erschließt und somit auch neue Wirklichkeit erschafft.“[113]

Karen Ward, eine Leiterin des *Emergent Village*, behauptet sogar, Gott könne durch ein Gedicht von Rainer Maria Rilke genauso deutlich zu uns reden wie durch die Bibel.[114] Es leuchtet ein, dass mit so

---

107 Vgl. Baltz u. Schneider. EWNT. 1992: Bd. 2, Sp. 346

108 McLaren. *A Generous Orthodoxy*. S. 179-182

109 Tobias Künkler, Tobias Faix u. Arne Bachmann. *Emerging Church verstehen*. Marburg: Francke, 2012

110 Ebd. S. 85

111 Ebd.

112 Zum existentialistischen Wahrheitskonzept siehe: Ron Kubsch. Was ist Wahrheit?. In: factum 5/2010. S. 2-7

113 Künkler, Faix u. Bachmann. *Emerging Church verstehen*. S. 85

114 Karen Ward. „The Emerging Church and Communal Theology“. In: Robert Webber u. a. *Listening To The Beliefs Of Emerging Churches: Five Perspectives*. Grand Rapids, Mich.: Zondervan, 2007. S. 162

einem Bibelverständnis die Heilige Schrift nicht mehr letzter Prüfstein für Lehre und Leben eines Christen sein kann.[115]

Es läuft darauf hinaus, dass die Bibel nicht ausreiche, um den Willen Gottes zu verstehen. Während im katholischen Kontext noch die kirchliche Tradition hinzukommen muss, sind für zahlreiche Emergente die Interessen Gottes nur dann erkennbar, wenn wir lernen, in den Dialog mit der Bibel und der Kultur einzutreten. Stanley Grenz, bedeutender Impulsgeber für die emergente Bewegung und Mentor von Brian McLaren,[116] formuliert das postmoderne Offenbarungsmodell so:

„Aus der Pflicht zur Kontextualisierung (des Evangeliums, R. K.) folgt implizit die Absage an die ältere evangelikale Vorstellung von Theologie als Wahrheit, die allein auf der Grundlage der Bibel hergestellt wird. Der Theologe kann sich nicht länger auf die Schrift als die eine vollständige theologische Norm konzentrieren. Stattdessen erfordert der Prozess der Kontextualisierung eine Bewegung zwischen zwei Polen, der Bibel als Quelle für die Wahrheit und der Kultur als Quelle für die Kategorien, mit denen der Theologe die biblische Wahrheit ausdrückt."[117]

Gianni Vattimo, ein italienischer Philosoph der Postmoderne, bringt es gut auf den Punkt: „Mit anderen Worten, die Bibel ist nur ein Kern, der für sich allein, im Gegensatz zur lebendigen Tradition und zum Glauben der Gemeinde, nicht als die authentische Offenbarung gelten kann."[118]

Solch ein Offenbarungsverständnis hat enorme Konsequenzen. Die Unterscheidung zwischen der Schrift und ihrer Auslegung, die bei den Reformatoren eine so große Rolle spielte, verwischt. Es gibt nicht mehr die Schrift, sondern nur noch konkurrierende Auslegungen. Es kann nicht mehr zwischen Wahrheit (Bibel) einerseits und Wahrheitsansprüchen (Bibelauslegungen) andererseits unterschieden

---

115 Sehr aufschlussreich ist eine Mitteilung des *Emergent Village* vom 12. Dezember 2008 mit dem Titel „So Long, Sola?", zu finden unter: URL: http://www.emergentvillage.com/weblog/so-long-sola (13.12.2008). Nic Paton stellt dort die steile These auf, das sola scriptura – während der Reformationszeit eine „Säule der Wahrheit" –, sei inzwischen „eine unverantwortliche Altlast (man ist versucht zu sagen, ein Götze)" geworden.

116 Siehe: McLaren. *A Generous Orthodoxy.* S. 28

117 Stanley Grenz. *Revisioning Evangelical Theology.* Downers Grove, Ill.: InterVarsity Press, 1993. S. 90

118 Gianni Vattimo. *Jenseits des Christentums.* München: Carl Hanser, 2004. S. 113

werden. Die Verlagerung des Offenbarungsgeschehens in die Gemeinschaft fördert den Subjektivismus. Esoterische Erfahrungen im Raum der Gemeinden werden aufgewertet, da nicht mehr die Bibel letztes Kriterium der Gotteserkenntnis ist, sondern das Gruppenerlebnis und die Selbsterfahrung (mit der Bibel). In der Folge wird sich auch die Situationsethik etablieren, da exegetische Befunde als Entscheidungsgrundlage nicht mehr ausreichen.[119]

Ich glaube, an diesen Beispielen wird deutlich, wo die Defizite der *Emerging Church* liegen. Sie wirft dem Evangelikalismus (nicht zu Unrecht) vor, dass er enge Bündnisse mit dem Denken der Neuzeit eingegangen ist. Doch anstatt jetzt selbst auf das zu hören, was die Bibel sagt, begeht die emergente Bewegung einen ähnlichen Fehler wie manche „moderne Gemeinden". Sie greift auf derzeit populäre Konzepte, Stile und Meinungen zurück und versucht, diese mit dem christlichen Glauben zusammenzuführen.

Sie fragt, wie es möglich sein kann, als Christ zu glauben und gleichzeitig in einer postmodernen Kultur zu leben, ohne dass Glaube und Kultur sich gegenseitig „ausbremsen". Und sie meint, diese Spannung mit einem Prinzip auflösen zu können, dem der Theologe Paul Tillich (1886–1965) die Bezeichnung „Korrelation" gegeben hat. Korrelationsprinzip heißt hier, dass die Antworten des Evangeliums mit den Fragen des (post-)modernen Menschen in einer Wechselbeziehung stehen. Der Glaube erfährt seine inhaltliche Bestimmung durch den Dialog mit dem Geist der Zeit.

Es liegt auf der Hand, dass dieses Prinzip scheitern wird, wenn es bei seiner „Anpassungsartistik an die Welt (vergisst, dass) das Evangelium letztlich ein Skandalon[120] in dieser Welt ist und bleibt".[121] Schnell werden die Konzepte unserer Lebenskultur das Wahrnehmen der biblischen Botschaft eintrüben. Es ist leider nur eine Frage der Zeit, bis die Emergenten von der Kultur, die sie eigentlich durchdringen möchte, so selbst „verschluckt" werden, wenn sie ihre theologische Arbeitsweise nicht überdenken.

---

119 Ein prominentes Beispiel dafür ist die Diskussion über die Homosexualität. Siehe dazu Brian McLaren: URL: http://blog.christianitytoday.com/outofur/archives/2006/01/brian_mclaren_o.html (Stand 18.07.2007).

120 Der griechische Begriff „Skandalon" bedeutet „Ärgernis" oder „Anstoß" und wird auch im Neuen Testament verwendet (vgl. zum Beispiel 1Kor 1,23 oder 1Petr 2,6-8).

121 Horst Georg Pöhlmann. *Abriß der Dogmatik*. Gütersloh: Gerd Mohn, 1984. S. 31

Bei aller notwendigen Kritik der emergenten Bewegung wäre es allerdings falsch, sich selbstzufrieden zurückzulehnen und alles so zu lassen, wie es ist. Viele Emergente haben einen bemerkenswert guten Sinn für die Aufgaben, die es zu lösen gilt. Die Kritik am Evangelikalismus mag wehtun, aber sie ist in vielen Fällen berechtigt. Auch wenn manche Antworten der *Emerging Church* desillusionieren, sollten wir die Fragen aufgreifen und uns mit ihnen entschieden, hörend und gehorchend dem Wort Gottes zuwenden. Ich möchte Mut machen, diesem Wort zu vertrauen und den unwandelbaren Glauben an die Gnade Gottes (vgl. Jud 3) einladend, verstehbar und kreativ auszuleben. Was wir brauchen, ist ein Christsein, welches das unveränderliche Evangelium von Jesus Christus entschieden, authentisch und kulturrelevant verkündigt und lebt.

9

N. T. Wright und seine Paulus-Theologie

Karl-Heinz Vanheiden

N. T. Wright, anglikanischer Bischof, seit 2010 Professor für Neues Testament und frühe Christenheit an der *University of St Andrews* in Schottland, ist wohl der bekannteste Vertreter der sogenannten *Neuen Paulus-Perspektive* in der evangelikalen Welt. Das wird auch in seinen Kommentaren zum Neuen Testament überaus deutlich. Nachstehend folgt eine Rezension seines Römerbrief-Kommentars, der vom Brunnen Verlag mit dem Angebot eines PDF-Studienführers zum persönlichen Studium und für Kleingruppen ausdrücklich empfohlen wird.[122]

Die von Wright kommentierten Abschnitte des Römerbriefs werden zunächst in eigen(willig)er Übersetzung dargestellt, die im Deutschen aber nur als Übersetzung einer englischen Übersetzung wiedergegeben werden kann. So ist es passiert, dass der Begriff „Errettung“ der Bibelübersetzung im Kommentar als „Erlösung“ angesprochen wird (S. 25, 28, 29). Auf S. 37 formuliert Wright: „Das Ergebnis ist Gottes Entrüstung oder, wie viele Übersetzungen immer noch sagen: ‚Gottes Zorn.‘“ In seiner eigenen übersetzten Übersetzung steht aber zu Röm 1,18: „Denn der Zorn Gottes wird vom Himmel enthüllt“ (S. 32). Das mögen Fehler des deutschen Übersetzers sein, denn im Original heißt es „anger“ statt wie in den meisten englischen Übersetzungen stärker „wrath“.

---

122 Wright, Nicholas Thomas. *Paulus für uns heute. Der Römerbrief Band 1 und 2.* Gießen: Brunnen 2014

Aber dem Leser fällt schnell auf, dass gewohnte Begriffe wie „Gerechtigkeit" häufig mit „Bundesgerechtigkeit" oder „Bundesmitgliedschaft" oder gar „die gerechten Zwecke seines Bundes" (I S. 139) wiedergegeben werden. „Glauben an" wird fast überall mit „Treue" wiedergegeben und ist auf Jesus bezogen, „rechtfertigen" mit „im Recht sein". Dass die Übersetzung so verständlicher für unbedarfte Leser würde, ist zu bezweifeln. Aber in jedem Fall entspricht sie der Theologie des Autors.

Jeder Kommentar zu dem betreffenden Bibelabschnitt beginnt mit „alltagsnahen Vergleichen", wodurch Wright „nachvollziehbare Zugänge zur Gedankenwelt des Paulus" schafft, wie der Brunnen Verlag im Rücktitel anmerkt. Dadurch kann der Verfasser sich auf die seiner Meinung nach zentralen Gedanken des Paulus konzentrieren und muss nicht jeden Vers auslegen. Auf diese Weise kann er sich mit seiner Theologie voll entfalten. Denn für ihn liegt das Zentrum des Evangeliums nicht darin, einzelne Menschen zu retten, sondern die ganze Welt unter die Herrschaft von Christus zu bringen. „Der Zweck des neuen Lebens" bestehe darin, „dass Gott die Welt ins Lot bringt. Er möchte, dass seine neugeborenen Kinder an diesem Werk beteiligt sind, und er braucht sie auch dazu" (I S. 147). Unter Rechtfertigung versteht er Gottes Deklaration, dass man in die Bundesfamilie adoptiert wurde, die mit Abraham begann (I S. 91). „Dieses ‚im Recht sein', diese ‚Gerechtigkeit' (um den alten terminus technicus zu gebrauchen) ist im Wesentlichen dasselbe wie die Bundesmitgliedschaft" (I S. 96).

Unangenehm aufgefallen sind flapsige Bemerkungen über Paulus und die häufige sehr selbstbewusste Kritik aller anderen Bibelübersetzungen und Kommentare. In einem anderen Werk schreibt er über die sehr beliebte englische Bibelübersetzung *NIV*: Wenn eine Gemeinde sich auf so eine Übersetzung verlässt, „wird sie nie verstehen, worüber Paulus redete"[123].

Jeder Band des Römerbriefkommentars ist mit einem Glossar versehen, in dem wichtige Begriffe erklärt werden. Es fällt aber auf, dass gerade hier der Begriff „Gerechtigkeit" fehlt, den er freilich als „Bundesgerechtigkeit" bereits im laufenden Text umgedeutet hat.

---

123 N. T. Wright. *Rechtfertigung: Gottes Plan und die Sicht des Paulus*. 2015, Münster: Aschendorff. S. 39

Wie der Autor in anderen Schriften darlegt, hatte er seine Theologie hauptsächlich aus zeitgenössischen jüdischen Schriften gewonnen, aus dem pharisäisch-rabbinischem Denken, also nicht aus der Bibel selbst. Im Gegenteil: Er liest – wie praktisch alle Vertreter der sogenannten neuen Paulus-Perspektive – das Neue Testament mit den Augen des palästinensischen Judentums. Die gemeinsame Behauptung ist, dass das Judentum des 1. Jahrhunderts *fälschlicherweise als Gesetzesreligion* interpretiert worden ist.

So schreibt Wright im Glossar zum Römerbriefkommentar: „Das Tun dessen, was in der Tora vorgeschrieben wird, galt nicht als Mittel, um Gottes Wohlwollen zu verdienen, sondern vielmehr als Ausdruck der Dankbarkeit und als Schlüsselmerkmal der jüdischen Identität" (II S. 167). Inzwischen konnte aber nachgewiesen werden, dass diese Darstellung einseitig ist. Selbst wenn es stimmt, dass die Tora nicht gegeben wurde, um in den Bund hineinzugelangen, bleibt ja die Frage nach dem Heil. Es ist dem Volk Israel nämlich nicht gelungen, das Gesetz zu halten; und es droht bei einem Gericht nach den Werken eben doch die Verurteilung.[124]

Die so entstandene neue Sicht auf Paulus, die ein 2000-jähriges christliches, zumindest aber ein reformatorisches Verständnis ersetzen soll, verfolgt der Autor nun mit aller Konsequenz in seinem Kommentar, wodurch in mancher Hinsicht die Schwerpunkte so sehr verschoben werden, dass das Evangelium ein anderes Profil erhält. Deswegen kann dieser Römerbrief-Kommentar mehr Verwirrung als Segen stiften und nicht empfohlen werden.

Zwei Beispiele sollen zeigen, wie N. T. Wright das Evangelium verändert, wobei man ihm zugestehen muss, dass er seine Sicht der Dinge gut vermitteln kann. Aber knapp daneben ist eben auch vorbei.

Zu Gottes Gerechtigkeit in Röm 1,16-17 schreibt Wright:

„Gottes Bund mit Abraham war immer als Mittel gedacht, mit dessen Hilfe der Schöpfergott die ganze Welt vom Bösen, vom Verderben und Tod erretten wollte. Gott beabsichtigt, an diesem Ziel und dieser Verheißung festzuhalten, damit er seine wiederherstellende Gerechtigkeit in die ganze Welt bringen kann. Das ist letztlich die Bedeutung von ‚Gottes Rechtschaffenheit' oder ‚Gottes Gerechtigkeit'. Ich habe

124 Ron Kubsch. *Der neue Paulus: Handreichung zur „Neuen Paulusperspektive"*. 2017, Gieleroth: Eigenverlag, S. 43.

den Begriff hier mit ‚Gottes Bundesgerechtigkeit' übersetzt, um alle diese Vorstellungen zusammenzuhalten. Da das eins der zentralen Themen des Briefes ist, ist es entscheidend, dass wir dieses Konzept richtig verstehen." (I S. 30f.)

Wright meint also, Gottes Gerechtigkeit in Röm 1,17 sei nicht die Gerechtigkeit, die Gott dem einzelnen Glaubenden schenkt, sondern *Gottes eigene Gerechtigkeit*, mit der er zu seinem Bund mit Abraham steht und diesen durch Jesus für die ganze Welt ausgeweitet hat.

Der zweite zentrale Begriff ist das Evangelium. Wright definiert es so: „Wenn Paulus den Begriff ‚das Evangelium' benutzt, dann meint er damit nicht ‚Rechtfertigung aus Glauben'; er meint die Botschaft, die königliche Ankündigung, dass Jesus Christus der Herr ist."[125] Richtig daran ist, dass die Botschaft „Jesus Christus ist der Herr" wirklich ein Bestandteil der Verkündigung des Evangeliums sein muss, was von Christen oft vergessen wird. Aber die Verkündigung des Herrseins von Jesus offenbart nach Wright nur Gottes Bundestreue, der durch Christus dafür sorgt, dass seine Verheißungen in Erfüllung gehen. Es gehe Paulus bei der Rechtfertigung also nicht darum, wie sündige Menschen vor dem göttlichen Gericht bestehen können. Die maßgebende Aufgabe der Christen sei es, Jesus als Herrn und König zu proklamieren. Was das bedeutet, beschreibt Wright so: „Es geht mehr darum, ihnen im Namen Jesu zu sagen, dass es eine andere Art gibt, Mensch zu sein, einen Weg, der von hingebender Liebe, Gerechtigkeit, Ehrlichkeit und dem Niederreißen traditioneller Grenzziehungen gekennzeichnet ist."[126]

„Das Evangelium ist, wie ich betont habe, kein Set von Methoden, um Menschen zu Christen zu machen … Das Evangelium ist die Verkündigung, dass Jesus der Herr ist – Herr der Welt, Herr des Kosmos, Herr der Erde, der Ozonschicht, Herr der Wale und Wasserfälle, Bäume und Braunbären."[127]

Ja, Jesus ist der Herr, aber das ist nicht das, was wir als Heil für die Menschen zu verkündigen haben, sondern das, was in Röm 1,16-17; 1Kor 1,18-24; 1Jo 1,9 und 1Petr 4,17 geschrieben steht. Beim Evangelium geht es eben nicht nur um die Königsherrschaft, sondern zuerst um den Erlöser Jesus Christus, der für uns gestorben und auferstanden ist.

125 Wright. *Worum es Paulus wirklich ging*. 2010, Gießen, Basel: Brunnen, S. 157
126 Wright. a. a. O., S. 195
127 Wright. a. a. O., S. 193

10

Das Kreuz mit dem Kreuz: zu N. T. Wrights Theologie

THOMAS JEISING

In seiner groß angelegten Neuinterpretation des christlichen Glaubens[128] ist der englische Theologe und frühere anglikanische Bischof Nicholas Thomas Wright nun beim Kreuz angekommen. Wright gewinnt zunehmenden Einfluss in evangelikalen Gemeinden, selbst wenn sein Name vielen nicht bekannt sein mag. Aber er ist der Motor für eine Verschiebung im Schwerpunkt der Verkündigung des Evangeliums, die weitreichend ist. Wright ist ein Vertreter der sogenannten *Neuen Paulus-Perspektive*, nach der die reformatorische Rechtfertigungslehre ein Irrtum sei, weil es Jesus und Paulus nicht eigentlich um die Vergebung der Schuld, sondern um die Aufrichtung eines neuen Königreichs gegangen sei. Das Evangelium müsse deswegen heißen: „Jesus ist der Herr" und nicht „Jesus starb für unsere Sünden". 2016 erschien *The Day the Revolution began: Rethinking the Meaning of Jesus' Crucification* (zu dt. etwa: Der Tag, an dem die Revolution begann: die Bedeutung der Kreuzigung Jesu überdenken), das bisher nicht auf Deutsch vorliegt. Dieser Titel zeigt deutlich, wohin die Theologie von

128 Auf deutsch sind z. B. erschienen: *Worum es Paulus wirklich ging*, Brunnen 2010; *Das Neue Testament und das Volk Gottes*, Francke 2011; *Von Hoffnung überrascht*, Neukirchener Verlag 2011; *Herausforderung Jesus: Wer er war und wer er ist*, Causa mundi 2012; *Jesus: Wer er war, was er wollte und warum er für uns wichtig ist*, Francke 2013; *Die Auferstehung des Sohnes Gottes*, Francke 2014; *Reich Gottes, Kreuz, Kirche: die vergessene Story der Evangelien*, Francke 2015. Überrascht von der Bibel: Erstaunliche Einsichten zu strittigen Themen, Francke 2016.

Wright im Hinblick auf die Mitte des Glaubens, den gekreuzigten und auferstandenen Christus, führt.

Weil ihm das Sterben des Messias für die Sünden der Menschen innerhalb seines theologischen Systems nicht leicht zu erklären schien, hatte Wright bei der Entwicklung und Entfaltung seines Ansatzes nicht mit dem Kreuz und der Erlösung begonnen. Deswegen bedurfte es seiner Ansicht nach zunächst, eine „präsentische Eschatologie" aufzurichten, die als Grundlage für eine neue Sicht des Kreuzes dient. Mitte und Ziel des christlichen Glaubens ist nämlich für ihn der Aufbau des Reiches Gottes jetzt in dieser Welt, mit Jesus Christus als Herrscher. Das Sterben von Jesus darf deswegen nicht eigentlich Zentrum eines gelebten Glaubens sein. Es ist nur der Startpunkt, „an dem die Revolution begann" – wie der Titel sagt. Bereits in früheren Büchern hatte Wright das Kreuz mit der Befreiung aus Ägypten oder aus Babylon gleichgesetzt.[129] An den Auszug erinnert man sich in der Vergangenheit, aber dann geht es um das rechte Leben im verheißenen Land. Und die Möglichkeit eines Lebens im Reich Gottes ist dann selbst die Erlösung bzw. die Vergebung der Sünden.

Wright kritisiert evangelikale Christen heftig für eine Sicht der Erlösung, bei der die Vergebung der persönlichen Sünden in der Mitte des Glaubens steht. Das habe zwar schon früh in der Christenheit die Oberhand gewonnen, passe aber nicht zu den jüdischen Wurzeln und zur Bibel. Meist karikierend beschreibt er die von vielen konservativen Christen vertretene Sicht des Evangeliums so: Durch ihre moralischen Sünden hätten die Menschen Gott so zornig gemacht, dass er sie am liebsten ewig in der Hölle schicken wollte (S. 38). Gott hasste die Sünder so sehr, dass er sie strafen musste. An ihrer Stelle habe dieser hasserfüllte Gott seinen unschuldigen Sohn Jesus am Kreuz geopfert (S. 42), damit die individuellen Sünden der Menschen vergeben werden. Der Christ warte dann nur noch darauf, nach dem Tod in einen jenseitigen Himmel aufgenommen zu werden. Wrights Urteil darüber:

129 Z. B. im Kapitel „Der gekreuzigte Messias" in *Herausforderung Jesus*, S. 85-113. Dort heißt es: „Die Befreiung wird durch eine Phase heftigen Leidens geschehen, die gelegentlich als ‚messianische Leiden' bezeichnet werden. Die große Anfechtung würde über eine Nation hereinbrechen und mit ihr würde die Erlösung, das neue Zeitalter, die Vergebung der Sünden zustande kommen" (103). Das Buch erschien im Original schon im Jahr 2000. Das Kapitel wirft allerdings letztlich mehr Fragen auf, als es beantwortet wobei es immer wieder heißt, es sei hier nicht der Platz die Sache näher zu erklären.

„Wir haben die Herrlichkeit Gottes für ein Durcheinander eines spiritualistischen, individualistischen und moralistischen Eintopfes eingetauscht.“ (S. 115)

Diese Sicht sei auch nicht schriftgemäß, weil sie die große Geschichte der Evangelien von Jesus übergehe, nicht zum jüdischen Denken der damaligen Zeit passe und von heidnischen Vorstellungen bestimmt sei. Demgegenüber will er das Kreuz neu aus der Bibel vor dem Hintergrund des damaligen Judentums interpretieren und so den „individualistischen Heilsegoismus“ überwinden, der angeblich für Evangelikale so typisch sei bei der Deutung des Kreuzes.

1. Ist unser Verständnis des Kreuzes heidnisch?

Wright macht vor allem die Kreuzestheologie der Reformation für die gegenwärtige Verzerrung verantwortlich. Er hält den Reformatoren vor, sie hätten zwar alle relevanten Aussagen zum Thema behandelt, seien aber zu einem falschen Bild gelangt, weil sie ihre Erkenntnisse in falscher Weise systematisiert hätten. So wie beim Malen nach Zahlen ein völlig anderes Bild entstehen könne, wenn die Zahlen in falscher Reihenfolge verbunden werden (S. 32). Die Reformatoren hätten in ihrer Kritik an Messopfer und Fegefeuer den falschen Rahmen von Himmel und Hölle nicht überwunden. Darum hätten sie eine platonische Vorstellung von einem körperlosen Dasein in einem jenseitigen Himmel zum Glaubensziel gemacht. Die biblische Rede vom neuen Himmel und einer neuen Erde sei fälschlich der himmlischen Ewigkeit zugeordnet worden statt einer mit Jesus beginnenden Weltzeit auf dieser Erde. Diese falsche Eschatologie ließ nun das Kreuz und die Erlösung als etwas erscheinen, dessen Wirklichkeit nur der zukünftigen *ewigen Welt* zuzurechnen sei. Wright dagegen meint, Gott habe *diese Welt* mit der Kreuzigung zu einer anderen gemacht.

„Das Kreuz war der Moment, an dem etwas passierte, das die Welt eine andere werden ließ, die Einsetzung von Gottes Zukunftsplan. Die Revolution begann zu der Zeit und an diesem Ort. Und Jesu Auferstehung war das erste Zeichen dafür, dass sie in vollem Gange ist (S. 34).“

N. T. Wright fordert, dass die richtige Deutung von Kreuz und Erlösung ihr Fundament in der jüdischen Umwelt von Jesus und den Apostel haben müsse: „Wir finden in der vorchristlichen jüdischen Literatur keinerlei Erwägungen über einen Messias, der für die Sünden des Volkes oder der Welt sterben würde“ (S. 121).

Wright behauptet, man habe den leidenden Gottesknecht aus Jes 53 seinem jüdischen Kontext entrissen und ihn in einem heidnischen Kontext falsch interpretiert. Die entscheidende Falschauslegung sieht er darin, dass das Leiden zum Ziel und Mittel geworden sei, die Vergebung der Sünden zu bewirken. Jesaja dagegen habe nur von der Gelegenheit oder den Umständen gesprochen, unter denen die Vergebung erwirkt wurde. Sterben für andere sei eine nichtjüdische Vorstellung. Zwar klänge sie in Römer 5–7 an, doch sei die Idee, durch märtyrerhaftes Sterben Erlösung zu bewirken, heidnisch. Erlösendes Leiden sei kein Element messianischer Erwartung der Juden gewesen (S. 131), sondern sei nur ein Einfluss aus dem Heidentum.

Nehmen wir an, dass diese Annahmen von N. T. Wright so stimmen würden, ist damit aber nicht gesagt, dass Jesaja 53 auch nur im frühjüdischen Interpretationsrahmen richtig verstanden werden kann. Das Neue Testament legt Wert darauf, dass das Evangelium vom Kreuz ein Geheimnis war, das erst mit Christus offenbar wurde. Es war auch nicht im jüdischen Bewusstsein vorhanden (1Kor 2,9). Statt wie die Evangelien von der Tatsache von Kreuz und Auferstehung auszugehen und ihre prophetische Vorschattung im Alten Testament wiederzufinden (Lk 24,27.44), will Wright das Kreuz und Leiden des Messias nur in der jüdischen Vorstellung des 1. Jahrhunderts vorgegeben finden. Alles, was dort nicht vorkommt, stamme aus nichtjüdischen, also heidnischen Quellen. Auch wenn wir die Bedeutung von historischen Zusammenhängen bei biblischen Aussagen betonen: Hier wird die Botschaft vom Kreuz Christi durch einen Filter gepresst, dessen Berechtigung zweifelhaft ist. Warum sollte die Bibelinterpretation Gamaliels, die Paulus nach seiner Umkehr zu Jesus verwarf, der einzig richtige Maßstab sein? Wright hat sicher recht, vor heidnischen Einflüssen zu warnen. Dass solche den Weg in die christliche Theologie fanden, dafür gibt es viele Belege aus alter und neuer Zeit. Das aber macht es so wichtig, die Einflüsse auch genau zu unterscheiden und nicht am Ende das Kind mit dem Bade auszuschütten.

2. Ein neues Bild wird zusammengesetzt

Um sein eigenes Bild von Kreuz und Erlösung zu malen, behauptet er zuerst einmal, dass es im NT keine klare, logisch durchgängige Interpretation gäbe:

„Nirgendwo hier erklärt Paulus, warum und wie das Kreuz des Messias die Kraft hat, die es hat, aber er scheint in der Lage zu sein, das anzunehmen und diese Annahme in einen rhetorisch kraftvollen Appell zu fassen." (S. 230)

„An keiner Stelle bietet Paulus irgendetwas wie eine vollständige Erklärung, weder dazu, was das Kreuz bewirkt, noch, warum und wie es das bewirkt." (S. 246)

Wright vergleicht die Situation mit einem Kaleidoskop. Wie dort aus den immer gleichen bunten Glasstücken immer neue Bilder entstehen, so hätten auch die ersten Christen aus Stücken der Erlösungslehre immer neue Bilder entstehen lassen, sodass es schwierig sei, im NT ein stimmiges Bild zu entdecken. Die Informationen seien verwirrend komplex, besonders wenn es darum ginge, den Jesus, der sein kommendes Reich ankündigte, mit dem Jesus zu verbinden, der gestorben ist, um die Sünder zu retten (S. 66). Wright aber ist überzeugt, die Lösung gefunden zu haben: Vergebung wird bei ihm zu einem Begleitumstand der Aufrichtung des Reiches Gottes, gewissermaßen zur Eintrittskarte, weil eine Reinigung vom Götzendienst nötig war. Warum das an Jesus als messianischem Repräsentanten vollzogen wird, bleibt unklar. Die wiedererlangte Herrlichkeit Gottes sei die Erfüllung der Hoffnungen Israels: Befreiung aus der irdischen Gefangenschaft und Unterdrückung, Aufrichtung eines dauerhaften Königreichs mit gerechter Herrschaft. Das sei das Zeichen für echte Vergebung. Es gilt, dass der „neue Exodus der Befreiung Israels von ausländischer Unterdrückung die Vergebung der Sünde wäre, nämlich die wirkliche Rückkehr aus dem Exil" (S. 117).

Wenn Wright dem Kreuz einen konsequent frühjüdischen Rahmen verleihen will, scheint es, als wolle er beweisen, dass Paulus unrecht hatte – denn dieser hatte das Kreuz als Dummheit für die Juden bezeichnet. Mit dem Kreuz wären doch nach Wrights Interpretation alle ihre Hoffnungen in Erfüllung gegangen. Man fragt sich, warum Jesus das seinen Jüngern nicht gesagt hat, als sie ihn nach der Auferstehung fragten, wann er das Reich für Israel aufrichten werde (Apg 1,6). Doch statt zu antworten, dass es bereits angefangen hatte und sie darin nun als rechte Juden und Christen leben sollten, spricht er von einer zukünftigen Zeit, die allein in Gottes Verfügung steht (1,7).

Auch wenn Wright den Schlüssel für die richtige Deutung des Todes Jesu im Passah wiederfindet, bleibt er seiner vorgefassten Meinung treu und liest am Ende hinein, was er dort finden will. Es ist unzweifelhaft wichtig, die Bedeutung des Passah zu beachten, gerade weil das Abendmahl ein neu gedeutetes Passahmahl ist und Jesus am Passahfest gekreuzigt wird. Aber sagt das Passahfest wirklich: „Freiheit jetzt, Königreich jetzt"? Weil Jesus am Passah stirbt, soll es nämlich „exakt" das sein, was Jesus „glaubte, dass es passieren würde" (S. 181). Es ist schon ein seltsames Hineinlesen, wenn die Tempelreinigung die Konfrontation zwischen Mose und dem Pharao widerspiegeln soll und die Ankündigung der Zerstörung des Tempels an den Fall Babylons anspielen, beides gefolgt vom Auszug des Volkes aus der Gefangenschaft. Hat Jesus wirklich irgendwo seine Rede vom neuen Tempel mit dem Passahfest verbunden, wie Wright behauptet (S. 182)? Offensichtlich stellt er doch eine Verbindung zu seiner Auferstehung her (Joh 2,18-21).[130]

So will Wright „die zentralen Elemente der frühen christlichen Versöhnungstheologie aus ihrer eigenen heidnischen Gefangenschaft retten" (S. 185). Man ist gespannt, wie Wright nun das Blut des Passahlamms an den Türpfosten interpretieren wird, und ist nicht mehr überrascht, wenn er auch hier sein Interpretationsmuster mit sanfter Gewalt aufdrückt: Das Bestreichen der Pfosten „redete von komplexen, eiligen, aber symbolbeladenen Handlungen, durch die die Israeliten verstehen sollten, dass ihr Gott sie als Person erwählte, sie aus der Sklaverei befreite und sie aussandte auf die Reise zu ihrem versprochenen Erbe" (S. 186). Leider drückt sich Wright um die notwendige Erklärung der „symbolbeladenen Handlung" herum. Jedem Kind in Israel wurde das jährlich dargelegt. Jesus hat die einzelnen Elemente neu auf seinen Tod hin gedeutet. Wright aber sagt vor allem, was angeblich nicht gilt.

3. Kein ewiges Leben im Himmel?

Aus den vier Evangelien will Wright die „Story" der Errettung rekonstruieren. Er ist der Überzeugung, dass die modernen „bibelgläubigen Prediger" den Evangelisten bisher einfach nicht richtig zugehört haben (S. 197). Wright dagegen weiß, was die Evangelisten sagen: „Praktisch niemand spricht darüber, ‚in den Himmel zu kommen'. Wenn Jesus über das ‚Himmelskönigreich' redet, dann meint er keinen Ort, der

130 Früher hatte Wright auch schon behauptet, dass die Messias-Erwartung immer mit der Aufrichtung eines neuen Tempels verbunden gewesen sei. (vgl. *Herausforderung Jesus*, S. 87ff.).

‚Himmel heißt', sondern die Ordnung des Himmels, das ist die Herrschaft Gottes, die auf dieser Erde ans Licht kam. Praktisch niemand warnt davor, in ‚die Hölle zu kommen'. Die schlimmen Warnungen in den vier Evangelien richten sich meistens direkt auf innerweltliche Katastrophen, insbesondere den Fall Jerusalems und andere Ereignisse, die damit zusammenhängen" (S. 196).[131]

Dass es auch noch andere Warnungen gibt (er findet nur Mt 10,28 und Lk 12,4-5), wischt er damit zur Seite. Schon gar nicht seien die Schreiber, die sich auf die Passionsgeschichte konzentriert hätten, daran interessiert gewesen, „eine Antwort darauf zu geben, wie dieser Tod den Sündern Vergebung bringen könnte und wie sie nach allem in den Himmel kommen könnten" (S. 196).

Das ist starker Tobak. Denn wer bibeltreu sein will, der muss sich von Wright fragen lassen, ob er selbst die Evangelien mit einer derartig mittelalterlich gefärbten Brille gelesen hat, dass er dort Himmel und Hölle, Vergebung der Sünden und ewiges Leben hineingelesen hat, obwohl es gar nicht da steht.

Andererseits fragt man sich, welche Brille N. T. Wright aufgesetzt hat, dass er all das nicht mehr in den Evangelien findet, obwohl es doch da steht. Niemand warnt vor Hölle, niemand will in den Himmel? Die Warnungen Jesu sind kaum zu überhören: Er kündigt die Hölle für die moralische Schuld der Verfluchung des Nächsten an (Mt 5,22). Um nicht in die Hölle zu kommen, soll man sich sogar ein Auge ausreißen (Mt 5,29-30; 18,9; Mk 9,43-47). Seine Menschenfurcht soll der Jünger mit Gottesfurcht bekämpfen, weil Gott Leib und Geist in die Hölle bringen kann (Mt 10,28; Lk 12,5). Jesus warnt vor Verdammung im letzten Gericht (Mt 12,41-42; Lk 10,12-15). Er macht deutlich, dass der Vater ihm die Richtermacht gegeben hat und er bei der Auferstehung und im letzten Gericht freisprechen und verdammen kann und wird (Joh 5,22-30), auch wenn das Gericht schon angefangen hat (Joh 12,31). Jesus lässt den reichen Mann sagen, seine Brüder mögen vor ihrem Lebensstil gewarnt werden, damit sie nicht nach dem Tod in die Hölle kommen, sondern in Abrahams Schoß (Lk 16,19-31). Dem

131 In seiner Übersetzung (NTE) gibt es die Frage nach dem ewigen Leben nicht, auch nicht vom Schriftgelehrten in Lukas 18,18. Bei ihm fragt er: „Guter Lehrer, was muss ich tun, damit ich das Leben des kommenden Zeitalters erbe?" So kann man natürlich gut behaupten, von Vergebung der Sünde als Vorbereitung auf den Eingang in ein ewiges Leben bei Gott und in einer zukünftigen neuen Schöpfung sei höchstens am Rande die Rede.

Verbrecher am Kreuz sagt Jesus das Paradies nach seinem Tod zu (Lk 23,43).

Wenn aber Wright nun liefern will, was er genau bei den vier Evangelisten gehört hat, dann zeichnet er das gewohnt selektive Bild: Jesus verkündigt den liebenden Gott, der mit uns ist, aber keinen zornigen Gott, der am Ende am Kreuz seinen Sohn bestraft. Jesus nahm den Kampf gegen das Böse in der Welt auf, gegen böse Herrscher, die ihn bekämpfen, gegen die Dämonen und böse Zustände. Dabei sollte Satan entthront werden und Jesus schließlich der neue König sein. Im Passah werde schließlich deutlich, dass der „Menschensohn" „den großen Sieg über die Kräfte der Finsternis errungen hat durch die Überwindung der Sünde und darum des Exils" (S. 209). Und so steht für Wright am Ende klar, „dass für alle vier Evangelisten die Bedeutung des Todes Jesu ihr Fundament in dem großen Bild ihrer Erzählung hat, angefangen mit Jesu Wirken, das Königreich einzusetzen bis zu seiner Kreuzigung, mit dem ‚König der Juden' aufgeschrieben über seinem Kopf" (S. 210). Aber wenn Wright wiederholt Vergebung der Sünde und „Rückkehr aus dem Exil" in eins setzt, hat er die Bedeutung des Kreuzestodes nicht erklärt. Warum sollten Jesu Leiden und Sterben die Mittel sein, um die Herrschaft im Königreich Gottes in dieser Welt anzutreten? Oder geht es nur um die eine neue Ethik und ein „neues Verhalten, einen neuen Lebensstil, durch den die rettende Herrschaft Gottes über die Welt zur Wirkung kommt" (S. 219)? Dann wäre das Kreuz nur ein Vorbild für das Leben der Christen. Doch es bleibt Wright wichtig, dass wir „die Idee, dass Jesus für unsere Sünden gestorben ist, nicht aufgeben. Wirklich, sie bleibt in der Mitte. Aber die Idee wird neu fokussiert, in einen neuen Kontext gesetzt, nämlich nicht in einer Erzählung von göttlicher Launenhaftigkeit, sondern in einer von unverbrüchlicher göttlicher Liebe, verkörpert in der aktuellen Person, dem Leben, dem Tun und Lehren von Jesus selbst" (S. 224).

4. Ein großer Entwurf, der vage bleibt

Wright kann und will in seiner Theologie am zentralen Thema des Kreuzes Jesu nicht vorbei. Dazu reißt er mit gewaltigen Schlägen eine Kreuzestheologie nieder, die er als „Vergebung der Sünden, um in einen platonischen Himmel zu kommen" karikiert. Um diese Karikatur ist es nicht schade. Warum aber Jesus sterben sollte, bleibt entweder sehr vage oder Wright benutzt die Formeln der reformatorischen Theologie

(z. B. Stellvertretung), während er sich gleichzeitig von den Inhalten distanzieren will. Er will allein die Liebe Gottes in seinem Bund mit den Menschen betonen. Die Heiligkeit und Ehre Gottes, seinen Zorn über die Sünde, seine strafende Gerechtigkeit bleiben konsequent ausgespart. Strafe scheint es nur im Sinne negativer Konsequenzen der Sünde zu geben (S. 338). Dadurch hat Gott mit dem Kreuz nichts mehr zu tun. Bei Wright bleiben es das irdische Böse, der Teufel, die götzendienerische menschliche Herrschaft, die Jesus ans Kreuz bringen.

Während es dem NT darum geht, das Kreuz als „Weisheit Gottes" zu begründen, ist es für Wright vor allem das geschichtliche Ereignis, das den Startpunkt für das eigentliche Wirken Gottes im Bau seines irdischen Reiches darstellt. Warum aber ist das nicht die Auferstehung oder die Himmelfahrt oder die Ausgießung des Heiligen Geistes? Warum es gerade das Kreuz sein soll, kann Wright noch so wortreich nicht beantworten.

Ohne Zweifel ist Wright ein herausragender Theologe, und als vergessene Perspektive auf viele Bibeltexte haben Teile seines Anliegens auch eine Berechtigung. Es stimmt, dass die Bibel keinen Erlösungsindividualimus lehrt. Es stimmt, dass der neue Himmel und die neue Erde in der Bibel eine materielle Wirklichkeit sind, in der wir leiblich leben werden. Es stimmt, dass das ewige Leben für uns in Christus schon begonnen hat und nicht erst irgendwann einmal kommt. Aber es stimmt eben genauso, dass es im NT vielfach um Vergebung individueller Schuld geht und um ein ewiges Leben, das noch offenbar werden muss. Wright zerrt die Verheißungen des Neuen Testaments mit Gewalt ins Hier und Jetzt. Das mag sogar Teilen der jüdischen Theologie entsprechen, aber es ist trotzdem nicht biblisch. In der Bibel nämlich bleibt die Spannung des „schon jetzt und noch nicht" bestehen. Die Wirklichkeit der Erlösung und die Herrlichkeit bei Gott sind schon da, aber wir haben sie jetzt erst im Glauben und noch nicht im Schauen. Und es ist gerade das Kreuz, an dem wir das erkennen können. Unser König Jesus hängt dort gekrönt mit einer Dornenkrone. Er ist dort erhöht, wo er zutiefst erniedrigt wurde. Er baut sein Reich, aber das ist kein Reich von dieser Welt, sondern ein ewiges Reich mit einem Volk, das er von Sünden reingewaschen hat.

N. T. Wrights Theologie ist inzwischen auch für konservative Christen zu einer neuen Perspektive geworden. Sie eignet sich nämlich gut, um mit einer modernen Weltsicht versöhnt zu werden. Hier ist Gott reine Liebe. Jesus motiviert zu einem Christsein, das sich die Verbesserung der Welt zum Ziel setzt. Das Anstößige von Kreuz und Sühne ist beseitigt. Auch das unangenehme Thema „Sünde“ scheint weitgehend erledigt. Das macht den Entwurf von N. T. Wright attraktiv, aber er wird dadurch nicht biblisch. Nun weist Wright einerseits durchaus auf Schwächen in der evangelikalen Theologie hin, aber er will nicht korrigieren oder Vergessenes ergänzen, sondern er diskreditiert evangelikale Überzeugungen so, dass sie eigentlich nur vollständig durch seine eigenen ersetzt werden können. Umso wichtiger ist es, Wrights Ansatz zu durchschauen und ihm auf angemessene Weise entgegenzutreten.

11

Unbekannte Sünde

Warum ein neuer Versuch, Sünde zu erklären, gescheitert ist

THOMAS JEISING

Was Sünde ist, hat uns Gott offenbart. Nur die Folgen der Sünde finden wir in der Erfahrung. Darum kann der Mensch nur durch Gottes Gnade erkennen, dass er Sünder ist und Rettung braucht. Das christliche Reden von der Sünde bleibt nicht bei Moral stehen, kann aber auch nicht auf Gottes Gebote verzichten.

Der Marburger Theologe Thorsten Dietz, der hauptsächlich an der *Evangelischen Hochschule Tabor* lehrt und sich auch für das Projekt *Worthaus* engagiert, hat sich vorgenommen, den heutigen Christen zu erklären, was Sünde ist.[132] Dabei will er sich nicht auf Formeln stützen, die heute fast durchweg nicht mehr verstanden werden, sondern es so aktuell erklären, dass auch ein ungläubiger Zeitgenosse dem Gespräch lauschen kann und endlich versteht, was Christen damit meinen, dass alle Menschen Sünder sind und dass dies oder jenes eine Sünde sei. Man kann das Vorhaben von Thorsten Dietz gar nicht hoch genug schätzen, denn wenn im Dunkeln bleibt, was das eigentliche Problem ist, das das Evangelium von Jesus Christus löst, dann ist das Evangelium nicht nur unverständlich. Es erscheint einfach überflüssig, oder wie Spötter sagen: „Das Christentum löst ein Problem, das es erst erfunden hat."

132 Thorsten Dietz. *Sünde: was Menschen heute von Gott trennt*, Witten: SCM R. Brockhaus, 2016

Versuche, das Evangelium damit zu retten, dass es, ohne von Sünde zu sprechen, als „Liebe Gottes" und „Angenommensein, so wie man ist" definiert wird, erweist Dietz schnell als kurzschlüssig und nicht haltbar. Es gelingt ihm eindrücklich, das Problem zu beschreiben, das entsteht, wenn man heute relevant von Sünde reden will.

„Das Wort Sünde funktioniert nicht mehr. Statt irgendetwas zu erklären, bedarf dieser Ausdruck selbst der ständigen Erläuterung. Er produziert nur noch Missverständnisse." (S. 5)

Am Ende nur eine Spur?

Es gibt Leute, die immer erst nach dem Blick auf das Ende entscheiden, ob sie ein Buch lesen wollen. Das Blättern auf die letzten Seiten dieses Buches ist enttäuschend. Trotzdem halte ich es für lohnend, den Versuch von Thorsten Dietz, einen Weg aus der Problematik des Redens von Sünde aufzuzeigen, genauer zu betrachten. Auch wenn ich die meisten Lösungsvorschläge für mindestens zu kurz gegriffen halte, so kann daran deutlich werden, was unverzichtbare Eckpunkte des Redens von der Sünde sein müssen.

Es reicht offenbar nicht aus, die Schwierigkeiten mit dem Wort Sünde zu erkennen und eindrücklich zu beschreiben, um nicht selbst auf Abwege zu geraten, die das Ergebnis fraglich werden lassen. Bei Thorsten Dietz stellt sich letztlich sogar die Frage, ob seine „Annäherung" an die Sünde wirklich die biblisch-christliche Position widerspiegeln kann. Denn das Buch kommt nach über 200 Seiten vorsichtig tastender „Entdeckungsreise" mit der Lehre von der Sünde zu diesem Ergebnis, das zugleich die letzten Sätze des Buches sind:

„Alles kommt zu seinem Ende. Auch die Sünde. Das ist ein Glaubenssatz. Ein Satz, der mehr verspricht, als unsere alltägliche Lebenserfahrung beglaubigen kann. Es ist ein Satz von Menschen, die bei diesem Jesus von Nazareth auf eine Spur gestoßen sind. Eine Spur, die nach draußen führt, raus aus dem Ozean menschlicher Sünde und Verlorenheit. Heraus aus aller Verstrickung, heraus aus den Gräbern der Verzweiflung, heraus aus dem Tod. Es ist nur eine Spur, aber es ist ein Versprechen auf mehr, auf Neues und Ungeheures, und genau so etwas suche ich als Entdeckungsreisender ..." (S. 210)

Nun ist Thorsten Dietz' Rhetorik an vielen Stellen offenbar von Rücksichtnahme auf Menschen geprägt, die dem Christentum fernstehen. Aber stimmt das? Sind die Christen bei Jesus wirklich nur auf eine Spur gestoßen, die aus menschlicher Sünde und Verlorenheit herausführen kann? Und ist diese Spur nur eine Hoffnung, dass es irgendwo in der Zukunft eine Befreiung von Sünde geben könnte? Die christlichen Glaubenssätze umfassen tatsächlich viel mehr. Jesus Christus, der selbst für uns zur Sünde gemacht wurde, hat diese Sünde an das Kreuz getragen und durch sein Sterben die Erlösung von der Knechtschaft der Sünde für alle bewirkt, die an ihn glauben. Das hat Gott mit der Auferstehung, der Himmelfahrt und der Ausgießung seines Heiligen Geistes an die Glaubenden bestätigt, sodass Christen das Recht haben zu sagen: „Mir sind meine Sünden vergeben. Ich bin aus der Knechtschaft der Sünde befreit." Was das heißt, muss immer wieder verständlich entfaltet werden. Aber kann man es einfach weglassen?

Es schmerzt, das sagen zu müssen: Ein Buch über Sünde, in dem man die Botschaft von der Erlösung durch Christus letztlich vergeblich sucht, kann die christliche Lehre über die Sünde nicht wirklich entfalten. Selbst wenn man das vorsichtige Formulieren, das vieles im Ungefähren lässt, als spannungssteigerndes Element einrechnet; selbst wenn man positiv bewerten will, dass Dietz die ganz steilen Sätze der christlichen Botschaft vermeidet, um seine nichtchristlichen und skeptischen Leser nicht zu überfordern, die übergroße Leerstelle bleibt bestehen. Wenn man von Sünde biblisch-theologisch redet, dann muss dabei der Mensch vor Gott gestellt werden, Gottes Urteil über sich hören und dann auch das Befreiungsurteil der Vergebung durch Christus. Die Rede vom Bösen, vom Leid und Tod kann hinführen, weil sie Folgen der Sünde sind. Die christliche Hoffnung, dass es einmal eine bessere Welt ohne Leid und Tod geben wird, ist aber offenbar in der Kindschaft derer begründet, die an Jesus Christus als ihren Erlöser glauben (Röm 8).

Erlösung ohne Erlöser?

Dass es sich nicht um ein Versehen handelt (das letzte Kapitel des Buches versehentlich nicht abgedruckt?), zeigt im Kapitel vorher die Einführung der „Gestalt Jesu Christi" als „Fixpunkt" für die Erkenntnis der Sünde (mit Bezug auf Karl Barth). An Jesus soll der Mensch erkennen, wozu er von Gott bestimmt ist, was er sein kann und soll.

„Sünde ist offenbar stets das Gegenteil dessen, was in Christus als Gottes Willen erkennbar wird." (S. 190)

So richtig der Satz klingt, so ist er doch in vieler Hinsicht irreführend. Dietz führt er dazu, Kreuz und Auferstehung in eine Vorbildfunktion umzudeuten.

Hochmut und Selbstbehauptung seien das Gegenteil seines Todes am Kreuz, also Sünde. Aber an der Auferstehung und Himmelfahrt Jesu zeige sich dann als Gegenteil die Sünde der Trägheit, durch die „viel menschliches Potenzial in dieser Welt ungenutzt bleibt, ... viele Träume ungelebt, ... viele Wünsche unausgesprochen". Deswegen müsse das Reden von der Sünde den Menschen „die Hoffnung auf ihre wirkliche Entfaltung" zurückgeben. Jesus als Erlöser von der Sünde fällt auch hier aus. Mit ihm als „Fixpunkt" geht es nur um eine Vorbildfunktion und dann um „die befreiende Kraft einer guten Diagnose".

„Eine Diagnose, in der wir unser Leiden richtig wahrgenommen und beschrieben finden, unseren Lebensalltag wiedererkennen und zugleich hoffen dürfen, dass es so etwas wie einen heilsamen Umgang mit dieser Problematik geben könnte." (S. 191)

Das klingt nicht nur zu schön, um wahr zu sein, es ist auch nicht wahr. Dabei ist das Bild von der ärztlichen Diagnose im Hinblick auf die Sünde in der theologischen Tradition mehrfach verwendet worden, aber ganz anders, als es Thorsten Dietz tut. Hans-Joachim Iwand etwa benutzt den Vergleich mit Blick auf Luthers Rechtfertigungstheologie so:

„Der Kranke weiß auch um bestimmte Symptome seiner Krankheit, aber erst der Arzt stellt die rechte Diagnose. So ist der Mensch von Natur aus Sünder, aber erst, wenn er sich im Geiste Gottes erkennt, wird er, was er ist, d. h. er lernt die Krankheit in ihrer Wurzel kennen und ebenso die rechten Mittel zu ihrer Überwindung gebrauchen. Luther nennt das: zum Sünder werden; er denkt dabei nicht an Sünden, die der Mensch tut, sondern denkt an die Erkenntnis, durch die dem Menschen aufgeht, wer er ist. So kann Luther geradezu sagen, dass die Sünde ebenso geglaubt sein will wie die Gerechtigkeit, dass also das Bekenntnis der Sünde nicht abhängig ist vom Sündenbewusstsein, sondern umgekehrt dies Bewusstsein geleitet und bestimmt wird durch das Bekenntnis."[133]

Wenn es um Sünde geht, dann kann es keine Diagnose geben, die wir passend und plausibel finden und die eine Art Pille in Aussicht stellt für unseren „heilsamen Umgang". Die Diagnose Gottes in seinem Wort

133 Hans-Joachim Iwand, *Glaubensgerechtigkeit nach Luthers Lehre.* München: Evang. Verl. A. Lempp, 1941: S. 18-19

zeigt vielmehr, dass das, was wir für eine heilbare Krankheit hielten, nur Symptome einer viel tiefer liegenden, tödlichen Krankheit sind. Was dieser Arzt uns sagt, erscheint auch nicht einsichtig, sondern zeigt die zerstörte Beziehung zu Gott in einer Tiefe, die wir kaum wirklich erfassen können, denn sie ist so schrecklich, dass nur der Tod des Sohnes Gottes selbst und das Einswerden mit ihm im Glauben Heilung bringen kann. Aber der Sohn Gottes bringt auch wirkliche Heilung. Er ist der Arzt und der Erlöser, nicht nur Vorbild oder Tippgeber für einen „heilsamen Umgang" mit dem Sündersein und der Sünde.

Jesus Christus als Retter und Erlöser bleibt Dietz durchweg ein Fremder, und das, obwohl er sich im Schlusskapitel wirklich bemüht, Jesus positiv einzuführen. Das Scheitern zeigt sich m. E. am deutlichsten an dem, was Jesus „von allen anderen Menschen unterscheidet", seine vielfach und einhellig bezeugte Sündlosigkeit (1Jo 3,5; 1Petr 2,22; 2Kor 5,21; Hebr 4,15). Statt nun aufzuzeigen, wie die Sündlosigkeit Jesu in der Bibel mit der Erlösung von Sünden verbunden ist, überspringt Dietz das Thema in der Manier historisch-kritischer Theologie. Er hält es für eine „Formulierung" der ersten Christen, die damit sagen wollten, was auch das moderne Kino über seine Helden erzählt, dass sie nämlich durch tiefgreifende Krisen an den Rand des Scheiterns gebracht werden, aber am Ende doch siegen und dieser Weg zu „einem neuen Anfang" führt (S. 198-199). Denn „in diesen vielen Geschichten und Mythen (spiegelt) sich die wahre Bestimmung des Menschen", weil „der Traum von der Heldenfahrt für die menschliche Anlage auf eine Erlösung" steht. Das sei die berechtigte christliche Deutung von allem (S. 200), und das soll dann Sündlosigkeit bei Jesus bedeuten.

Nur so ganz überzeugt soll man offenbar von Jesus Christus besser nicht sein:

„Was wir haben, ist das neutestamentliche Zeugnis, in dieser Vielgestaltigkeit, mit diesen unscharfen Rändern und offenen Fragen. Die neutestamentlichen Erzählungen und Briefe malen uns Jesus vor Augen. Sie erzählen vielstimmig von ihm." (S. 200-201)

Nicht einmal der Auferstehung von Jesus Christus scheint sich Dietz so ganz sicher, jedenfalls mag er sie nicht überzeugt vertreten. Sein Tod hat auch ohne sie Bedeutung. So schreibt er:

„Und vielleicht ist es auch so: Das Ende Jesu widerlegt keineswegs, was er gesagt hat. Sein Ende ist nicht sinnlos, vielmehr kommt sein Gott gerade so zu seinem Ziel. Sein Plan für diese Welt und für den

Menschen, ein Leben in Liebe und Respekt, in Versöhnung mit Gott und den Menschen findet Erfüllung. ... Auf diese Möglichkeit zu setzen und zu vertrauen, das ist Christentum." (S. 205)

Thorsten Dietz glaubt zwar selbst an die leibliche Auferstehung von Jesus Christus, scheint das aber nicht als unverzichtbaren Inhalt des christlichen Glaubens anzusehen. Biblisches Christentum ist das gewiss nicht. Das ist nur ein Christentum, das nach der verbrannten Erde der kritischen Theologie konstruiert wurde und heute weite Teile der evangelischen Universitätstheologie (und jetzt auch *Tabor?)* bestimmt. Aber es ist höchstens ein blutleerer Abklatsch des Zeugnisses der lebendigen christlichen Kirche durch 2000 Jahre Kirchengeschichte auf der ganzen Welt.

Wie „Sünde" zum Unwort wurde

Es lohnt sich, nachzuzeichnen, wie es zu diesem Ergebnis kommen konnte, das einerseits zu einer Verharmlosung von Sünde führt und andererseits die einzige Rettung in Christus in einer Vorbildfunktion aufgehen lässt. Es sind nämlich verbreitete Irrtümer, die den Versuch der Aufklärung über das christliche Verständnis von Sünde zu einem Irrweg werden lassen.

Thorsten Dietz verfängt sich gleich zu Anfang in einem Missverständnis, das Folgen hat. Er geht davon aus, dass das Reden von der Sünde erst in den letzten Jahrzehnten (die Zeitangaben schwanken zwischen Jahrzehnten und Jahrhunderten) immer schwieriger geworden sei. Irgendwann davor hätte es wohl eine Zeit gegeben, wo die Sache mit der Sünde problemlos verstanden wurde. Dann müsste man eben heute wieder eine verständlichere Sprache für die Sünde finden, die irgendwann verloren gegangen sei. Ein genaueres Studium der Bibel zusammen mit Beobachtungen der Kirchengeschichte hätte aber gezeigt, dass das Reden von der Sünde schon immer schwierig und missverständlich war. Es ist ein Grundproblem, dass das, was Sünde eigentlich ist, für den Menschen, der in der Sünde lebt und von einer sündigen Welt umgeben ist, nicht wirklich erfasst werden kann. Der Mensch kann Folgen von Sünde wahrnehmen und darunter leiden, aber für die Sünde selbst ist er blind. Er kann Symptome seiner „Krankheit zum Tode"[134] wahrnehmen, aber er braucht einen kompetenten Arzt, der

134 Die Bezeichnung für die Sünde hat sich seit Søren Kierkegaards *Die Krankheit zum Tode: der Hohepriester, der Zöllner, die Sünderin.* (Düsseldorf: Diederichs, 1957; Original 1849) verbreitet.

ihm sagt, welche Krankheit er hat und erst recht, welche Therapie Erfolg verspricht. Offenbar wird der Sünder immer zur Verharmlosung dessen neigen, was Sünde nach der Bibel eigentlich ausmacht.

Dietz versucht also, darüber Rechenschaft zu geben, wie das Wort „Sünde“ ein „Unwort“ mit einem „beschädigten Code“ werden konnte. „Was hat das Wort Sünde heute so unbrauchbar gemacht?“ (S. 12). Er hält das zu Recht nicht eigentlich für ein Sprachproblem. Ihm erscheint das erste Problem darin zu liegen, dass die christliche Rede von Sünde jeden Menschen zum Sünder macht, den Guten genauso wie den Bösen. Diese radikale Abwertung führe zur Ablehnung des ganzen Konzeptes, verbunden mit der Erfahrung, dass die Welt und die Menschen gar nicht so böse erscheinen, wie es das Sünderurteil zu verlangen scheint. Nun hätten die Christen darauf mit der Moralisierung des Sündenverständnisses reagiert, also immer wieder versucht, Menschen ihre moralischen Verfehlungen nachzuweisen. Dabei hätten sie den Menschen aber ihre Mündigkeit nehmen wollen und versucht, „den ‚Ungläubigen‘ schlicht die Fähigkeit zur moralischen Selbsteinschätzung und das Recht auf Selbstannahme abzusprechen“ (S. 15). Überdies seien es gerade die kirchlichen Verkünder des Sünderseins, die selber als schlechte Menschen dastehen. Sein Ergebnis:

„Das Wort ist verbrannt. Man kann es nicht mehr einfach so verwenden. Es erklärt nichts mehr, sondern bedarf selbst der ständigen Erklärung. Im Grunde ist dies in den westlichen Gesellschaften schon seit Jahrzehnten so.“ (S. 17)

Schon diese Analyse, die Dietz mit seiner Geschichte des Sündenbegriffs im folgenden Kapitel nicht belegen kann oder will, zeigt, wie das Denken auf eine irreführende Spur gelenkt wird. Es gehört nämlich zum Wesen des biblischen und christlichen Sündenverständnisses, dass es jeden Menschen gleichermaßen zum Sünder macht, Osama bin Laden genauso wie Mahatma Gandhi – um die beiden Namen bei Dietz zu nennen. Die Bibel sieht offenbar durchaus Abstufungen im Tun des Bösen, man kann mehr oder weniger Schuld auf sich laden, aber niemand ist mehr oder weniger Sünder. Man kann in moralischer Hinsicht schlechter oder besser sein, aber bleibt doch Sünder. Die sündige Tat kann deswegen sogar eine nach menschlichen Maßstäben gute Tat sein und von allen gelobt werden. Sünde bleibt sie trotzdem.

Was Dietz für ein Problem „seit Jahrzehnten" hält, ist ein Problem von Anfang an, und das empfanden die Menschen offenbar auch schon immer so.[135] Demzufolge ist auch nicht verwunderlich, dass wir in Zeiten, wo sich das Böse nicht mit ungebändigter Brutalität Bahn bricht, den Eindruck haben, dass die allermeisten Menschen gar nicht so schlecht sind. Das Urteil Gottes lautet trotzdem, dass sie Sünder sind. Dass das Folgen auch im moralischen Verhalten der Menschen hat, ist in der Bibel durchgängig ein Thema. Die moralische Dimension der Sünde kann also gar nicht ausgeblendet werden.

Es gehört ebenso zum Wesen des Sündenverständnisses, dass Sünde kein Selbsturteil des Menschen, sondern allein Gottes Urteil sein kann. Wenn es um Sünde geht, ist der Mensch also notwendig in seiner Selbstbestimmung eingeschränkt. Das „Entmündigung" zu nennen führt aber in die Irre. Denn es gehört zur Würde des Menschen, dass Gott ihn anspricht mit Gesetz und Evangelium, und dass der Mensch zustimmen kann oder sich auflehnen. Auch hat das Christentum von Anfang an immer ganz offen davon gesprochen, dass seine Botschafter, Prediger, Verkündiger genauso Sünder sind, die in gleichem Maße zu allem Bösen fähig sind wie alle anderen Menschen. Jesus Christus war der einzige Sündlose. Nicht einmal das Unfehlbarkeitsdogma des Papsttums behauptet die Sündlosigkeit des Papstes. Deswegen kann und wird es auch immer Vertreter der Kirche geben, die sich Verbrechen schuldig machen.

Man könnte also beklagen, dass die Christen bei der Verkündigung dieser Wesenszüge ihrer Botschaft von Sünde und Sündersein Fehler gemacht haben. Das ist zum Beispiel dort der Fall, wo versucht wurde, das Sündersein des Menschen auf moralische Verfehlungen verengt zu begründen. Bosheit und Übertretung der Gebote Gottes sind Folgen und nicht der Kern der Sünde. Der besteht in der zerstörten Beziehung zu Gott, in der Feindschaft des Menschen gegen seinen Schöpfer und Herrn. Man mag die Schwierigkeiten beklagen, die sich aus dem christlichen Sündenverständnis ergeben. Aber wie soll es zu

135 Es erscheint vielen so selbstverständlich, dass die Probleme mit dem Sündenbegriff modern sind, dass sie sich selten die Mühe machen, danach zu fragen, wie es denn früher war. Josef Pieper hat eindrücklich gezeigt, dass sich das aber genauso für das antike Rom nachweisen lässt und schon für den Römer „Sünde" „in die Museumssphäre" gehörte und wie heute ironisch für erotische Abenteuer benutzt wurde *(Über den Begriff der Sünde,* München: Kösel 1977: 11-26).

einer Lösung führen, wenn man den Wesensgehalt der biblischen Botschaft von der Sünde zu einem Grundproblem erklärt und dann noch behauptet, dass es sich erst in den letzten Jahrzehnten ergeben hätte? Dabei ist Dietz die theologische Diskussion doch nicht unbekannt. Er fasst auch wichtige Eckpunkte als „Alltagsverständnis von Sünde" treffend zusammen:

„Sünde solle ein universales Problem sein. Sie betrifft nicht nur einige, wie in moralischen Urteilen, sondern alle. Sünde ist ein religiöses Thema. Sie hat etwas mit der Gottesbeziehung zu tun. Sie bezieht sich auf moralische Debatten, aber sie geht darin nicht auf. Sünde kann man nicht an sich erkennen." (S. 23)

Aus all dem würde eigentlich die Aufgabe folgen, wie man dem Menschen heute sagt, was ihn von Gott trennt. Nur ist das eben seit Jahrtausenden dasselbe Problem, man denke nur an Nathans Weg zu David, um ihn seiner Sünde zu überführen (2Sam 12).

Kann man Sünde nicht-religiös erklären?

Thorsten Dietz sucht eine Lösung des von ihm beschriebenen Problems in einem Vorschlag, den Dietrich Bonhoeffer 1944 in einzelnen Briefen aus dem Gefängnis angedacht hatte. Es ginge um „eine nicht-religiöse Interpretation des christlichen Glaubens für eine postchristliche Zeit" (S. 21). Es gebe einen „Bruch", der „das Ergebnis einer jahrhundertelangen Entfremdung von christlicher Sprache und moderner Entwicklung" sei (S. 21).

„Will man am Christentum festhalten, dann kann es um nicht weniger als darum gehen, den christlichen Glauben neu zu entdecken, zu befreien aus so mancher problematischen Verstrickung oder Verengung." (S. 21-22)

Dietrich Bonhoeffer hatte nicht mehr die Gelegenheit, genauer zu beschreiben, was er mit diesen Gedanken meinte und wie er sich eine religionslose Interpretation des christlichen Glaubens vorstellte.

Von Thorsten Dietz aber muss man verlangen, dass er an dieser Stelle präziser wird. Was hält er für die problematischen Verstrickungen und Verengungen? Wo genau sieht er den Bruch zu moderner Entwicklung? Und auf welcher Seite ist das Problem? Ist es eher ein Verständigungsproblem der Christen oder hat sich das Denken – etwa seit der Aufklärung – stärker von christlichen Prämissen emanzipiert? Oder beides? Statt hier konkret zu werden, entscheidet sich Dietz für seine „Entdeckungsreise“, in der er den christlichen Glauben „neu“ entdecken will. Der Anfang der Reise bleibt gewollt nebulös. Das ist in der Verkündigung auch schick geworden und soll Offenheit und Toleranz vermitteln.[136] Bonhoeffer hätte m. E. nicht viel übrig gehabt für diese Reise im Nebel. In der entsprechenden Passage aus *Widerstand und Ergebung* wendet er sich nämlich ausdrücklich gegen die Ansprache säkularer Menschen auf dem moralischen Weg und will stattdessen den Zeitgenossen an seiner stärksten Stelle mit Gottes Anspruch konfrontieren:

„Ich will also darauf hinaus, dass man Gott nicht noch an irgendeiner allerletzten heimlichen Stelle hineinschmuggelt, sondern dass man die Mündigkeit der Welt und des Menschen einfach anerkennt, dass man den Menschen in seiner Weltlichkeit nicht ‚madig macht‘, sondern ihn an seiner stärksten Stelle mit Gott konfrontiert, dass man auf alle pfäffischen Kniffe verzichtet und nicht in Psychotherapie oder Existenzphilosophie einen Wegbereiter Gottes sieht. Dem Wort Gottes ist die Zudringlichkeit aller dieser Menschen viel zu unaristokratisch, um sich mit ihnen zu verbünden. Es verbündet sich nicht mit dem Aufruhr des Misstrauens, dem Aufruhr von unten. Sondern es regiert.“[137]

Symbolgeschichten aus dem Kino können Sünde nicht verdeutlichen

Auf seiner Reise möchte Dietz auch auf die „Bilder und Gleichnisse der Bibel“ hören, weil es im Christentum „diese Idee (gibt), dass uns

136 Dazu schließt sich Dietz einem Satz Bonhoeffers an (nur schrieb der aus dem Gestapo-Gefängnis und wusste, dass seine Briefe zensiert werden): „In den überlieferten Worten und Handlungen (Jesu Christi) ahnen wir etwas ganz Neues und Umwälzendes, ohne es noch fassen und aussprechen zu können“ (S. 22).

137 *Widerstand und Ergebung*, München: Kaiser, 1951: S. 174. Auch Bonhoeffers Ethik, die bis zu seinem Tod nur fragmentarisch fertig wurde, lässt erahnen, dass er seine Aussagen nicht so wie Dietz auf die theologische Frage nach Sünde und Schuld beziehen wollte. „Umkehr gibt es nur auf dem Wege der Erkenntnis der Schuld an Christus. Nicht Verfehlungen und Verirrungen hier und dort, Übertretungen eines abstrakten Gesetzes, sondern der Abfall von Christus (...) muss als Schuld erkannt werden. (...) Schulderkenntnis gibt es nur aufgrund der Gnade Christi (...) Der Ort, an dem diese Schulderkenntnis wirklich wird, ist die Kirche. (...) Wo es anders wäre, wäre die Kirche nicht mehr Kirche.“ *Ethik*, München: Kaiser, 1981. S. 117-118. Ich halte es für sinnvoll, die Aussagen Bonhoeffers im Hinblick auf die apologetische Aufgabe der Kirche zu deuten. Sie soll sich im Gespräch mit den Nichtglaubenden weder auf das Vorhandensein von christlichen Grundbegriffen stützen, noch irgendwelche Hintertüren suchen, zu denen dann allerdings auch das Aufspüren der Sünde in der Sinnsuche der Traumfabrik Hollywood gehören würde.

hier dennoch ein Blick wie von außen auf unsere menschliche Situation begegnet. Diese Geschichten und Bilder funktionieren wie eine Brille, die bisher Unsichtbares sichtbar macht" (S. 24). Statt an erster Stelle auf die klaren Aussagen über den Menschen, die Sünde und das Sündersein in der Bibel zu hören, soll sie ohne Autorität als eine Brillensammlung dienen, aus der sich der Mensch selbst bedient, um damit nach seinem Willen Erfahrungen zu deuten. Die Bibel erscheint Dietz nicht ausreichend, um eine Lehre zu entfalten, die doch nur in ihr offenbart ist. Denn das Christentum solle Bescheidenheit zeigen: „Es wäre ein unsinniger Anspruch, heute allein im Rückgriff auf die eigenen Geschichten (aus der Bibel) der Welt sagen zu wollen, was wirklich Sünde ist" (S. 25). Darum will Dietz aus einem Zweiklang aus Bildern aus der Bibel und Geschichten aus dem modernen Kino Sünde erklären. Er hält beides für unverzichtbar. Dabei soll das Kino mehr die „Erfahrungen unserer Zeit" liefern und die Bibel mehr die „Außenperspektive" bieten, weil „diese Texte von einem Transzendenzeinbruch herrühren, einer Begegnung mit Gott, einer Offenbarung" (S. 26).

Damit verneint Dietz bewusst das Vorgehen christlicher Verkündigung. Gemäß dem hätte man in der Bibel aufgesucht, was Sünde wirklich ist, und dann – durchaus unter Nutzung von Erfahrungen oder Geschichten der jeweiligen Zeit – dem Zeitgenossen Gottes Botschaft so nah wie möglich am jeweiligen Verständnishorizont verkündet. Dann aber hätten Kinofilme die Rolle der Illustration, nicht aber eines zweiten „Bezugspunktes". Nun spiegeln die Filme der Traumfabrik Hollywood gerade nicht die Erfahrungswelt der Menschen. Sie bieten Heldengeschichten jenseits allen Alltags und lassen den Kinobesucher für zwei Stunden in eine andere Welt eintauchen, in dem er sich mit einem der Helden identifiziert. Dietz benutzt die Filme dann auch nicht, um die Rede von der Sünde in der Erfahrung zu erden, sondern als moderne Symbolgeschichten. Die Bibelgeschichten hält er zugleich für alte Symbolgeschichten. „Wer die Texte (Schöpfung und Sündenfall) nicht symbolisch liest, der verfehlt ihren Sinn" (S. 105).[138]

138 Bei diesem Urteil über Generationen von einfachen Bibellesern und studierten Theologen stockt einem der Atem. Es gehört schon ein rechtes hohes Denken über die eigene Zunft dazu, zu behaupten, dass der Sinn der Urgeschichte von allen verfehlt wurde und nur durch den historisch-kritischen Ansatz erfasst werden kann. Dietz scheint dabei entgangen zu sein, was der Wegfall eines historischen Urstandes und Sündenfalls für die Sündenlehre

Neue und alte Geschichten zusammen sollen Sünde erklären.

Ich kenne die meisten Filme, die Dietz zitiert, und ich bin auch immer wieder fasziniert von der Suche nach Sinn und Wahrheit, die in ihnen zum Ausdruck kommt. Andererseits bin ich über die Antworten, die die Filme geben, auch regelmäßig frustriert, und das umso mehr, je näher sie an christlichen Antworten vorbeizielen. Da liegt meines Erachtens auch die größte Gefahr zur Verwechslung. Dass Dietz' Vorgehensweise irreführende Konsequenzen haben kann, zeigt sich m. E. am folgenreichsten, wenn er Erlösung aus dem zweiten Teil von „Herr der Ringe" erklärt und sie am Ende darin liegen soll, dass es eine Hoffnung auf einen „neuen Tag" gibt, an dem „die Sonne heller scheint", und wir daran glauben, dass es „etwas Gutes in dieser Welt" gibt, wofür es sich zu kämpfen lohnt (S. 209-210). Die christliche Hoffnung ist aber etwas anderes: Sie ist das Warten darauf, dass die völlige Erlösung durch Christus, die wir im Glauben schon haben, auch für jeden offenbar wird.

(K)ein Blick auf die Geschichte

Bevor aber Thorsten Dietz von seinen Kinoerfahrungen berichtet, will er eine „Geschichte der Sünde" entfalten (S. 29-47) und meint, dabei fünf „wesentliche Grundformen" benennen zu können, wie Sünde verstanden wurde, nämlich „als Schuld, Misstrauen, Maßlosigkeit, Verführung und Zielverfehlung". Er hält diese Verständnismöglichkeiten für unverzichtbar, meint aber, dass sie für heute ergänzt werden müssten, was dann in den weiteren Kapiteln geschieht. Obwohl Dietz einzelne Zitate aus der Kirchengeschichte bringt, kann man seine Entfaltung sicher keine Geschichte der Sünde nennen, obwohl die hilfreich

---

bedeutet. Handelt es sich nur um symbolische Geschichten, dann hat das zur Folge, dass Sünde und Tod von Anfang zur Schöpfung gehören, weil es keine andere Alternative zu einem historischen Anfang für eine Schöpfung unter der Macht der Sünde gibt. Gott wäre am Anfang nicht der gute Vater seiner Schöpfung, sondern eher der Demiurg. In der Bibel ist immer Gottes Güte der Ausgangspunkt, an dem sich der Mensch gegen Gott entscheidet. Ohne ein historisches Verständnis entfällt das. Die Sünde der Abwendung von Gott erscheint dann weniger verwerflich. Denn der Mensch würde zum Wesen, das sein volles Menschsein erst noch verwirklichen müsste. Seine Würde und Bestimmung hätte er nicht mehr durch Gottes Handeln ohne Bedingung erhalten, sondern sie würde abhängig von der Verwirklichung eines Lebensziels. Er wäre nur noch zum Guten erschaffen. Statt dann die Begrenzung des Menschen im Sinne der Bibel als etwas von Gott gegebenes Gutes anzusehen, soll der Mensch sich im Sinne der Evolution über seine Grenzen hinaus weiterentwickeln. Was die Bibel als Sünde ansieht, wird so zur Bestimmung.

hätte sein können. Das ist Dietz aber auch nicht so wichtig, weil er nur zeigen will, dass in der Tradition vorhandene Beschreibungen der Sünde unzureichend sind. Hier hätte ein genauerer Blick übrigens zeigen können, dass – wie in der Bibel – auch in der Christenheit gerade die Beschreibung der Sünde aus unterschiedlichen Perspektiven als notwendig und hilfreich angesehen wurde. Die von Dietz genannten Begriffe haben sich auch nicht einfach zeitlich abgelöst, sondern standen immer nebeneinander und haben sich ergänzt.

Nun hält Dietz das Reden von der Sünde als Schuld für unbestreitbar richtig. Aber das scheint nicht ohne das Reden von Gottes Geboten auszukommen, und das sei unzeitgemäß, weil Teile davon Allgemeingut – etwa in den Menschenrechten – geworden sind, ein anderer Teil sehr kompliziert ist und dann jeweils „eine gründliche Erörterung der jeweiligen Situation und der grundlegenden biblischen Normen und Maßstäbe erfordern würde“ (S. 33). Dietz wird nicht konkret, aber man kann sich vorstellen, dass er daran denkt, dass es auch unter Christen keine eindeutige Haltung zu vielen sexualethischen Fragen oder zu Ehe und Familie gibt. Wo es aber eine gibt, führe das auch nur zu Kampf und gegenseitiger Ausgrenzung. Deswegen wird das „unverzichtbare“ Thema Schuld kurzerhand abgehakt.

Sünde als Misstrauen und Unglaube zu beschreiben, wie es vor allem die Reformatoren taten, erscheint Dietz ebenso irreführend. Neben dem Problem, dass das heute nicht verständlich zu machen sei, sieht er das größere Problem darin, dass daraus hervorgehen müsste, dass die Gläubigen, also die Christen, die besseren Menschen sind und alle Atheisten verdorben und boshaft, was offensichtlich nicht stimme. Beide Einwände halte ich nicht für zwingend.

Nicht ganz so leichtfüßig geht Dietz mit der Maßlosigkeit um, einer Benennung, die er aus Augustins Sündenlehre ableitet. Das liegt wohl daran, dass Augustin seit einiger Zeit in der theologischen Diskussion und darüber hinaus wieder mehr Beachtung findet. Dietz kann dem Begriff der menschlichen Begierde, die sich auf die falschen Dinge richtet, offenbar auch einiges abgewinnen, stellt ihn aber schließlich an die Seite, weil Augustin mit der Verbreitung der Sünde über die sexuelle Fortpflanzung seine Sündenlehre zu einem „düsteren Mirakel“ gemacht habe. Außerdem betone ein Sündenkatalog wie der der sieben Todsünden „vor allem das Verbotene“. Die „Verfehlung der Liebe“ als zentralem Thema werde so verdeckt.

Mit der Entfaltung der Sünde als Verführung möchte Thorsten Dietz unterstreichen, dass der Mensch nicht nur Täter der Sünde ist, sondern auch ihr Opfer und darum ein Verführter. Er betont, dass es nicht darum gehe, den Ursprung des Bösen zu beantworten. Wortreich versucht er, die Bedeutung der Sündenfallgeschichte aus 1. Mose 3 herunterzureden. Er will aufzeigen, dass der Mensch (auch) ein in Sünde Verstrickter ist. Das soll das Böse nicht entschuldigen, aber entlasten.

„Der Begriff der Sünde steht für eine große Verstrickung. Es kann uns helfen, uns nicht von einseitigen Schuldvorwürfen oder unbedingten Entlastungswünschen bestimmen zu lassen." (S. 45)

Mit der Sünde als Zielverfehlung meint Dietz mit Teilen der modernen Theologie[139], dass der Mensch nicht das erreicht oder tut, wozu er von Gott eigentlich bestimmt ist. Das Leben sei falsch ausgerichtet und in der Begegnung mit Christus werde die verkehrte Richtung offenbar (so ist Dietz' Auslegung von Joh 16,9). Diese Sicht scheint ihm übrigens nicht zu kurz gegriffen, jedenfalls sagt er nichts dazu, vielmehr nimmt er sie im Kapitel „Träge" wieder auf.

Das also ist die Folie, auf der Thorsten Dietz nun seine Sündenlehre auszeichnet, indem er mit sieben Adjektiven sieben Sünden oder sieben Erscheinungsweisen von Sünde oder Sündhaftigkeit liefert. Blind, hart, süchtig, selbstlos, reich, sicher, träge sollen offenbar das leisten, was Schuld, Misstrauen, Maßlosigkeit, Verführung oder Zielverfehlung nicht oder nicht mehr ausreichend leisten können, nämlich zu sagen, „was heute den Menschen von Gott trennt".

Wenn Dietz dann mit teilweise guter Exegese z. B. die Sünde der menschlichen Blindheit darlegt, fragt man sich, warum vorher die Sünde als Schuld oder Misstrauen leichthin beiseite gestellt wurde. Die Antwort gibt wohl eine Bemerkung in den Fußnoten. Sünde gerate „mehr oder weniger in Vergessenheit", wenn sie nicht „fundamentalanthropologisch", nämlich „im Kontext gegenwärtiger Erfahrung" erhellt werde (S. 213). Sagt Gott in seinem Wort, dass wir Sünder sind, und hält uns seine Gebote als Spiegel vor die Augen und fordert sogar denjenigen, der meint, alle Gebote gehalten zu haben, zur kompromisslosen Nachfolge Jesu auf (Mk 10,17-22), warum muss das scheitern? Wenn der Mensch aber auf seine aktuelle Erfahrung verwiesen

---

139 Wegweisend ist hier die Sündenlehre von Wolfhart Pannenberg geworden, der den Menschen zur Bezogenheit auf Gott bestimmt sieht und die Sünde darin, dass er diese zu wenig auslebt.

werde, dann wird alles besser? Dietz scheint mir zu wenig wahrzunehmen, dass man den Menschen wohl auf die Folgen seiner Sünde und Symptome seiner Sündhaftigkeit aufmerksam machen kann, was die Bibel auch reichlich tut. Sie spricht dabei erstaunlich allgemeingültig und bis heute aktuell. Aber die Sünde selbst ist keine menschliche Erfahrung, sondern letztlich ein Urteil Gottes über den Zustand des Menschen. Kierkegaard hat das ganz treffend herausgestellt:

„Kein Mensch vermag aus eignem Vermögen und von sich selber her auszusagen, was Sünde ist, eben deshalb, weil er in der Sünde ist; alles Reden von der Sünde ist im Grunde Beschönigung der Sünde, eine Entschuldigung, eine sündige Abmilderung. Darum hebt das Christentum auch auf andere Art an, damit, dass eine Offenbarung von Gott her dazu gehöre, um den Menschen darüber aufzuklären, was Sünde ist: Die Sünde liege ja doch nicht darin, dass der Mensch das Rechte nicht verstanden habe, sondern darin, dass er es nicht verstehen will, und dass er das Rechte nicht will."[140]

Wenn man sich fragt, wie denn Christus „zur Sünde gemacht wurde" (2Kor 5,21), dann kann die Antwort nur lauten: indem er den Zorn Gottes trug und das Urteil Gottes über die Sünde und den Sünder am Kreuz auf sich nahm. Jesus wurde Sünde durch das Urteil Gottes und nicht durch eine eigene Tat, weil er selbst „von keiner Sünde wusste". Aber auch der, der von Sünde weiß, wird letztlich von Gott zum Sünder gemacht, weil Gott dieses Urteil ergehen lässt. Der Mensch kann sich selbst dieses Urteil nur sprechen, indem er in Gottes vorlaufendes Urteil einstimmt.

Sympathischer Moralismus?

Was allerdings Thorsten Dietz dann mit den von ihm gewählten Adjektiven im Einzelnen beschreibt, ist vielfach eine hilfreiche Veranschaulichung der unterschiedlichen Symptome, die die Sünde hervorbringt. Viele Beobachtungen, die aus der Bibel entfaltet werden und deren „Erfahrungswirklichkeit" dann anhand von Filmen wie *StarWars, Herr der Ringe, Tribute von Panem, Matrix, American Beauty* usw. aufgezeigt werden, sind in dieser Hinsicht erhellend. Was aber eigentlich Sünde ist, wie sie in dem Bekenntnis Davids vor Gott zum Ausdruck kommt (Ps 51,6): „An dir allein habe ich gesündigt und übel vor dir

---

140 Kierkegaard, *Krankheit zum Tode*, S. 94

getan, auf dass du recht behaltest in deinen Worten und rein dastehst, wenn du richtest", das verdunkelt sich eher. Denn das Bekenntnis Davids sieht in menschlichen Augen empörend von dem Unheil ab, das David durch die Zerstörung einer Ehe und den Mord an einem seiner Offiziere angerichtet hat. Alle Sünde ist Sünde gegen Gott. Das wird durch menschliche Erfahrung sogar verdeckt. Sündenerkenntnis ist darum wesentlich Zustimmung zu Gottes Urteil und keine Leistung eigener Vernunft. Man kann über Davids Blindheit und über seine Sucht sprechen, die ihn verführt hat, aber würde das Eigentliche übergehen, wenn Gottes Anspruch an David, seine Berufung, die David zusammen mit Gottes Ehre beschädigt, und wie er sich damit direkt gegen Gott wendet, übersehen würde.

Deswegen müssen die schönen neun Kapitel auch letztlich alle in einer Moralisierung der Sünde enden, die Dietz doch eigentlich als eines der großen Probleme und Fehler der Christenheit benannt hatte. „Blind" zielt auf eine Verunsicherung jeder menschlichen Sicherheit. Man könnte blind sein für das Eigentliche, gerade wenn man meint, richtig zu sehen. Darum solle man „mit dem Satz leben": „Öffne mir die Augen, dass ich sehe"(S. 68). „Hart" endet mit der Aufforderung, bereit zu sein, sich innerlich berühren zu lassen (S. 89). „Süchtig" mündet hinein in die Forderung zu einer Begegnung ohne Masken, in ehrlicher Offenheit zuzugeben, was einen bindet (S. 109). „Selbstlos" führt zu der Notwendigkeit, seine Selbstwerdung zu bejahen und dabei die von Gott gegebenen Rahmenbedingungen anzunehmen (S. 129). „Reich" zielt auf die Forderung, die Augen für die Not der anderen zu öffnen und Schmerz darüber zu empfinden, wenn man sie nicht ändern kann. „Sicher" ist eine Warnung vor Selbstsicherheit, die in Fundamentalismus enden kann. Stattdessen soll gelten:

„Wir können keine maximal eindeutige Position behaupten, keinen Standpunkt verteidigen, es ist vielmehr ein Weg, den wir gehen wollen. Auch wir wollen die Wahrheit bezeugen, aber wir können diese dabei nicht besitzen." (S. 167)

Darum solle man allem und jedem gegenüber offenbleiben, moderne Toleranz eben. „Träge" fordert schließlich, sein Leben nicht dadurch zu „verpfuschen", dass Menschen „die eigenen Möglichkeiten nicht entdecken, ihre Gaben nicht entfalten und einsetzen" (S. 190). In einen Moralismus kann man eben auch verfallen, wenn man sich von Sexualethik fernhält, biblische Gebote auslässt und nur ja nicht von einem richtenden Gott sprechen will. Dietz' Moral fordert eine mystische Offenheit für ein Berührtwerden von irgendwoher (er meint, es sei Gott), eine Offenheit gegenüber der Not und den vielfältigen Meinungen und ein aktives Ausleben der eigenen Möglichkeiten.

Man kann in dieser Wende zum Moralismus auch etwas Positives sehen. Es wäre nämlich ein erheblicher Erkenntnisgewinn, wenn man anerkennt, dass die Vermeidung von Moralisierung, die heute zum Standardprogramm jedes Theologen gehört, der über Sünde spricht, nicht zu verwirklichen ist. In der Regel wird nur die eine Moralisierung durch eine andere ersetzt. Das liegt meines Erachtens daran, dass man von Sünde offenbar nicht ohne ihre moralische Dimension reden kann. Selbst diejenigen, die behaupten, Sündigen sei notwendig, damit der Mensch überhaupt sein wahres Menschsein erreiche, wollen die Sünde dann doch irgendwie begrenzen und müssen dazu moralische Forderungen an den Menschen stellen. Man kann der Moral nicht entkommen, und darum stellt sich eher die Frage, welche Moral bestimmen soll. Sollen es Maßstäbe sein, die sich direkt aus den Geboten und Verboten der Bibel ableiten, oder soll ich danach fragen, wie groß mein „ökologischer Fußabdruck" ist oder ob die Waren, die ich einkaufe, aus „fairem Welthandel" stammen (S. 151)? Oder muss ich biblische und zeitgeistige Moralforderungen erfüllen?

Es erscheint mir eher ein Symptom einer falschen Moralisierung, wenn über die moralische Dimension der Sünde nicht offen gesprochen wird, sondern unter der Hand jeder seine eigenen moralischen Forderungen einführt. Dabei aber wird sich allzu leicht einstellen, was Jesus schon bei den Pharisäern beklagte: Sie sieben die Mücken aus und verschlucken die Kamele (Mt 23,24). Sowohl die Verneinung als auch die Überhöhung der Moral führt zu einer Verzerrung des biblischen Sündenverständnisses.

Es entbehrt nicht einer gewissen Ironie, dass Thorsten Dietz genau das gut gelingt, was er zu einem Grundproblem erklärt hatte, das dazu geführt habe, dass das Wort Sünde „verbrannt" sei. Er kann den Mahatma Gandhis, Mutter Teresas und den anderen guten Menschen nahebringen, dass auch sie von der allgemeinen Verstrickung in das Böse nicht frei sind. Dietz nennt das eine „Annäherung an das Thema Sünde". Die guten Menschen sind also auch wenigstens ein bisschen böse. Mich hat diese Attitüde genauso wie Bonhoeffer und Dietz immer gestört. Aber nun macht er das sehr gut, was er unbedingt vermeiden wollte. Seine „Lösung" für das Sündenproblem mündet in einen sanften, um nicht zu sagen, harmlosen, irgendwie sympathischen Moralismus: Sei offen für alles, also auch für das Christentum und für eine „Berührung" Gottes! Sei hilfsbereit gegenüber Hilfsbedürftigen! Lebe deine Möglichkeiten aus! Lass dich durch Jesus Christus zu einer Hoffnung inspirieren, dass es irgendwann einmal eine Überwindung des Bösen geben kann!

Vielleicht sind die oben zitierten enttäuschenden Schlusssätze des Buches, in denen sich Thorsten Dietz in eine irrationale Hoffnung auf bessere Tage flüchtet, auch so etwas wie ein Eingeständnis, dass er seinen eigenen Anspruch an das Thema Sünde nicht erfüllen konnte. Es klappt nicht, ohne dass man guten Menschen sagt, dass sie irgendwie böse sind. Die Sünde selbst kann auch nicht durch die Traumfabrik Hollywood überzeugend in der Erfahrungswelt der Zeitgenossen erwiesen werden. Alles Gehaltvolle über Sünde hat Dietz aus der Bibel. Es funktioniert nicht, die Moral aus dem Spiel zu lassen. Und wenn man sich für eine möglichst milde Moralisierung entscheidet, dann wird nicht nur Sünde verharmlost und das Evangelium überflüssig. Es trifft dann mit Wucht die Kritik aus dem Mund von Navid Kermani, die Dietz selbst zitiert:

„Dieses protestantische Christentum (...) mag ja sympathisch sein, aber es lässt mich kalt. Es kommt mir oft wie eine Doppelung dessen vor, was uns der gesunde Menschenverstand ohnehin sagt." (S. 19)

Wer aus biblisch-theologischer Perspektive über Sünde sprechen will, kommt offenbar nicht daran vorbei, das Verhältnis Gott und Mensch in die Mitte zu stellen. Es reicht nicht aus, die Folgen der Sünde zu beklagen. Wenn es um Sünde geht, dann tritt Gott als der Richter ins Blickfeld, der den Menschen mit seinem Urteil zum Sünder macht und seine Gedanken, Worte und Taten als Sünde entlarvt, nämlich als gegen Gott getan, selbst wenn sie fromm sind und gut erscheinen.

Man kommt also nicht darum herum, den Aspekt zu bearbeiten, dass Sünde für den Menschen natürlicherweise nicht erkennbar ist. Wir sind auf Offenbarung angewiesen. Schon der Anspruch, Sünde ohne die biblische Offenbarung plausibel machen zu wollen, führt unweigerlich zu dem Dilemma, dass damit der Mensch sein eigener Richter bleibt, dessen Urteilsvermögen entweder nicht durch die Sünde korrumpiert zu sein scheint oder aber doch fit gemacht werden kann.

Offenbar ist es auch nicht möglich, von Sünde zu sprechen, ohne moralische Gebote und Verbote ins Spiel zu bringen. Gott hat den Menschen nicht nur die Folgen seiner Sünde spüren lassen, er hat ihn auch mit Geboten angesprochen, um ihm einen Spiegel seiner Verlorenheit vor die Augen zu halten. Dass es dann kein Weg sein kann, die Gebote der Bibel an die Seite zu stellen, um eigene „moderne" Moral aufzurichten, folgt daraus.

Nicht zuletzt können Christen nicht über Sünde reden, ohne zu verkündigen, dass Gottes Urteil über die Sünde seinen Sohn Jesus Christus am Kreuz in voller Härte getroffen hat. Nur das bringt Freiheit von Sünde, wenn auch noch nicht von allen Sündenfolgen, wenn wir glauben, dass dieses Sterben unsere Rettung ist. Wie es uns die Freiheit von der Sünde bringt, ist das Werk Christi aber auch für das Erkennen der Sünde notwendig.

Wie das für Luthers Sicht auf Sünde entscheidend war, beschreibt Hans-Joachim Iwand treffend:

„Der Weg, den Luther beschreitet, kann darum theologisch genannt werden, weil Luther nicht von dem Zustand in der Psyche des Menschen ausgeht, von dem Widerspruch zwischen Geist und Natur, Sollen und Sein, sondern weil er den Menschen im Spiegel des Wortes Gottes sich selbst zu Gesicht bringt. Luther meint, dass uns Gott mit der Menschwerdung des Sohnes, mit seinem Kreuz und Leiden auch einen Spiegel vorhält, aber einen Spiegel, in dem wir erkennen, wie Gott die Lage des Menschen sieht, mag der Mensch selbst sie auch ganz anders sehen. Hier urteilt nicht der Mensch über sich, sondern hier wird er in Kenntnis gesetzt von Gottes Urteil über ihn."[141]

Alles andere führt zu einer Verharmlosung von Sünde, die am Ende auch die Botschaft vom Kreuz, an dem Christus für unsere Sünden sterben musste, unnötig erscheinen lässt. Versuche, das Thema Sünde als christliche Botschaft zu retten, ohne diese Grundvoraussetzungen zu beachten, führen unweigerlich dazu, dass es weiter verdunkelt wird.

141 Iwand. *Glaubensgerechtigkeit*, S. 17

12

Geboren von der Jungfrau Maria

Warum die Jungfrauengeburt so wichtig ist

Ralf Kaemper

Im Apostolischen Glaubensbekenntnis heißt es zur Person unseres Herrn: Ich glaube „an Jesus Christus ... empfangen durch den Heiligen Geist, geboren von der Jungfrau Maria".

Die frühen Christen fanden die Frage der Jungfrauengeburt so wichtig, dass sie Eingang in eines der wichtigsten Glaubensbekenntnisse des Christentums fand, zu dem sich Christen aller Zeiten bekannt haben. Jesus wurde nicht auf natürliche Weise empfangen und geboren, sondern durch den Heiligen Geist und durch eine Jungfrau. Darauf baut alles Weitere auf: gelitten, gekreuzigt, gestorben, auferstanden, aufgefahren in den Himmel, zur Rechten Gottes, seine Wiederkunft.

Auch wenn es bei der Jungfrauengeburt „nur" um den Eintritt in diese Welt geht, ist dies enorm wichtig. Meine These in diesem Artikel ist: Wenn wir diesen übernatürlichen Eintritt unseres Herrn in unsere Welt ablehnen oder umdeuten, fällt alles, was darauf folgt, in sich zusammen und wird bedeutungslos. Und: Es widerspricht den klaren Aussagen der Heiligen Schrift.

Fortpflanzungstechnisch unaufgeklärt?

Nun ist der Gedanke der Jungfrauengeburt umstritten – damals wie heute –, und nicht nur unter Religionsgegnern. Ende 2016 gab es eine

Diskussion um das Thema in der Zeitschrift „Christsein heute" der Freien evangelischen Gemeinden (FeG).

Ein Artikel hatte die Jungfrauengeburt infrage gestellt und als Nebensächlichkeit erklärt. Dem wurde jedoch deutlich widersprochen – auch von der Leitung des Bundes der FeGs. Trotzdem sind die Argumente gegen die Jungfrauengeburt aktuell. Schauen wir uns deshalb einmal an, wie der Autor Sebastian Rink, Pastor der FeG Siegen-Fischbacherberg, seine Position begründet. Er schreibt:

„So unbestreitbar die ‚Jungfrauengeburt' auch heute als Glaubensaussage sinnvoll und bedeutsam ist, so ist es keine Überraschung, dass sie im 21. Jahrhundert als eine biologische Aussage unvernünftig und kaum mehr haltbar geworden ist. Zumindest für alle, die im fortpflanzungstechnischen Sinne ‚aufgeklärt' wurden." (CH 12/2016, S. 11-12)

Damit sagt der Autor in meinen Worten: Die Jungfrauengeburt macht nur im Bereich des Glaubens Sinn; sie ist als historisch-biologische Aussage unvernünftig, ja, unhaltbar; wir sind heute fortpflanzungstechnisch aufgeklärt – die Menschen zur Zeit des Neuen Testaments waren das nicht.

Aber das ist falsch! Maria entgegnet dem Engel, der ihr die Geburt Jesu ankündigt, ja gerade *fortpflanzungstechnisch aufgeklärt*: „Wie wird das geschehen? ... Ich habe ja noch nie mit einem Mann geschlafen" (Lk 1,34; NeÜ).

Allein aus dieser Aussage wird klar: Auch die Menschen damals wussten schon, woher die Kinder kamen.

Die Antike wusste schon sehr viel

Dies scheint mir ein Hauptproblem vieler kritischer Positionen heute zu sein: Man nimmt an, dass wir heute viel mehr wissen und weiter sind als die Menschen damals. Das trifft sicher auf viele technische Details zu. Über die Grundfragen des Menschen und des Lebens jedoch wurde in der ganzen uns bekannten Geschichte nachgedacht.

Deshalb sagt der englische Philosoph Alfred North Whitehead, dass die gesamte philosophische Tradition Europas „aus einer Reihe von Fußnoten zu Platon besteht". Die großen philosophischen Fragen waren im 4. Jahrhundert vor Christus schon alle gedacht, z. B.: Wie ist das Verhältnis von Körper und Geist? Diese Frage wurde nicht von der Gender-Theorie erfunden. Auch die Irrlehrer der Gnosis zu neutestamentlichen Zeiten hatten eine genaue Vorstellung vom

„Leib-Seele-Problem". Nämlich dass der Leib nebensächlich sei – und der Geist allein wichtig. Gar nicht so weit entfernt vom aktuellen Gender-Denken.

Wir denken manchmal, die Menschen des Altertums wären naiv und unaufgeklärt gewesen. Aber ist nicht häufig das Gegenteil der Fall: Wir heute sind unaufgeklärt und naiv, weil wir die antiken Texte nicht mehr kennen. Wir wissen nicht mehr, was sie schon alles wussten.

Nicht im Mittelpunkt

Die „Jungfrauengeburt" steht für Rink „am Rand, nicht im Mittelpunkt" des Glaubens. Er schreibt: „Wir Christen und Christinnen glauben an Christus, nicht an ein Naturphänomen. Christusglaube entscheidet sich nicht an der ‚Jungfrauengeburt', sondern ausschließlich an Christus selbst."

Aber wäre Christus noch der „Christus" – ein Hoheitstitel –, wenn er wie ein normaler Mensch geboren worden wäre? Wenn wir verstehen wollen, wer Jesus Christus war, gehört doch gerade das Übernatürliche zentral dazu. Dass er schon existierte, bevor er auf diese Erde kam (Joh 8,58). Dass er, weil er Teil der Gottheit war, auch auf übernatürliche Weise Mensch werden musste – durch eine ganz besondere Geburt. Wenn Rink schreibt, dass es in der Beschreibung des Matthäusevangeliums „nicht um biologische Fakten geht, sondern um eine Glaubenserzählung", dann konstruiert er einen falschen Gegensatz: Es geht um beides! Vielleicht steht die Jungfrauengeburt nicht im Mittelpunkt des Evangeliums. Dafür aber gewissermaßen am Anfang: Alles andere baut darauf auf.

Keine Randfrage

Ich glaube, dass die Sicht, die Rink in seinem Artikel darstellt, falsch ist. Die Frage nach der Geburt Christi ist keine Nebensächlichkeit, über die man als Christ ruhig unterschiedlich denken kann. Wer sie verneint, nimmt dem ganzen christlichen Glauben sein Fundament. Nämlich, dass Jesus Teil der Gottheit ist. Es geht hier nicht um eine Randfrage – es geht um die Göttlichkeit unseres Herrn. Das ist doch gerade das Besondere an Jesus Christus, dass er als Teilhaber der göttlichen Dreieinheit Mensch wurde. „Er wurde einer von uns – ein Mensch wie andere Menschen" (Phil 2,7; NGÜ) – aber er war und bleibt dabei Gott! Das ist doch das Entscheidende, dass in Jesus ein

Mensch auf diese Welt kommt, der nicht allein aus einer natürlichen Blutlinie stammt. Wäre Jesus nicht übernatürlich gezeugt, dann wäre er nur ein Mensch – aus einer biologischen Abstammungslinie der Menschen.

Das Biologische ist wichtig, gerade weil es beim Wunder der Jungfrauengeburt durchbrochen wird. Gott sandte seinen Sohn in Raum und Zeit, „geboren von einer Frau" (Gal 4,4). Gott schafft mit der Geburt Jesu auch biologische Tatsachen. Die Antwort des Engels auf Marias skeptische Rückfrage zeigt das auch: „Der Heilige Geist wird über dich kommen, die Kraft des Höchsten wird dich überschatten. Deshalb wird das Kind, das du zur Welt bringst, heilig sein und Sohn Gottes genannt werden" (Lk 1,35; NeÜ). Jesus stammt nicht aus der Blutlinie von Josef, sonst wäre er ja nur ein Mensch.

Viel mehr als Biologie – aber auch nicht weniger

Natürlich ist das Kommen unseres Herrn auf diese Welt viel mehr als Biologie – aber es ist eben auch nicht weniger. Die Bedeutung des Kommens Jesu, seine Lehre, sein Leben – die ganze Christologie –, all das hängt ganz an seinem übernatürlichen Eintritt in diese Welt. Wenn das biologisch-historisch nicht geschehen ist, dann kippt auch der ganze Überbau an Bedeutung. Wenn Jesus nur ein normaler Mensch war, dann war seine Lehre menschlich, vielleicht prophetisch – und sein Tod war der Tod eines Märtyrers. Wenn er nur Mensch gewesen wäre, könnte er uns nicht erlösen.

Man kann nicht die Jungfrauengeburt aufgeben und den Rest beibehalten. Wenn wir das nicht glauben, kippt der Ganze! Das Geistliche steht auf dem historisch-biologischen Geschehen.

Was wäre, wenn?

Was wäre, wenn die Jungfrauengeburt nicht stattgefunden hätte? Wer sie ablehnt, geht dann davon aus, dass Jesus der biologische Sohn von Josef ist. Dass er also durch den natürlichen Geschlechtsverkehr von Josef mit Maria gezeugt wurde.

Aber wer wäre Jesus dann? Ein normaler Mensch! Was ist seine Lehre? Eine geniale Religionsphilosophie, vielleicht. Was ist sein Leben? Das vorbildliche Leben eines besonderen Menschen. Was ist sein Tod? Der Märtyrertod eines hingegebenen Gläubigen, wie es viele vor und nach ihm gegeben hat.

Ein Mensch kann uns nicht erlösen

Aber kann der Tod eines noch so edlen Menschen uns erlösen? Das ist doch das Eigentliche am Opfer unseres Herrn, dass er „in Gestalt Gottes war ... Gott gleich" und trotzdem ein Mensch wurde.

Mit der Jungfrauengeburt fällt auch die Qualität des Sterbens Jesu als stellvertretendes Sühneopfer weg. Dafür ist es wesentlich, dass Jesus das vollkommene Opfer ist, das alle vorherigen Opfer nicht sein konnten. Nur der wahre Sohn Gottes, der durch die Jungfrauengeburt auch wahrer Mensch wurde, konnte das Lamm Gottes sein, das die Sünde der Welt trägt. Die Umstände der Menschwerdung sind also keineswegs gleichgültig.

„Er machte sich selbst zu nichts und nahm Knechtsgestalt an, indem er den Menschen gleich geworden ist, und der Gestalt nach wie ein Mensch erfunden, erniedrigte er sich selbst." Äußerlich (der Gestalt nach) war er wie ein Mensch und trotzdem war und blieb er Gott. Seine Erniedrigung beginnt mit seiner Menschwerdung – mit seiner besonderen übernatürlichen Geburt: der Jungfrauengeburt. Darauf baut dann alles Weitere auf und gibt ihm Bedeutung: dass er „gehorsam (wurde) bis zum Tod ... am Kreuz". Streichen wir den übernatürlichen Eintritt unseres Herrn in unsere Welt, dann streichen wir auch alles Weitere durch. Auch seine Erhöhung: Gott der Vater hat „ihm den Namen verliehen, der über jeden Namen ist, damit in dem Namen Jesu jedes Knie sich beuge, der Himmlischen und Irdischen und Unterirdischen, und jede Zunge bekenne, dass Jesus Christus Herr ist, zur Ehre Gottes, des Vaters" (Phil 2,6-11; ELB). Wäre Jesus nur ein Mensch – wie kann er dann solch eine Ehre bekommen, die doch nur Gott zusteht? Name über allen Namen. Jedes Knie wird sich vor ihm beugen. Jesus ist der *Kyrios* – der Herrscher. Trotzdem geschieht dies alles „zur Ehre Gottes, des Vaters" – nicht in Konkurrenz zu ihm.

Dass Jesus seine göttliche Natur auch als Mensch behielt, wird an vielen Stellen deutlich, besonders an den Reaktionen der Menschen. So wollte man ihn töten, weil er „Gott seinen eigenen Vater nannte und sich so selbst Gott gleich machte" (Joh 5,18). Wenn er den Menschen ihre Sünden vergab, kam zwingend die Frage auf: „Wer kann Sünden vergeben außer Gott allein?" (Lk 5,21). Sein Anspruch war ein göttlicher, auch als Mensch!

Wäre er nur ein Mensch ...

Wäre Jesus nur ein Mensch wie wir gewesen – wäre er aus der geschlechtlichen Vereinigung von Josef und Maria hervorgegangen –, käme er aus einer menschlichen Blutlinie. Dann könnte er uns nicht erlösen.

Und! Jedes Mal, wenn wir ihn anbeten und ihm danken, jedes Mal, wenn wir sein Mahl feiern und Brot und Wein unter uns teilen, würden wir gegen das 1. Gebot verstoßen und Götzendienst betreiben. Denn nur Gott allein darf angebetet werden. Jesus selbst bekräftigt dies: „Du sollst den Herrn, deinen Gott, anbeten und ihm allein dienen“ (Mt 4,10).

Über uns Christen sagt Paulus: „Ihr dient dem Herrn Christus“ (Kol 3,24). Wäre Jesus Christus nicht Gott, wären wir Götzendiener. Nun ist Jesus Christus aber Gott. Und nur deshalb kann er uns erlösen!

Denken Sie daran, wenn Sie sich am nächsten Weihnachtsfest an seine Geburt erinnern. Es war eine besondere, übernatürliche Geburt. Zu unserem Glück und Heil.

13

„Finden, fördern, freisetzen" oder verwässern?

Wie die Forderung nach einem apostolischen Dienst die Einzigartigkeit der ersten Apostel aufhebt

THIMO SCHNITTJER

In Eph 4,11ff. benennt der Apostel Paulus fünf Ämter, die Gott der Gemeinde Jesu gegeben hat: Apostel, Propheten, Evangelisten, Hirten und Lehrer. Seit einiger Zeit werden in der evangelikalen Welt vermehrt Forderungen laut, sämtliche in diesen Versen genannten Ämter jetzt und hier zu besetzen und entsprechende Dienste für die Gemeinde Jesu nutzbar werden zu lassen. Man spricht in diesem Zusammenhang von dem sogenannten *fünffältigen Dienst*. Zur Veranschaulichung wird gelegentlich das Bild einer Hand mit den fünf Fingern vermittelt, wobei die Finger jeweils für ein bestimmtes Amt stehen.[142] Die Kampagne „AHELP" (engl. *a help* = eine Hilfe) stellt (A)postel, (H)irten, (E)vangelisten, (L)ehrer und (P)ropheten ebenfalls im Sinne von Eph 4,11 dar.[143]

Neu ist für viele Gläubige, dass auch der Dienst eines Apostels bzw. einer Apostelin für zwingend notwendig im Gemeindedienst erachtet wird.

Stefan Vatter, einer der führenden Vertreter dieser Bewegung, definiert den apostolischen Dienst wie folgt:

142 z. B. bei Jens Kaldewey, https://www.jenskaldewey.ch/images/files/Der_f%C3%BCnff%C3%A4ltige_Dienst_-_Die_starke_Hand_Gottes.pdf (Stand: 14.04.2019) oder bei Stefan Vatter: *Finden, fördern, freisetzen. Wirksam führen – die Wiederentdeckung des apostolischen Dienstes*. Schwarzenfeld: Neufeld Verlag, 2016, S. 184ff.

143 https://www.ahelp.info/ (Stand: 14.04.2019); siehe auch Vatter, a. a. O., ebd.

» Sein Auftrag besteht darin, in neues Land aufzubrechen, um Gemeinden zu gründen, zu fördern und die Botschaft Gottes in der Welt zu proklamieren.
» Als Gesandter des Königs handelt er aus einer Reich-Gottes-Perspektive mit dem Ziel, alle Lebensbereiche des Menschen mit dem Evangelium zu durchdringen.
» Er denkt visionär und strategisch. Er spürt Potenziale einer Mannschaft auf und findet Wege, diese zum Wohl der Gemeinde, des Reiches Gottes und der Gesellschaft einzusetzen.[144]

In entsprechenden Seminaren wie dem K5-Leitertraining werden diese fünf Dienste als Kompetenzen vermittelt und die Teilnehmer entsprechend gecoacht.[145] Viele Gemeinden und Bibelschulen bieten entsprechende Schulungen an.[146] Auch Bücher wie *Finden, fördern, freisetzen* von Stefan Vatter propagieren den fünffältigen Dienst und speziell die Wiederentdeckung des apostolischen Dienstes.[147]

Dieser Artikel zeigt die Ursprünge und Entwicklung dieser von manchen Vertretern als *Neue Apostolische Reformation* (NAR) bezeichneten Bewegung auf. Anschließend soll die Bedeutung des biblischen Apostelamts dargestellt werden. In einem letzten Abschnitt werde ich auf einige Herausforderungen für die bibeltreue Gemeinde Jesu eingehen und in dem Zusammenhang auch eine kritische Selbstreflexion vornehmen.

1. Ursprünge und Entwicklung der Bewegung

Wer sich mit den Vorträgen, Seminaren oder Büchern über den fünffältigen Dienst beschäftigt, wird unschwer erkennen, dass das Konzept des fünffältigen Dienstes mit der Betonung des apostolischen Dienstes dem charismatischen Lager entstammt und in den Vereinigten Staaten schon länger debattiert wird. Man kann also sagen, dass das Gedankengut aus den USA in den deutschsprachigen Raum überführt wurde.

Bereits in den 90er-Jahren äußerte sich der bekannte Charismatiker und Gründer der *Vineyard*-Bewegung, John Wimber, wie folgt:

---

144 Vatter, a. a. O., S. 29

145 https://k5-leitertraining.de/ (Stand: 14.04.2019)

146 So z. B. regelmäßig das Forum Wiedenest, vgl. https://www.wiedenest.de/gemeindeforum/veranstaltungen/k5/anmeldung-k5-leitertraining-wiedenest (Stand: 14.04.2019).

147 Vatter, a. a. O.

„Gott ist dabei, das apostolische Amt in der Kirche wieder einzuführen. Es werden Männer auftreten, die den Herrn Jesus Christus gesehen haben und welche die Zeichen und Wunder eines Apostels tun werden. Wir haben Männer dieser Art seit dem 1. Jahrhundert nicht mehr gehabt. Doch wenn Gott diese zu Beginn verwendet hat, warum sollte er sie nicht am Ende gebrauchen?“[148]

Nachdem in der sog. *Dritten Welle* die Betonung auf den Dienst der Propheten sowie den Zeichen und Wundern gelegt wurde, ist nun der Dienst des Apostels in das Zentrum gerückt. C. Peter Wagner, ein amerikanischer Missiologe mit beträchtlichem Einfluss, kennzeichnet die neue Bewegung als *Zweites Apostolisches Zeitalter* oder *Neue Apostolische Reformation* [149], wobei er die Auswirkungen der Bewegung als mindestens mit denen der Reformation vergleichbar bezeichnet. Wagner geht davon aus, dass es in der gesamten Kirchengeschichte immer Einzelne gegeben hat, die die Gabe eines Apostels besaßen. Allerdings konnte sich erst im Jahr 2001, das er zum Beginn des Zweiten Apostolischen Zeitalters erkoren hat, eine kritische Menge[150] entwickeln.[151] Grundlegende These Wagners ist, dass wir Christen „nur dann Zugang zur geistlichen Vitalität und Kraft der Kirche des 1. Jahrhunderts erhalten, wenn wir alle Geistesgaben anerkennen, akzeptieren, empfangen und darin dienen, einschließlich der Gabe des Apostelamtes“[152]. Im Jahr 2000 führte Wagner als „Vorsitzender Apostel“ die *Internationale Koalition der Apostel* und hatte diese Funktion bis zu seinem Ruhestand im Jahr 2009 inne.

In Stefan Vatters Buch *Finden, fördern, freisetzen,* welches zu den wichtigsten deutschsprachigen Veröffentlichungen zum apostolischen Dienst zählt, finden sich viele der oben genannten Thesen wieder. Wie Wagner geht Vatter davon aus, dass es in der gesamten Geschichte Apostel und Apostelinnen gab. Ebenso propagiert er den apostolischen Dienst als essentiellen Bestandteil der Reich-Gottes-Arbeit. Auch wenn Vatter m. E. in seiner Veröffentlichung moderater auftritt als seine charismatischen Vordenker, führt er ihre Gedanken ohne

148 zitiert nach Wolfgang Bühne: *Dritte Welle … gesunder Aufbruch?* Bielefeld: Christliche Literatur-Verbreitung 1993, S. 7f.

149 C. Peter Wagner, *The Changing Church.* Ventura: Regal 2004, S. 12

150 d. h. eine (nun) zahlenmäßig ausreichende Menge an Personen.

151 C. Peter Wagner, *The Changing Church.* Ventura: Regal 2004, S. 12

152 C. Peter Wagner, zitiert nach John MacArthur: *Fremdes Feuer. Wie gefährliche Irrtümer über den Heiligen Geist den Glauben zerstören.* Augustdorf: Betanien Verlag 2018, S. 144, mit weiterem Verweis.

Einschränkungen fort. Auch weitere bekannte evangelikale Vertreter stimmen ihm und seinen Thesen grundlegend zu.[153]

2. Die Bedeutung des biblischen Apostelamts

Die Frage, ob es heute noch Apostel gibt, hängt davon ab, wie dieser Begriff verwendet wird. In Phil 2,25, 2Kor 8,23 und Joh 13,16 ist der Apostel ein Gesandter, der kein besonderes Amt bekleidet. In diesem weit gefassten Sinn verwenden Befürworter des apostolischen Dienstes den Apostelbegriff als Gesandten oder auch als Pioniermissionar. Es versteht sich von selbst, dass es in diesem Sinne noch Apostel gibt bzw. geben darf.

Demgegenüber ist es eine andere Frage, ob diese sehr weitreichende Bedeutung auf Eph 4,11 übertragen werden darf.

Am häufigsten bezieht sich das Wort Apostel auf das spezielle Amt des *Apostels Jesu Christi* (z. B. Röm 1,1; 2 Kor 1,1; Eph 1,1; Kol 1,1; 1 Petr 1,1; 2 Petr 1,1 u. v. m). John MacArthur bemerkt zutreffend zum Apostel als Gesandter oder Bote: „Diese Boten darf man jedoch nicht mit den Zwölfen oder dem Apostel Paulus verwechseln. Ein *Apostel des Herrn Jesus Christus* zu sein war eine besondere Berufung, ein gewaltiges Vorrecht und alles andere als nur ein zwischengemeindlicher Botendienst."[154]

Ein heutiger Christ kann in diesem engen Sinne niemals Apostel Jesu Christi sein, denn hierfür gab es verschiedene Voraussetzungen:

---

153 Auf den Seiten 6-8 von *Finden, fördern, freisetzen* gibt es Empfehlungen zum Buch von bekannten Personen wie Heinrich Christian Rust, Johannes Reimer, Ingolf Ellßel, Horst Afflerbach, Peter Wenz, Wolfhard Margies, Johannes Hartl, Keith Warrington, Christoph Stiba, Lothar Krauss, Stefan Hänsch und Horst Stricker. Den Thesen des Autors stimmt beispielsweise Heinrich Christian Rust ausdrücklich zu: „Ich teile voll und ganz das Anliegen des Autors, dass die Neuentdeckung und eine gesunde Praxis des apostolischen Dienstes für einen umfassenden geistlichen Aufbruch in unserem Land unerlässlich ist" (S. 6). Ebenso äußert sich Horst Afflerbach: „Man fragt sich beim Lesen unwillkürlich, warum ein solches Buch über den apostolischen Dienst nicht schon viel früher erschienen ist. Wenn die Gemeinde ‚auf der Grundlage der Apostel und Propheten aufgebaut ist, wobei Christus der Eckstein ist' (Eph 2,20), dann ist es lebenswichtig, diesen Dienst zu kennen" (S. 6). Wolfhard Margies (S. 105ff.), Heinrich Christian Rust (S. 257ff.), Gerd Goldmann (S. 261ff.) und Peter Wenz (S. 267ff.) haben eigene Beiträge beigesteuert. Für die Brüderbewegung von besonderer Bedeutung und Brisanz ist hierbei der Aufsatz von Gerd Goldmann, der über den fünffältigen Dienst in Brüdergemeinden schreibt. Der Neufeld-Verlag hat darüber hinaus weitere missional-emergente Bücher herausgegeben, die den fünffältigen Dienst und den heutigen apostolischen Dienst befürworten.

154 MacArthur, a. a. O., S. 15, Hervorhebung im Original

» Zum einen musste der Apostel den Herrn Jesus nach dessen Auferstehung mit eigenen Augen gesehen haben (Apg 1,22; 10,39ff.; 1Kor 9,1; 15,7f.). Selbst Paulus, der nach der Auferstehung Jesus nicht gesehen hatte, betont in 1Kor 9,1 und 15,7ff., dass ihm Jesus erschienen war und er somit Christus selbst gesehen hatte.
» Darüber hinaus musste ein Apostel durch den Herrn Jesus selbst eingesetzt worden sein (Mk 3,14; Lk 6,13; Apg 1,2.24; 10,41; Gal 1,1). Auch diese Voraussetzung war bei Paulus gegeben, wie er in Apg 26,16f., Röm 1,1, Gal 1,1, 1Tim 1,12, 2,7 oder 2Tim 1,11 verdeutlicht.
» Schließlich musste der Apostel in der Lage sein, die Echtheit seines Apostelamts durch die apostolischen Wunder- und Zeichengaben zu bestätigen (Mt 10,1f.; Mk 16,17; Apg 1,5ff.; 2,43; 5,12; 8,14; 2 Kor 12,12; Hebr 2,3-4).[155]

Neben den 13 Aposteln (den Elf plus Matthias und Paulus als dem letzten Apostel) gab es mit Barnabas, Jakobus, dem Bruder Jesu, und womöglich Silas, Andronikus, Junias und evtl. ein paar nicht Genannten eine begrenzte Anzahl von weiteren Aposteln. Während die 13 Apostel *Apostel Jesu Christi* in diesem engeren Sinne waren, waren die anderen Gesandte der Gemeinden (2Kor 8,23).[156] Da niemand heutzutage jedoch diese Voraussetzungen erfüllt, kann auch niemand für sich beanspruchen, *Apostel des Herrn Jesu Christi* zu sein.

Nun könnte jemand einwenden, dass der Herr Jesus ihm z. B. in einer Vision erschienen sei und ihn zum Apostel ernannt habe. Dieser Anspruch muss jedoch zurückgewiesen werden, da er folgenden Punkten widerspricht:

Die Apostel Jesu Christi und nicht heutige Apostel bildeten das Fundament der christlichen Gemeinde (Eph 2,20; 3,5; Offb 21,14). Besonders Eph 2,20 weist stark darauf hin, dass es nur zu Beginn des Gemeindezeitalters Apostel gegeben hat, die diese Grundlage bildeten.

---

155 Es sei an dieser Stelle angemerkt, dass die Anzahl der genannten Voraussetzungen variiert. Während Grudem nur die ersten beiden Voraussetzungen benennt, geht MacArthur m. E. wegen 2Kor 12,12 schlüssiger von drei Voraussetzungen aus. Andere Theologen wie Louis Berkhof benennen sogar fünf Voraussetzungen (vgl. Louis Berkhof: *Systematic Theology*. Edinburgh: The Banner of Truth Trust 2012, S. 585).

156 John F. MacArthur: *Ephesians (The MacArthur New Testament Commentary)*. Chicago: Moody Publishers 1986, S. 141

Das Bild von dem Bauwerk ist nur dann schlüssig, wenn einmalig das Fundament gelegt wurde, denn sonst könnte der Tempel gar nicht aufgebaut werden. Stadelmann bemerkt insoweit zutreffend:

„Fundamente werden nicht immer wieder gelegt, sondern am Anfang. Und so bedarf die Gemeinde des Neuen Bundes im Lauf ihrer Geschichte auch nicht immer neuer grundlegender Offenbarungen – nein, mit den Aposteln und Propheten wurde unwiederholbar der Grund gelegt, auf dem im Folgenden gebaut wird.“[157]

In diesem Sinn ist auch Epheser 4,11 auszulegen, da bereits Epheser 1,1; 2,20 sowie 3,5 von diesem engeren Apostelbegriff ausgehen. Stadelmann kann deshalb überzeugend folgern: „In Eph 4,11 ist aber nicht allgemein von ‚Boten‘ die Rede, sondern von den ‚Aposteln‘.“[158]

Der Aorist „und er hat (…) gegeben“ spricht nach Auffassung einiger Ausleger über ein einmaliges Ereignis in der Vergangenheit.[159] Der Kontext der Verse 8-10 bekräftigt dies ebenfalls, denn nach seiner Himmelfahrt hat Jesus der Gemeinde die Gaben (bzw. eher Ämter) gegeben.

Interessant ist in diesem Zusammenhang, dass die frühen Kirchenväter die Zeit, in der die Grundlage der Gemeinde gelegt wurde, der Vergangenheit zuordneten. Sowohl Ignatius, Irenäus, Tertullian als auch Lactantius sahen das Fundament der Gemeinde als gelegt an. Sie waren nicht der Ansicht, dass sie oder weitere Apostel das Fundament weiterhin legen müssten. In tiefem Respekt vor der Einzigartigkeit der Apostel und ihrer Lehre (!) kann beispielsweise Ignatius schreiben: „Ich erteile euch hierüber keine Befehle, *als ob ich ein Apostel wäre;* doch als euer Mitknecht erinnere ich euch daran.“[160]

Außerdem sah sich Paulus als den letzten der Apostel an (1Kor 15,8) und erteilt damit allen selbsternannten Aposteln eine göttliche Absage. Er sah sich keinesfalls, wie MacArthur es zutreffend ausdrückt, „als maßgebliches Muster für spätere Generationen“[161]. Die Apostel sprachen sich fortan für Älteste bzw. Hirten sowie Diener (Diakone) in der Gemeinde

---

157 Helge Stadelmann: Epheserbrief in: *Edition C Bibelkommentar*. Holzgerlingen: Haenssler Verlag 2007, S. 112

158 ebd, S 165. Siehe auch William W. Klein: Ephesians in: *The Expositor's Bible Commentary. Revised Edition*. Grand Rapids: Zondervan 2006, S. 80.

159 So z. B. Wayne Grudem: *Biblische Dogmatik. Eine Einführung in die Systematische Theologie*. Bonn: Verlag für Kultur und Wissenschaft 2013, S. 1011. Vgl. auch Harold W. Hoehner: *Ephesians. An Exegetical Commentary*. Grand Rapids: Baker Academic 2002, S. 397ff.

160 Vgl. zu diesem Punkt insgesamt: MacArthur, *Fremdes Feuer*, aaO, S. 157ff.

161 ebd., S. 154

aus (1Petr 5,2; Tit 1,5). Nirgends findet sich in den Paulusbriefen eine explizite Aufforderung, neue Apostel zu benennen. Auch in 1Tim 3 werden lediglich Voraussetzungen für die Ältestenschaft und die Diakone benannt, nicht aber für die Apostel. So kann Alfred Plummer feststellen:

„Bemerkenswerterweise enthält die Lehre Christi keine einzige Aussage in Bezug auf die Priesterschaft der Zwölf, und sie nimmt auch nicht darauf Bezug, dass die Vollmacht der Zwölf auf andere übertragen worden ist. Weil es die primäre Aufgabe der Zwölf war, Zeugen dessen zu sein, was Christus gelehrt und getan hat, und vor allem Zeugen seiner Auferstehung von den Toten zu sein, war auch keine Übertragung eines so außergewöhnlichen Dienstes möglich."[162]

Stefan Vatter als Befürworter des neuen apostolischen Dienstes erkennt zwar die Einmaligkeit der zwölf Apostel an, jedoch nicht, weil sie Augenzeugen von Jesu Auferstehung waren, sondern weil sie nach Mt 19,28 eine künftige Bedeutung haben, die sie von den anderen Aposteln unterscheidet.[163] Paulus gehört nach Vatter nicht zu den Zwölfen. Seiner Ansicht nach ist es „am sinnvollsten, neben Jesus als dem Vorbild aller Apostel von zwei weiteren Gruppen von Aposteln zu sprechen: die Zwölf und dann alle weiteren Apostel, zu denen auch Paulus gehörte. Diese schlicht gehaltene Linie zeichnet sich aus dem Neuen Testament ab und sollte nicht unnötig verkompliziert werden."[164] Indem Vatter die Bedeutung der biblischen Voraussetzungen für das Apostelamt Jesu Christi kleinredet, das abgeschlossene Fundament der Apostel und auch die Stellung des Apostels Paulus als dem letzten der Apostel ignoriert, ist es ihm möglich, vollmundig zu behaupten: „Die Auffassung, der apostolische Dienst sei auf die Zwölf oder auf die Zeit des Neuen Testaments beschränkt gewesen und hätte daher heute keine Relevanz mehr, entspricht nicht dem Befund des Neuen Testaments."[165]

Wie schon angedeutet ist gerade das Gegenteil der Fall. Epheser 2,20; 3,5 und 4,11 sprechen in harmonischer Weise von der Grundlegung der Gemeinde als einem abgeschlossenen Ereignis. Zu Epheser 4,11ff. bemerkt MacArthur zutreffend, dass die Auferbauung des

162 Alfred Plummer, zitiert nach: John Piper: *Einzigartige Herrlichkeit. Wie die Bibel ihre absolute Glaubwürdigkeit offenbart.* Bielefeld: Christliche Literatur-Verbreitung 2019, S. 160, mit weiterem Nachweis.

163 Vatter, a. a. O., S. 37f.

164 ebd., S. 38

165 ebd., S. 42

Leibes Christi als Werk fortbesteht (s. V. 12), nicht aber als apostolischer Dienst in dem Sinne, dass es heute noch Apostel geben muss.[166]

Wayne Grudem, selbst ein Vertreter für das Fortbestehen der Geistesgaben, bemerkt in dieser Hinsicht zutreffend:

„Anstelle lebender Apostel, die in der Kirche gegenwärtig sind, um sie zu lehren und zu regieren, haben wir die Schriften der Apostel in den Büchern des Neuen Testaments. Jene Schriften des Neuen Testaments erfüllen für die Kirche heute die absolut autoritativen Lehr- und Leitungsfunktionen, die von den Aposteln selbst während der Frühzeit der Kirche erfüllt wurden."[167]

3. Auswirkungen und Herausforderungen für die Gemeinde – eine kritische Analyse

Wie wir bereits im vorigen Punkt festgestellt haben, überzeugen die vorgebrachten Argumente für das Fortbestehen des apostolischen Dienstes mit der Einsetzung von Apostelinnen im Sinne von Epheser 4,11 nicht. Die Apostel hatten eine einzigartige Stellung in ihrer Lehre und ihrem Dienst, die durch die NAR und ihre Fürsprecher in unzulässiger Weise relativiert wird. Der Kontext von Epheser 4,11 und des gesamten Epheserbriefes (speziell Eph 2,20) wird von ihnen ignoriert oder leichtfertig beiseitegeschoben.

Diese theologische Grundentscheidung hat weitreichende Folgen: Zunächst wird die Lehre der Apostel, die wir im biblischen Kanon vorfinden, als unzureichend wahrgenommen. Stattdessen wird der Raum für neue Apostel und spezielle Offenbarungen gegeben. Vatter bemerkt beispielsweise, dass wir auf Zeichen- und Wunderwirkungen des apostolischen Dienstes nicht verzichten können.[168] An anderer Stelle benennt er mögliche Zeichen und Wunder des apostolischen Dienstes: das Auftreten großer Menschenmengen, körperliche Heilungen, Strafwunder des Gerichts Gottes, Befreiungswunder von dämonischen Belastungen, Totenauferweckungen, übernatürliche Bestätigung der Verkündigung, Enthüllung göttlicher Offenbarungen oder die Vermittlung von Geistesgaben.[169] Dies bedeutet im Ergebnis eine Verschiebung von der objektiven biblischen Offenbarung hin zur

166 MacArthur, *Fremdes Feuer,* a. a. O., S. 163
167 Grudem, a. a. O., S. 1011
168 Vatter, a. a. O., S. 99
169 ebd., S. 98 je mit Hinweis auf verschiedene Bibelstellen

subjektiven Offenbarung. Und erinnert dies nicht in erschreckendem Maße an endzeitliche Verführungsprinzipien (z. B. Mt 24,24; 2Thes 2,9ff.; 1Tim 4,1ff.; 2Tim 3,1ff.; 4,3f. u. a.)?

Vatter folgert dann konsequenterweise, der fünffältige Dienst führe zum vollen Maß der Fülle Christi.[170] In diesem Bewusstsein versuchen er und seine Vertreter, den apostolischen Dienst in der Gemeinde zu etablieren. Auch wenn Vatter löblicherweise anerkennt, dass Gemeindewachstumskonzepte kein geistlich dynamisches Leben bewirken[171], geht er mit seinen Empfehlungen zu Kontextanalysen[172], apostolischen Beratern[173] und von ihm vorgelegten Tests zur Selbst- und Fremdeinschätzung im Stile der bekannten Gabentests[174] genau diesen Weg.[175]

Tragisch ist hierbei, dass den Gemeinden und Gläubigen durch geschickte Formulierungen suggeriert wird, Gott könne nur dann Erweckung schenken, wenn der fünffältige Dienst konsequent umgesetzt werde. Der apostolische Dienst könne demnach mit einer befreienden Wirkung wahrgenommen werden.[176] Gemeinden mit ausschließlich dem Hirtendienst hätten lediglich einen „einfältigen Dienst".[177]

So kommt es dann auch, dass sich Vatter in der Tradition der altbekannten Gabentheologie auch für Apostelinnen ausspricht.[178] Ironischerweise greift er auf 1Tim 3,1ff. zurück, um Charakterzüge von Apostelinnen zu definieren. Hierbei verkennt er jedoch die männliche Grundvoraussetzung des Abschnitts.

Angesichts dieser Entwicklungen stellen sich viele Fragen: Werden nun die Gemeinden übersät mit selbsternannten Apostel/-innen oder apostolischen Berater/-innen? Wird den Gemeinden nun suggeriert, erst durch den fünffältigen Dienst komme es zur Erweckung? Und ist

---

170 ebd., S. 198

171 ebd., S. 245

172 ebd., S. 140

173 ebd., S. 225

174 Anm.: Hier seien vor allem die Veröffentlichungen von Christian A. Schwarz genannt, z. B. *Die 3 Farben deiner Gaben: Wie jeder Christ seine geistlichen Gaben entdecken und entfalten kann* oder *Die natürliche Gemeindeentwicklung: Nach den Prinzipien, die Gott selbst in seine Schöpfung gelegt hat.* Für eine kritische Darstellung vgl. u. a. Wilfried Plock: Konzeption und Trends in der Gemeindewachstumsbewegung in *Bibel und Gemeinde 2000 Nr. 4.*

175 Vatter, a. a. O., S. 205ff.

176 ebd., S. 16

177 ebd., S. 20

178 ebd., S. 46ff.

womöglich Gott davon abhängig, dass der fünffältige Dienst erkannt und freigesetzt wird?

Was Wilfried Plock an anderer Stelle zur Gemeindewachstumsbewegung besorgt geäußert hat, muss auch hier gelten: Die Gefahr besteht, dass die Gemeinden in einem schleichenden Prozess von den Maßstäben des Neuen Testaments weggeführt werden, wobei die Heilige Schrift unbewusst und sukzessive durch die Normen menschlich-selektiver Kriterien ersetzt wird, wie bei einer Optimierung eines Managementprozesses.[179]

Bei der kritischen Analyse der NAR möchte ich abschließend jedoch nicht versäumen, auf einzelne positive Punkte zu sprechen zu kommen. Dass Vatter und viele andere Vertreter des fünffältigen Dienstes eine Leidenschaft besitzen, Gläubige gottgemäß in der Gemeinde einzusetzen, ist glaubwürdig. Vatter bemerkt zutreffend, dass es lieblos ist, Menschen zu führen, ohne zu wissen, was Gott ihnen anvertraut hat.[180]

Älteste sind hier aufgefordert, nah bei ihren Gemeindegliedern zu sein (2Kö 4,8). Bibeltreue Gemeinden sollen die Begabungen ihrer Geschwister unter Gebet einschätzen und darum ringen, dass Gottes Bestimmung für sie in ihrem Arbeitsbereich Wirklichkeit wird. Viel zu oft konzentrieren sich die verantwortlichen Brüder auf die durchzuführenden Veranstaltungen, weniger auf die einzelnen Glieder. Leider kommt es sogar dazu, dass Gaben brachliegen, weil die Ältestenschaft für neue Auf(Gaben) nicht bereit ist oder sogar zu große Einflussnahme oder Machtverlust fürchtet.

Vatter bemerkt auch, dass man die Potenziale der Gläubigen freisetzen müsse, statt immer neue Theorien aus den Sozialwissenschaften (Soziologie, Psychologie) auszuprobieren.[181] Auch hier kann man nur von Herzen zustimmen. Getragen von der festen Überzeugung, dass Gott heute noch Erweckung und geistliches Wachstum schenken möchte, ist der erste und beste Weg, seinem irrtumsloses Wort die angemessene Stellung zu geben, eine fröhliche, geistliche, demütige Gemeinschaft im ständigen Gebet vor unserem Herrn und eine veränderte Blickrichtung – weg vom Ich, hin zu Ihm (Hebr 12,2). Wir müssen sein „Potenzial" erkennen und im Glauben ergreifen, bevor er unser Potenzial nach seinem Willen gebrauchen kann.

---

179 Plock, a. a. O.
180 Vatter, a. a. O., S. 19
181 ebd., S. 185

14

Mutig antworten

Die Herausforderung durch eine post-evangelikale Theologie konstruktiv annehmen

THOMAS JEISING

Als ich jemandem das Projekt dieses Buches vorstellte, fragte er: „Werdet ihr nur alles kritisieren und davor warnen oder habt ihr auch etwas Positives zu sagen?" Die Frage ist berechtigt, insbesondere von jemandem, der mit der Kritik am aktuellen Weg der evangelikalen Bewegung in Deutschland übereinstimmt. Er meinte mit dem „Positiven" auch nicht einfach nur etwas mehr Höflichkeit, damit die Kritik nicht ganz so unfreundlich rüberkommt. Er fragte nach einer positiven Botschaft, die über die Kritik hinausgeht. Ich hoffe, dass beim Lesen neben der notwendigen Kritik das Eintreten für das alte, gute Evangelium der Bibel sichtbar wurde, die Ermutigung, am Wort der Heiligen Schrift unbeirrt festzuhalten, und der Ruf, das Evangelium froh und klug in dieser Welt zu bezeugen.

Ich will am Schluss noch einige Beobachtungen ergänzen und daraus jeweils eine positive Herausforderung formulieren. Es wäre wirklich keine Werbung für das Evangelium, wenn es nur von Leuten vertreten wird, die überall das Haar in der Suppe suchen und als pessimistische Misanthropen alles schlechtreden. Es wäre traurig, wenn Menschen von der Botschaft Gottes abgeschreckt würden, weil sie so lieblos vorgetragen wurde. Vielleicht ist das auch ein Grund, warum sich manche von evangelikalen Gemeinden abwenden, wenn sie in Lebenskrisen wenig Verständnis finden und man unbarmherzig und lieblos mit ihnen umgeht. Nur ganz so einfach, wie es oft dargestellt wird – dort die verknöcherten, hartherzigen, rechtgläubigen Gemeinden mit ihren Denkverboten, hier die modernen, liebe- und verständnisvollen Gemeinden, die es zwar nicht so genau nehmen, aber in denen man endlich wieder Mensch sein darf – ist die Lage in Wahrheit eben auch nicht. Deswegen zuerst die Frage: Woher stammt die Faszination für viele, die in konservativen evangelikalen Gemeinden zum Glauben fanden, und sich nun für *Worthaus* mit Siegfried Zimmer u. a. begeistern, oder für die Theologie eines Thorsten Dietz, Rob Bell oder N. T. Wright eintreten?

1. Brüche und Widersprüche

Worthaus-Hörer und Anhänger sagen, dass sie sich nach einem Glauben sehnten, in dem Platz ist für die Brüche und Widersprüche des Lebens. Oft empfanden sie in ihren evangelikalen Gemeinden, dass hier zwar der wahre Glaube klar und einfach verkündet wurde, aber dann irgendwann nicht mehr zu den eigenen Lebenserfahrungen passte. Die Brüche sind unterschiedlich. Mal ist es die Erfahrung persönlichen Scheiterns, etwa nach dem Zerbruch der eigenen Ehe oder weil man sich außerstande sieht, die sexualethischen Regeln dieses Glaubens auch zu leben. Leben in einer vermeintlich gesetzlichen Gemeinde führt schnell zur frommen Heuchelei. In einer als unbarmherzig empfundenen christlichen Gemeinde lässt sich eine solche Fassade kaum aufrechterhalten. Und dann eröffnet Worthaus eine Möglichkeit, den Glauben irgendwie wieder ins Lot zu bringen. Oder es ist die Feststellung, dass sich der eigene Glaube immer schwerer mit den Weltbildern und Werten der eigenen Kultur in Einklang bringen lässt. Ständig werden vom Umfeld starke Argumente ins Feld geführt. Eine Zeit lang mag ein trotziges „Dennoch" durchzuhalten sein. Aber irgendwann entsteht das Gefühl, man müsse das eigene Denken „aufgeben", wenn man z. B. weiterhin an eine Schöpfung ohne Evolution glauben soll, oder wenn man einen eingeschränkten Leitungsdienst für Frauen in der Gemeinde vertreten soll. Wie soll man zu einer Bibel ohne Fehler und Irrtümer stehen, wenn man selbst den Eindruck gewinnt, dass die Bibel doch Widersprüche enthält? Und wenn die Botschaft von einem Gott, der Mensch wird, um für die Sünde der Menschen zu sterben, so irrelevant erscheint, so exotisch, wie aus einer anderen Welt, während in dieser Welt ganz andere Probleme brennend sind, sei es nun der

Klimawandel oder soziale Ungerechtigkeit. Gerade Menschen, die als Teil der evangelikalen Bewegung ihren Glauben sehr ernst nehmen, empfinden diese Brüche besonders stark. Das große Versprechen des post-evangelikalen Christseins heißt: Du kannst befreit werden aus diesen Widersprüchen und Brüchen und kannst mit deinem Glauben in Einklang mit dir und der Welt leben.

Wer die Vorträge von Siegfried Zimmer hört oder Aussagen von Jürgen Mette u. a. liest, der kann in dieser Hinsicht manche Aha-Erlebnisse haben. Doch die angebotene Lösung für das Erleben von Brüchen und Widersprüchen in Glauben und Leben ist dort kein Weg, wie man mit ihnen leben kann, sondern die Verheißung, dass sich die Brüche auflösen lassen. In den strittigen sexualethischen Fragen z. B. wird ein Bild gezeichnet, in dem klare biblische Positionen angeblich auf Missverständnissen beruhen, die sich leicht ausräumen lassen. Die Erlösung durch Christus sei ganz anders gemeint. Das anstößige Kreuz und die Vergebung der Sünde werden zur Fußnote, eigentlich gehe es um den Kampf für eine bessere und gerechtere Welt. Das Muster dabei ist auffällig: Man greift zur Begründung immer wieder auf vermeintlich geschichtliche Entwicklungen zurück, erzählt eine Geschichte, wie es zu den Missverständnissen kam, die nun die großen Probleme bereiten, und zeigt sogleich, wie sich diese Geschichte zur heutigen, irgendwie höheren und überlegeneren Erkenntnis weiterentwickelt habe. Damit wird uns die Welt erklärt, und alles leuchtet so schön ein. Weil es so plausibel klingt, scheint es auch wahr zu sein. Denn dass wir etwas in einer bestimmten Weise sehen, habe sich so oder so geschichtlich entwickelt. Wenn wir z. B. meinen, der Schöpfungsbericht rede vom Anfang der Welt, dann liege das an der Geschichtsphilosophie des 19. Jahrhunderts, aber nicht daran, was die Bibel eigentlich sagen will. Alles, was wir über Sexualethik oder das gottgewollte Verhältnis von Mann und Frau denken, ist im Grunde mehr oder weniger kulturgeschichtlich bedingt, Ansichten über eine irrtumslose Bibel ebenso. Um das zu belegen, werden regelmäßig mit groben Strichen zunächst einleuchtende, logische Geschichtsbilder entworfen, die alles erklären können. Warum vertreten z. B. manche Christen Glaubenswahrheiten als absolute Tatsachen, obwohl man eigentlich alles als persönliche „Glaubenssache" sehen kann? Sind erstere Opfer ihres Sicherheitsbedürfnisses geworden, das in der heute unübersichtlich gewordenen Welt nicht mehr gestillt werden kann? Wahrer christlicher Glaube brauche so etwas nicht. Gelöst erscheint damit der Widerspruch des christlichen Glaubens zum modernen Toleranzgedanken.

Um diese logischen Weltbilder zu entwerfen, werden jedoch regelmäßig geschichtliche Tatsachen nicht nur sehr selektiv herangezogen, sondern sogar verdreht. Bei genauem Hinsehen gab es die antike Sexualmoral, die die eigene Position stützen soll, so gar nicht. Es war auch nicht die Entdeckung Amerikas durch Kolumbus, die die Menschen von dem angeblichen Glauben an eine flache Erdscheibe heilte, an die auch Paulus noch glaubte. Schon die Antike sprach von einer Erde in Kugelgestalt. Es war nicht Luthers Herkunft als katholischer Mönch, die zu einer Erlösungslehre führte, in der die Vergebung der Sünde durch den Tod von Jesus im Zentrum steht. Es war nicht die Erfindung des Ackerpfluges, die dazu führte, dass die Bibel von Gott als einem Vater spricht. Das Geschichtsargument dient nicht selten dazu, absolute Positionen zu relativieren. Denn das, was sich geschichtlich entwickelt hat, hätte sich ja auch anders entwickeln können. Wenn die Familie aus Vater und Mutter in einer Ehe mit Kindern eine Erfindung aus der Zeit des Biedermeier ist, dann hätten doch andere Familienformen zumindest die gleiche Berechtigung. Die Wirkung dieser Art von Argumentation ist meistens so, dass damit Ungereimtheiten, Brüche und Gebrochenheit im Glauben und im Leben glattgebügelt werden. Der alte Glaube bleibt voller Ungereimtheiten und Brüche, der neue enthält die Verheißung, dass sie überwunden werden können.

Die positive Antwort darauf kann meines Erachtens nicht anders sein, als dass diejenigen, die der Bibel als dem Wort Gottes gegenüber treu sein und bleiben wollen, deutlicher zu den unvermeidlichen Brüchen und Ungereimtheiten des christlichen Glaubens und des Lebens als Christ stehen müssen. Dass die glatten Weltbilder eine solche Faszination ausüben und meist nicht sofort durchschaut werden, liegt daran, dass solche glatten Weltbilder in der evangelikalen Bewegung lange genug auch vertreten wurden. Deswegen ist es höchste Zeit, mit diesem Hang zur frommen Heuchelei aufzuhören. Wer die Bibel liest, wird auf Widersprüche stoßen und kann auf die Idee kommen, biblische Autoren hätten sich geirrt. Nicht alle Spannungen lassen sich einfach auflösen. Die christliche Lehre enthält zahlreiche solcher Spannungen, sei es nun das Problem, wie man den barmherzigen Gott, der Liebe ist, mit dem gerechten Richter, der ohne Ansehen der Person strafen wird, zusammendenken soll. Oder das Problem, wie Gott gerecht sein kann, wenn vielleicht gar nicht jeder Mensch die Möglichkeit erhält, das Angebot des Glaubens an Jesus zu hören und sich dafür zu entscheiden. Es ist nicht logisch, dass dieser Gott, der die Menschen liebt, seinen Sohn in das qualvolle Sterben am Kreuz schickt, weil er sonst nicht vergeben kann. Es ist ebenso wenig logisch, dass dieser Gott einen Glauben von uns erwartet, den er uns nur selbst schenken kann. Wer Christ wird, für den lösen sich nicht einfach die meisten Probleme des Lebens. Es gibt Christen, die treu an Jesus Christus glauben, aber von Anfechtungen und Glaubenszweifel, geplagt werden, mitunter ein Leben lang. Manche erst vorbildliche Christen fallen in tiefe Schuld und verstricken sich darin. Ernsthafte Christen empfinden gegen ihren Willen ein Leben lang homosexuell oder haben das Gefühl, im falschen Körper geboren zu sein.

Der post-evangelikale Glaube will diese Spannungen auflösen. Der alte Glaube muss sich mutig zu ihnen bekennen und aufzeigen, wie man mit dem unbegreiflichen Gott leben kann, statt zu versuchen, ihn einfach an unser zeitgenössisches Verständnis anzupassen. Der alte Glaube muss offen sagen, dass er oft und lange eher ein Hiobsglaube als ein Josefsglaube ist. Viel öfter erleben wir das unbegreifliche Handeln Gottes, das uns ungerecht vorkommt, und trotzdem gibt es keinen anderen Gott für uns als den, der sich genau so offenbart hat. Längst nicht immer wird ein treuer Glaube in diesem irdischen Leben belohnt. Aber Christen sind wir nicht zuerst, weil es uns Vorteile bringt, sondern weil der wahre Gott sich offenbart hat und wir uns dieser Wahrheit beugen müssen.

2. In der Welt, nicht von der Welt

Wer sich die Entwicklungen des post-evangelikalen Glaubens anschaut, der kommt nicht an der Behauptung vorbei, dieser lese die Bibel genauer, nicht weil er sie wörtlich nehme, sondern weil er sie ernst nehme. Aber „zufällig" führt diese Art von „Ernstnehmen" der Bibel fast durchweg zu einer Anpassung des Glaubens an die Überzeugungen der gegenwärtigen, kulturell gängigen Denk- und Wertesysteme (dem sog. „Zeitgeist"). Man „entdeckt" dabei, dass die Bibel gar nicht prinzipiell gegen homosexuelle Lebenspraxis sei, sondern wolle, dass diese Beziehung vielmehr liebevoll gestaltet werde. Die Bibel habe nichts gegen Sex vor der Ehe. Sie vertrete eigentlich gar keine blutige Sühnetheologie. Ihre Schöpfungsbotschaft sei ganz im Einklang mit dem Glauben an die Entstehung des Lebens in evolutionären Prozessen über mehrere 100 Millionen Jahre. Eigentlich sei die Bibel auch nicht intolerant gegenüber anderen Religionen, soweit diese die Menschenrechte achten. Und im Grunde fordert sie auch den Einsatz gegen den Klimawandel. Auch damit soll das Bedürfnis nach Harmonie befriedigt und der Widerspruch des christlichen Glaubens gegen die ihn umgebende Welt weitgehend aufgelöst werden.

Damit soll das Image-Problem gelöst werden: dass ein öffentlich vermeintlich unattraktiv erscheinender evangelikaler Glaube, der wie eine Religion der Ewiggestrigen und der Verlierer aussieht, seine Bedeutung verliert. Mindestens aus der eigenen Perspektive wirkt man endlich nicht mehr wie ein weltfremder Außenseiter oder frommer Spinner. Aber solche Versuche sind nicht neu. Ein Blick in die Kirchengeschichte macht schnell deutlich, dass dieses Ansinnen dem Christentum zahlreiche Probleme eingebracht hat. Außer echter christlicher Apologetik gegenüber der griechischen Philosophie hatte es in den ersten Jahrhunderten auch eine ungute Verbrüderung mit ihr gegeben. Man wollte zeigen, dass der Glaube es „denkerisch-philosophisch" durchaus mit Aristoteles oder Platon aufnehmen könne. Aber die Einflüsse beider Philosophen taten dem Evangelium von Jesus Christus nicht gut. Auch Friedrich Schleiermacher, der Kirchenvater der Moderne, wollte – auf ganz andere Weise – dem christlichen Glauben einen Raum verschaffen, in dem er unangefochten seinen Platz behaupten konnte, nachdem er durch den Rationalismus der Aufklärung im 18. Jahrhundert stark in Bedrängnis gekommen war. Schleiermachers Entwurf einer Religion als „Gefühl der schlechthinnigen Abhängigkeit" von Gott verschaffte in diesen Auseinandersetzungen scheinbar große Freiheit. Bis heute konnte er sich mit seiner „Alternative" der Verortung des christlichen Glaubens im Gefühl halten und durchsetzen. Aber der Glaube wurde dadurch so sehr eine rein innermenschliche und innerseelische Angelegenheit, dass der Mensch am Ende mit seinem Glauben allein bleibt und Gott nur noch als eine irgendwie gefasste Transzendenz erscheint. Es ist wohl nicht zufällig, dass sich Züge der Theologie Schleiermachers in modifizierter Form bei Thorsten Dietz und bei Rob Bell wiederfinden. Die aktuelle Strategie zur Rettung des christlichen Glaubens scheint nun wieder einmal die Behauptung zu sein, die Bibel und der christliche Glaube stimmten weitgehend mit dem überein, was der Mainstream und die „Öffentliche

Meinung“ gerade für richtig und vernünftig halten. Doch ebenso wie die Versuche der Vergangenheit wird m. E. auch dieser Versuch der Anpassung scheitern.

Doch was hat der alte Glaube dagegen Positives zu bieten? Er kann sich nicht dadurch relevant machen, dass er sich anpasst. Aber er könnte wieder stärker lernen, warum er relevant ist, selbst wenn eine große Zahl von Menschen in Westeuropa das anders sieht. Der alte Glaube kann sich prinzipiell überhaupt nicht relevant machen. Er kann nur entdecken, wo, wie und warum dem auf dem biblischen Wort gegründeten Glauben trotzdem eine überragende Bedeutung zukommt. Es macht aber keinen Sinn, diese Bedeutung daran zu messen, wie die Kirche oder die Christen in der öffentlichen Wahrnehmung oder in den Medien wegkommen. Die Relevanz des Glaubens muss sich aus seinen inneren Werten und den propositionalen Wahrheiten der Offenbarung Gottes ergeben. Die aber sind zeit- und kulturübergreifend gültig. Wem es schwerfällt, das zu glauben, der mag sich zunächst erst einmal mit Christen beschäftigen, die aus anderen Religionen und Kulturen kommen und die den westeuropäischen Pessimismus im Hinblick auf die Zukunft des Christentums nicht teilen. Dann aber hilft nichts anderes, als das Evangelium und Bibel selbst wieder genauer zu studieren. Das muss damit einhergehen, dass wir intensiv darüber nachdenken, wie in unserer heutigen Zeit und Kultur die Botschaft des Evangeliums gesagt werden kann. Ich selbst bin immer wieder erstaunt darüber, dass die Menschen in meiner Umgebung genau die alten Glaubensfragen der Bibel beschäftigen und dass die alten Antworten, wenn man sie richtig übersetzt, immer noch tragfähig sind.

Aber wir müssen auch den Mut zum klaren Zeugnis bei Gegenwind und Anfechtung fördern. Immerhin spricht Jesus davon, dass das zum Normaldasein des Christen gehört, wenn man von seiner Umgebung bestenfalls nicht verstanden wird. Offenbar ist aber auch bei den Konservativen durch den Wohlstand eine Art geistlicher Lauheit eingetreten. Weil sich die Gemeinde Jesu gut und bequem eingerichtet hat und den ihr von Gott zugewiesenen Status als Fremde in dieser Welt weitgehend aufgegeben hat, erntet sie die Anpassung der nächsten Generation. Der Wohlstand lässt sich nicht einfach abschaffen, und wir müssen auch kein Elend oder Verfolgung herbeiwünschen, um die wirklich wichtigen Dinge wieder vor Augen zu haben. Predigt und

Lehre müssen aber gezielt zu einem christlichen Leben in der Wohlstandsgesellschaft ertüchtigen, das Herausforderungen gern annimmt, statt sich in die Bequemlichkeit der Anpassung zurückzuziehen.

3. Falsche und echte Sicherheiten

Es gehört inzwischen zu meiner Verkündigung, dass ich nicht nur die falschen Sicherheiten von Ungläubigen hinterfrage, sondern auch die falschen Sicherheiten konservativer Christen. Kürzlich sagte mir jemand: „Du verunsicherst uns, aber jetzt habe ich verstanden, es geht darum, dass der Glaube auf dem richtigen Fundament steht.“ Genau so ist es, und weil den Bibeltreuen immer wieder unterstellt wird, sie hielten nur aus falschem Sicherheitsdenken an ihren Positionen fest, ist es ratsam, dieses falsche Argument noch einmal aus einer anderen Perspektive anzuschauen.

Konservative Evangelikale und dem reformatorischen Glauben verpflichtete Christen verstehen den Missionsauftrag von Jesus meist nach dem Prinzip „Botschafter überbringt Botschaft“. Das heißt, ein Botschafter verkündet eine „fremde“ Botschaft, die er jedoch auch selbst glaubt, und will im Auftrag Gottes Menschen überzeugen, sie auch zu glauben. Der christliche Botschafter sieht sich als Bote Gottes und Christi und tritt deswegen mit Gewissheit auf. Er weiß um Gottes Willen, dass seine Nachricht wahr ist und nicht von Meinungen und Mehrheiten abhängt. Dazu geht es bei seiner Botschaft nicht nur um irgendwelche Randfragen, es geht im Kern um Leben und Tod. Eine verfälschte Botschaft schadet denen, die sie glauben. Der christliche Botschafter wird davor warnen, denn das macht die Bibel auch.

Wer das ernst nimmt und sich auch heute so versteht, dem wird schnell vorgeworfen, er maße sich ein Wächteramt an oder er sähe nur schwarz und weiß: hier die wahren Christen, dort irregeleitete Bibelkritiker. Konservative Christen, die nach dem Prinzip des Botschafters leben, können oft nicht verstehen, wie sie in die Rolle des Oberschiedsrichters über den Glauben anderer geraten. Eine Rolle, die sie nie einnehmen wollten und in der sie sich auch nach gründlicher Prüfung nicht sehen.

Verständlich wird das nur, wenn man sieht, dass sie auf ein anderes Argumentationsprinzip treffen. Ich nenne dieses Prinzip „Überzeugung sucht Bestätigung“. Menschen glauben etwas und sind auf der Suche nach Bestätigungen für ihr Denken. Dabei geht es ihnen vor allem um die Überwindung von Ungewissheit. Es kann heute im Prinzip jeder glauben, was er will. Demgegenüber steht der Eindruck eines Denkverbotes im evangelikalen Umfeld: „Ich darf meine Zweifel nicht offen äußern (ohne geächtet zu werden)." Nun gibt es nach meiner Beobachtung tatsächlich beides. Es gibt in konservativen Gemeinden eine Vermeidungsstrategie, die eigenen Grundlagen hinterfragen zu lassen. Dabei könnte ein gründliches Hinterfragen doch auch dazu führen, dass die Überzeugungen bestätigt und gewisser werden. Und wenn sich manches nach Prüfung vielleicht nicht als tragfähig herausstellt, dann könnte man mutig damit umgehen, weil Gott und sein Wort genug Fundament für plausible Antworten anbieten. Auf der anderen Seite aber reicht dem, der auf der Suche nach Bestätigung ist, nicht aus, dass er seine Anfragen und Zweifel offen äußern darf. Er erwartet Akzeptanz von anderen zur eigenen Gewissheit. Tatsächlich reicht es nämlich keinem Menschen, einfach nur seine Zweifel zu äußern, etwa am Schöpfungsbericht oder an der Gültigkeit der Sexualethik der Bibel oder an der Erlösung durch den Sühnetod von Christus. Er braucht mehr als Zweifel. Er braucht Gewissheiten außerhalb von sich selbst, auch wenn der „neue" Glaube immer wieder als einer postuliert wird, der ohne feste Gewissheiten auskommen könne. Tatsächlich zeigt sich bei allen Vertretern eines solchen Glaubens, dass sie doch Instanzen einbauen, die irgendwie Gewissheit geben sollen, und wenn das der Glaube an den eigenen Glauben ist. Die biblische Offenbarung kann oder soll es aber nicht sein. Zu diesem Kampf um Gewissheit gehört dann auch, dass diejenigen, für die die Bibel ein Fundament ist, nicht selten öffentlich als bemitleidenswerte Dummköpfe dargestellt werden – während die „aufgeklärten Experten" tatsächlich Bescheid zu wissen scheinen.

Für den alten christlichen Glauben gilt, dass er das Prinzip der festen Gewissheit aufgrund der Offenbarung Gottes und der klaren Aussagen der Bibel nicht aufgeben kann. Er muss seine Botschaft auch als feste Behauptung verkünden, sonst würde er Christus untreu, der eben nicht wie die damaligen Schriftgelehrten predigte, sondern klar sagte, was Gott will. Und wir müssen ehrlich sagen, woher diese gewonnene Gewissheit stammt. Nicht wir selbst haben sie uns gegeben, sondern wir empfangen sie aus Gottes Wort (woher sollten wir sonst überhaupt etwas über Gott wissen können?), und sie bleibt nur in der Verbindung mit Christus und seinem Wort auch lebendig. Dabei müssen reformatorisch-konservative Christen und Evangelikale besser lernen, dass sie scharf unterscheiden zwischen dem, was aufgrund des Wortes Gottes wirklich gewiss ist, und dem, was der eigenen Tradition, Kultur oder der subjektiven Auslegung entspringt. Sie dürfen keine Angst davor haben, hinterfragt zu werden, und am besten sollten sie selbst mit dem Hinterfragen beginnen. Das kann zu einer Reinigung des Glaubens beitragen, wobei nicht der gesunde Glauben mit dem Badewasser ausgeschüttet wird, wie es im post-evangelikalen Glauben geschieht.

Weil es in diesen Auseinandersetzungen tatsächlich um die Gewissheiten des Lebens und Glaubens geht, sollten wir Verständnis dafür aufbringen, dass solche Diskussionen nicht locker, sondern ernsthaft, ja, manchmal sogar verbissen und empfindlich geführt werden. Das gehört – leider! – zu solchen Gesprächen mit dazu. Dabei sollen wir als Christen auch solche Streitgespräche mit Freundlichkeit, Sanftmut und Geduld führen, selbst wenn die andere Seite das nicht fertigbringt. Es ist darum grundsätzlich nie falsch, immer noch eine zweite Meile im Gespräch mitzugehen, sich um Verständnis zu bemühen und Brücken zu bauen. Allerdings sollte das nicht auf Kosten der Wahrheit und der jeweils debattierten Inhalte gehen. Denn im Ziel geht es nicht darum, dass sich Menschen harmonisch auf irgendetwas einigen und alle zufrieden sind, sondern darum, dass wir Gott ehren, indem wir seine Wahrheit annehmen, darauf bauen und sie verkündigen. Das führt zur besten Gewissheit.

4. Sündige tapfer!?

Wir leben in einer hochmoralischen Zeit. Dass dabei meistens nicht die biblische Moral der Maßstab ist, ändert nichts daran. Mit der hohen Moral geht auch eine gewisse Unbarmherzigkeit einher. Selbst ein verunglückter Karnevalswitz kann Proteststürme hervorrufen. In solch einer Stimmung will niemand gern Sünder sein, denn es gibt hier keine Vergebung. Leider kann man das auch bei Frommen beobachten. Was für den christlichen Glauben zu den Grundlagen gehört, dass nämlich der Mensch als Sünder identifiziert wird und auch seine Taten so bezeichnet werden, ist selbst anrüchig geworden. Inzwischen wurden Stimmen laut, dass die Bezeichnung eines Menschen als Sünder als Verletzung seiner Menschenrechte anzusehen sei. So weit ist es in der evangelikalen Bewegung (noch?) nicht. Aber auch sie möchte nicht mehr so laut und deutlich davon reden, dass unerlöste Menschen verlorene Sünder sind. Stattdessen betont sie lieber die Fähigkeiten, die Würde und die geschöpfliche Hoheit des Menschen, statt von seiner Sünde, Schuld und Verlorenheit zu sprechen.

Wer immer scheitert, ob durch eigene Schuld oder widrige Umstände, kennt den inneren Reflex, den eigenen Anteil daran kleinzureden. Dieser Reflex ist zur theologischen Kunst erhoben worden: Man will oder kann sich an bestimmte ethische Maßstäbe der Bibel nicht mehr halten. Aber statt zu sagen: „Das steht zwar in der Bibel, aber wir machen es jetzt anders", wird solange an den Aussagen der Bibel herumgedeutet, bis sie mit der selbstgewählten Moral übereinstimmen. Man will Gott auf seiner Seite wissen und sich sagen können, dass man doch alles richtig macht. Auch wenn der Satz ursprünglich in einem anderen Zusammenhang formuliert wurde, möchte man den Menschen zurufen: „Sündige tapfer!" (M. Luther). Das heißt: „Sündigt, wenn ihr euch nicht an Gottes Willen halten wollt oder könnt, aber missbraucht nicht noch Gottes Namen, um das eigene Tun zu rechtfertigen!" Stattdessen wird mit hohem Aufwand daran gearbeitet, dass dieses und jenes Verhalten, das früher einmal der normale Christ (jeder Konfession) und sogar die öffentliche Moral für falsch hielten, auch im Lichte der Bibel keine Sünde mehr sein soll. Sex vor der Ehe: Gott hat eigentlich nichts dagegen, wenn es in Liebe und einvernehmlich geschieht. Homosexuelles Leben, gleichgeschlechtliche „Ehen": Wenn es dem Leben dient und in Treue praktiziert wird, ist Gott einverstanden. Ehescheidung: Nicht schön, aber Gott lehnt das nicht ab. Auch die alleinige Rettung durch den Glauben an Jesus wird angesichts der vielen religiösen Lebensmodelle abgelehnt: Gott ist gnädig und wird sicher auch Menschen mit keinem oder einem anderen Gottesglauben retten.

Der post-evangelikale „neue" Glaube verschiebt die Barmherzigkeit Gottes in eine Richtung, bei der das Wort Barmherzigkeit zu pervertieren droht. In der Bibel ist Gott barmherzig mit dem Sünder. Im „neuen" Glauben soll Gott so barmherzig sein, dass er einige Sünden abschafft und es bei anderen belanglos wird, ob man gegen seinen Willen handelt. Dietrich Bonhoeffer sprach diesbezüglich in einem ähnlichen Zusammenhang von „billiger Gnade"; hier könnte man von der „billigen Barmherzigkeit" Gottes reden. Es gibt sicher viele Gründe dafür, dass heute anscheinend niemand mehr ein richtiger Sünder sein soll. Einer der Gründe liegt aber auch im Erbe der evangelikalen

Bewegung. Denn das berechtigte Bemühen, nicht in Sünde zu fallen, hat auch zu einer gewissen Heuchelei geführt, in der man lieber Sünde verharmlost, statt von der Vergebung aus dem Evangelium zu leben. Gott vergibt gerne, dafür ist Jesus Christus gestorben. Deswegen sollten wir zwar nicht gerne sündigen, aber doch gern unsere Schuld bekennen und aus der Vergebung leben.

Ich frage mich manchmal, ob das heute möglich ist, was ich vor vielen Jahren in einer kleinen Missionsgesellschaft erlebte. Der Leiter veruntreute Geld. Als es auffiel, wurde er zur Rede gestellt. Er tat Buße und wollte sein Leben ändern. Da beschlossen die Verantwortlichen im Vorstand, dass er weiter in der Leitung bleiben sollte. Um ihm zu helfen und ihn von Versuchungen in diesem Bereich zu entlasten, wurde ein anderer zum Finanzverwalter bestimmt. Er dagegen sollte als Evangelist das Evangelium verkündigen. Die Mission arbeitete im Segen weiter. Ich halte das für ein gutes Beispiel, wie man aus dem Evangelium lebt. Ein Leben aus der Kraft der Vergebung ist für den christlichen Glauben eigentlich selbstverständlich. Wenn wir das mehr umsetzen würden, könnte man sich manche Versuche sparen, Sünden wegzudiskutieren, statt sie zu bekennen und dann in Umkehr und Vergebung fröhlich und mit Demut weiter zu leben.

Wie aber soll man damit umgehen, wenn dem Bruder oder der Schwester in Christus der ganze Glaube wegbricht? Auch das geschieht doch, und die Brüche, die dann besonders in den familiären Gemeindestrukturen der evangelikalen Welt entstehen, sind meist sehr schmerzhaft. Denn mit dem Glauben geht auch oft die soziale Gemeinschaft, die bisher den Lebensmittelpunkt bildete, verloren. Dass der Abschied aus „Evangelikalien“ dann als Trauma empfunden wird, ist nachvollziehbar, besonders, wenn jemand nur Unverständnis und Ablehnung erfährt. Aber es kann auch dann geschehen, wenn sich die Gemeinde verständnisvoll und barmherzig verhalten hat. Meiner Erfahrung nach sollten dann wenigstens Einzelne mit Rückendeckung der Gemeinde eine Verbindung aufrechterhalten und deutlich signalisieren, dass es einen Weg zurück gibt, auch für den, der im Glauben Schiffbruch erlitten hat.

Allerdings passiert heute etwas anderes: Die Glaubenskrise wird als Weiterentwicklung gedeutet, als Auszug aus der Gefangenschaft in „Evangelikalien“. Aus dem Scheitern wird so eine (mitunter sogar gelobte) Befreiung; der Weg aus einem einengenden Bibelglauben wird mit theologischer Unterstützung als Fortschritt und Erwachsenwerden dargestellt. Und wieder will man – typisch evangelikal – Gott und sein Wort dabei auf seiner Seite haben. Das scheint der Weg zu sein, um Verletzungen zu überwinden. Aber das funktioniert höchstens eingeschränkt, denn in einer solchen Situation wird alles außer Akzeptanz der eigenen „Lage" als Ausgrenzung und Zurückweisung empfunden. Vielleicht wäre es eine Hilfe, wenn mehr Beispiele von Scheitern, Niederlage und Zweifel, die zu Umkehr und Erneuerung geführt haben, öffentlich gemacht würden – als Zeugnis für erfahrene Barmherzigkeit. Den „Entkehrungs-Geschichten" sollten ermutigende Beispiele von Umkehr und Erneuerung an die Seite gestellt werden, um genau dazu einzuladen.

5. Ohne Fleiß kein Preis

Die evangelikale Bewegung war eine Bibelbewegung. Das Studium und die Kenntnis der Bibel hatten einen hohen Stellenwert, weil in der Bibel Gott selbst zu Wort kommt und sich dadurch mitteilt. Vor ein paar Jahren war ich auf einer Tagung eines Gemeinschaftsverbandes der einzige von sechs oder acht Referenten, der noch für regelmäßiges Bibellesen und die bedingungslose Hochschätzung des Wortes Gottes eintrat. Die anderen bemühten sich, das Bibelstudium als religiöse Leistung zu diskreditieren, die Gott gar nicht von uns verlange. Leider hat sich eine gewisse Lässigkeit im Erforschen der Schrift entwickelt und mit ihr eine Anfälligkeit für Lehren, die bei guter Bibelkenntnis schnell als nicht stimmig oder gar falsch erkannt würden. Verbunden hat sich diese Entwicklung mit einer gewissen Verachtung theologischen Arbeitens, wie es in großen Teilen der evangelikalen Bewegung, die sich weithin als Laienbewegung verstand, schon immer gepflegt wurde. Dazu kam schließlich auch noch ein weiteres Verdrängen biblischer Lehre zugunsten sozial-diakonischer Dienste. Von Predigten erwartet man heute weniger Entfaltung biblischer Lehre, dafür immer mehr persönliche Ansprache und Trost. Fromme Lebenshilfe sozusagen, um innere Kraft für die Herausforderungen des Alltags zu sammeln.

Zuerst einmal sollten wir dazu festhalten, dass Menschen offenbar nicht grundsätzlich damit überfordert sind, einen längeren theologischen Vortrag anzuhören. Die *Worthaus*-Vorträge sind genau das und bedienen offenbar auch einen Hunger nach theologischer Lehre. Es werden in diesen Vorträgen regelmäßig längere theologische

Zusammenhänge entfaltet, und man kann etwa von Siegfried Zimmer sagen, dass er das durchaus lehrreich und unterhaltsam gestaltet. Auch die ansehnlichen Zugriffszahlen auf Plattformen, die theologische Lehre bieten, zeigen den Bedarf. Es gibt also dernHunger und Durst nach „Information und Aufklärung", selbst wenn der nicht immer an gesunden Quellen gestillt wird. Die angemessene Reaktion darauf kann nur sein, dass Gemeinden z. B. wieder regelmäßig theologische Lehrwochen anbieten, dass sie ihre jungen Leute ermutigen, an Wochenendbibelschulen teilzunehmen, und Werbung für gute theologische Bücher machen und nicht nur für unterhaltsame christliche Romane. Auch die Lehrvermittlung durch multimediale Hilfsmittel sollte gebraucht werden, wo immer es den Zuhörern entgegenkommt.

Die Reformation hat dem einfachen Gläubigen die Bibel neu in die Hand gegeben und trotz der Gefahr von Auslegungsfehlern, jeden Christen ermutigt, selbst Bibel zu lesen und sie zu verstehen. Das Vertrauen in die Kraft des Wortes Gottes war groß, weil es menschliche Irrtümer korrigieren kann und sich so selbst auslegt. Jeder, der gründlich studiert, kann auch Antworten finden. Damit wollte man keine individualistische Bibelauslegung fördern. Dabei sollten auch Pfarrer und Lehrer die Gläubigen zum rechten Verständnis der Bibel anleiten. Die bibelkritisch-liberale Theologie und in ihren Fußtapfen jetzt die post-evangelikale Bewegung nehmen jedoch den Gläubigen die Bibel weitgehend aus der Hand. Ständig behaupten Zimmer, Dietz und andere, dass ohne weitreichende theologische Kenntnisse die Bibel nicht richtig verstanden werden könne. Die eigentliche Bedeutung des Gesagten bleibe dem Leser verschlossen, wenn sie nicht von Theologen an die Hand genommen werden. Mit dieser Haltung, die m. E. an Hochmut grenzt, meint man nun nach Jahrhunderten des Irrtums, endlich sagen zu können, was Paulus wirklich meinte – so N. T. Wright. Bei Dietz und Zimmer scheint sich sogar Jesus geirrt zu haben, als er die Schöpfungsgeschichte nicht für einen Mythos hielt und Noah und Jona für geschichtliche Personen. Ich hoffe, dass sich die Gläubigen solchen theologischen Hochmut, der oft mit einem selbstgefälligen Herabschauen auf den „einfachen Christen" zusammenfällt, nicht gefallen lassen. Das sollte allerdings nicht zu einer grundsätzlichen Verachtung von Theologie führen, sondern zu einer neuen Freude an gründlicher, bibelgebundener Theologie. Dafür sollten wir arbeiten: als einzelne Christen, als Gemeinden und an den Ausbildungsstätten.

Sicher ist nicht jeder Christ gleichermaßen zum theologischen Arbeiten berufen. Grundkenntnisse aber – etwa in Form von bibelkundlichem Wissen – kann jeder erwerben. Darüber hinaus sollte sich die christliche Gemeinde nicht nur Gemeindemanager und Evangelisten leisten, sondern eben auch Leute, die ihre Lebenskraft dafür einsetzen, die Tiefe und Schönheit des christlichen Glaubens mit ihrem theologischen Arbeiten herauszustellen. Ich sehe viele Herausforderungen. Wer arbeitet z. B. an einer „Theologie des Gottesdienstes", damit wir unsere Gottesdienste nicht am Maßstab von modernen Showveranstaltungen anpassen? Wie kann heute die biblische Lehre von Sünde und Verlorenheit zeitgemäß darstellt werden? Wer erarbeitet eine Inspirationslehre der Bibel für unsere Zeit? Wie kann eine Gemeinde eine biblische Theologie zur Seelsorge entwickeln, die aus dem Sog der psychologischen Menschenbilder befreit, ohne die Psychologie zu verteufeln? Wie kann eine gesunde Lehre der Heiligung formuliert werden, die weder in einen ungesund-gesetzlichen Heiligungsstress führt noch in eine beliebige Situationsethik?

All das geschieht nicht von selbst: Ohne Fleiß und Einsatz im Studieren der Bibel und im theologischen Arbeiten können wir keine guten Früchte erwarten. Natürlich sind sie ein Geschenk Gottes. Auch hier gilt: Gott gibt das Gedeihen. Aber ebenso wie in der Landwirtschaft vor dem Ernten das Unkrautjäten und die Aussaat stehen, so gilt für die Gemeinde: Ohne menschliche Arbeit gibt es keine Ernte, ohne Gottes Gnade aber auch nicht.

6. Wir brauchen Mut

Mutlosigkeit ist keine christliche Tugend, Feigheit schon gar nicht. Ohne Mut ist es unmöglich, für die christliche Wahrheit einzustehen. Sie wird nämlich auf jeden Fall – so sagten es Jesus und die ganze Bibel – auch Ablehnung erfahren. Darüber darf der gelegentliche Beifall nicht hinwegtäuschen. Ohne Mut zum klaren Bekenntnis mit der Bereitschaft, Ablehnung und Unverständnis zu ertragen, geht es im christlichen Glauben nicht. Um den notwendigen Mut zu bekommen, empfiehlt die Bibel immer wieder, auf Jesus selbst und dann auch auf die Glaubensväter und -mütter zu schauen.

Ich selbst habe über Jahrzehnte in christlichen Werken und Gemeinden gearbeitet und manchmal gehört, dass Kollegen sagten: „Du kannst es dir leisten, so offen diese Probleme anzusprechen, du hast auch noch einen anderen Beruf, in dem du arbeiten kannst, wenn du gekündigt wirst." Ein anderer meinte: „Wenn ich auch eine Frau hätte, die gut verdient, dann könnte ich auch so mutig sein und diesen Missstand beim Namen nennen." Bei Angestellten in den Kirchen hört man nicht selten hinter vorgehaltener Hand, dass sie sich erst dann offen äußern wollen, wenn sie in Rente oder Pension sind. Ich verurteile das nicht und kann die Existenzängste gut verstehen, aber sie verführen auch zu einer gefährlichen Kompromissbereitschaft, die am Ende, vielleicht ohne Absicht, die Wahrheit Gottes verrät.

Aber wir brauchen auch Mut zur gegenseitigen Ermahnung. Es hat sich eine große Empfindlichkeit unter den Christen breitgemacht, die es nur noch schwer erträgt, wenn man korrigiert wird. Vor ein paar Jahren hat mir ein alter CVJM-Sekretär gesagt, dass er früher einen Mitarbeiter einfach zur Seite nehmen und ihm Kritisches sagen konnte, um dann gemeinsam konstruktiv zu überlegen, wie man es künftig besser machen kann. Heute kündigen Leute schnell ihre Mitarbeit auf. Oft z. B. mit dem Hinweis, der Vorgesetzte habe sie „total fertiggemacht" und ihnen keine Luft zum Atmen gegeben. Empfindlichkeiten solcher Art nehmen zu. Sie sind aber nicht selten die Kehrseite von Selbstverliebtheit und der Suche nach der Gewissheit in sich selbst. Das Ideal des selbstbewussten Menschen wird oft mit Glaubensstärke und Mut verwechselt.

Würden wir unsere heutigen Maßstäbe anlegen, wäre Luther ein Mensch voller Zweifel und Ängste. Tatsächlich war er stark angefochten und suchte und fand seine Gewissheit nur außerhalb seiner selbst – bei Gott und in seinem Wort. Manchmal haben Christen den Eindruck, dass sie keine Zweifel oder Ängste haben oder sie nicht äußern dürften. Aber das ist nicht der Mut, den ich meine. Denn das kommt nicht aus dem Wort Gottes oder dem Wesen des christlichen Glaubens, sondern aus der Verwechslung von Glauben mit Selbstsicherheit. Es ist der biblische Glaube, der sich oft zitternd an Gottes Wort klammert, um nicht unterzugehen, der wahren christlichen Mut hervorbringt.

Darum ist es so wichtig, dass Christen einander Mut machen, offen mit ihren Fragen umzugehen, aber auch treu im Glauben und bei der offenbarten Wahrheit der Bibel zu bleiben. Einander den Mut zu rauben ist leicht, andere der Feigheit zu bezichtigen, wenn man es selbst bequem hat, auch. Darum kommt es darauf an, einander zu ermutigen. Grund dafür gibt es genug, weil uns Gott selbst mit seinem Wort und Evangelium ermutigt. Dazu soll auch dieses Buch dienen.

Buchempfehlungen

Hartmut Jaeger / Michael Kotsch (Hg.)
#Go(o)d News
Die Bibel ist Gottes Wort

Pb., 128 S., 12 x 18,7 cm
Best.-Nr. 271 640
ISBN 978-3-86353-640-4

Dieses Buch räumt auf mit Vorurteilen, die immer wieder gegen die Bibel erhoben werden. Es zeigt darüber hinaus anschaulich, kurz und punktgenau, wie wert- und wirkungsvoll sie bis heute ist, für Menschen persönlich, aber auch für unsere Gesellschaft und Welt.

Don Kistler (Hg.)
Allein die Schrift
... warum eigentlich?

Gb., 176 S., 13,5 x 20,5 cm
Best.-Nr. 271 491
ISBN 978-3-86353-491-2

Sola Scriptura = Allein die Schrift, das Grundprinzip der protestantischen Reformation, ist wichtig, um echtes Christentum hervorzubringen, denn es stellt klar, dass die Bibel das inspirierte Wort Gottes ist, die einzige vertretbare Regel des Glaubens und der kirchlichen Praxis. Doch gegen diese Lehre wird heute Sturm gelaufen wie nie zuvor, sowohl von außen als auch innerhalb der Kirche. In diesem Buch entfalten führende reformierte Pastoren und Gelehrte die Bedeutung der Lehre von Sola Scriptura (Allein die Schrift). Sie erklären auch, woher die Angriffe auf die Bibel kommen, und zeigen, wie diejenigen, die die Bibel als Gottes Wort akzeptieren, darauf reagieren sollten. „Sola Scriptura" ist eine wahre Fundgrube an Informationen und ein Trost für all diejenigen, die darüber trauern, wie die Kirche des 20. und 21. Jahrhunderts sich immer weiter von dem sicheren Hafen der Bibel entfernt.

John Witmer
Immanuel – wahrer Mensch und wahrer Gott
Eine umfassende Darstellung der Person Jesu

Pb., 272 S., 13,5 x 20,5 cm
Best.-Nr. 271 634
ISBN 978-3-86353-634-3

Ist es wirklich wahr, dass Gott sich selbst seiner Herrlichkeit entäußerte und Mensch wurde? Dieses Buch fordert den Leser heraus, die Bilder von Jesus Christus, welche die Bibel malt, zu bestaunen und die Intensität ihrer Farben und die Vielfalt ihrer Schattierungen auf sich wirken zu lassen.

Lewis S. Chafer / John F. Walvoord
Grundlagen biblischer Lehre

Gb., 448 S., 15 x 22,6 cm
Best.-Nr. 271 550
ISBN 978-3-86353-550-6

Dieses theologische Standardwerk bietet eine Darstellung grundlegender biblischer Lehrinhalte. Vom inspirierten Wort Gottes über göttliche Offenbarungen, die Dreieinigkeit Gottes, seine ewige Existenz, Jesus und sein Wirken, den Heiligen Geist, die Heilszeitalter, Bundesschlüsse, Errettung von Sünde, Heiligung, Gemeinde, die Nationen und Israel – auch in der Prophetie – bis hin zur großen Trübsal, dem Millenium, den Gerichten und der Ewigkeit; diese und viele andere Themen bereichern dieses Buch. Chafer versteht es, dem Leser diese komplexen Themen anspruchsvoll und doch leicht verständlich zu präsentieren. Die Überarbeitung von Walvoord hat dazu beigetragen, das Buch zu einer bis heute unverzichtbaren Lektüre zu machen. Eine Reihe von Fragen zu sämtlichen Kapiteln macht das Buch zu einer hervorragenden Lektüre für Bibelstudiengruppen und Hauskreise.

Bibelbund

Die Bibel:
Ganze Inspiration
Ganze Wahrheit
Ganze Einheit

Der Bibelbund

Vor 125 Jahren gründeten einige Männer, die sahen, wie sich Bibelkritik in Theologie und Kirche ausbreitete, den **Bibelbund**. Sie wollten mit guten Argumenten für die Vertrauenswürdigkeit und Irrtumslosigkeit der Bibel eintreten.

Seitdem haben sich zahlreiche Christen aus unterschiedlichen Gemeinden im **Bibelbund** engagiert, um andere zu ermutigen, an der Bibel als Gottes Wort festzuhalten. Der **Bibelbund** steht von Anfang an für die Stärkung des Vertrauens in die Bibel. Dabei tritt er engagiert für den Glauben an das Evangelium von Jesus Christus ein, wie es die Bibel verkündet. Denn nur das biblische Wort Gottes führt zum rechten Glauben an Jesus Christus.

Mit Veröffentlichungen und durch Tagungen und Bibelwochen fördert der **Bibelbund** die Erforschung der Bibel. Er tritt der Bibelkritik entgegen und zeigt auf, wie man die Bibel verstehen kann, ohne ihre Autorität infrage zu stellen. Er fördert das Bibellesen ebenso wie die Verbreitung der Bibel. Der **Bibelbund** gibt Antworten auf die Herausforderungen für den Glauben heute.

Auf der Webseite ***bibelbund.de*** finden sich zahlreiche Artikel zu Fragen des Glaubens. Wie soll man die Bibel richtig verstehen? Sind die Berichte von Gottes Schöpfung, Wundern und seinem Reden Mythen oder sprechen sie von tatsächlichen Ereignissen? Ist die Bibel voller Widersprüche? Sind ihre Aussagen überholt und von der Wissenschaft als falsch erwiesen? Wie kann man heute nach den Maßstäben der Bibel leben?

Jeweils viermal im Jahr erscheinen die beiden Zeitschriften des **Bibelbundes**. ***Bibel und Gemeinde*** erscheint seit mehr als 100 Jahren mit Artikeln, in denen die Bibel ausgelegt wird und wichtige Glaubensfragen Antworten finden. Zahlreiche Autoren nehmen Stellung zu Zeitfragen und ermutigen zu einem aktuellen Glauben ohne falsche Kompromisse. ***Biblisch Glauben Denken Leben*** will mit aktuellen Beiträgen zu einem christlichen Leben nach dem Willen Gottes herausfordern.

Auf ***Tagungen des Bibelbunde*s** kann jeder zusammen mit anderen Christen aktuelle und zeitübergreifende Themen rund um die Bibel diskutieren. Inwiefern ist die Bibel der jeweiligen Kultur unterworfen? Kann und darf man mit der Bibel alle möglichen Meinungen begründen? Inwiefern unterscheidet sich die Bibel von Büchern anderer Religionen? Welche Auswirkungen hat die Treue zu Gottes Wort? Solche und viele andere Fragen werden von verschiedenen Referenten angesprochen, und tragfähige Antworten werden angeboten.

Wer ***Mitglied im Bibelbund*** werden will, erklärt, dass er die Grundlagen und Ziele des **Bibelbundes** teilt und sie nach seinen Möglichkeiten unterstützen will. Er vertraut der Bibel als Gottes irrtumslosen Wort, glaubt an Jesus Christus als seinen persönlichen Retter und will sein Leben nach Willen Gottes führen.

Wir freuen uns auf Ihre Fragen zur Bibel oder zu speziellen Aussagen, die Sie nicht verstehen, ebenso wie über Fragen zur Arbeit des Bibelbundes.

Bibelbund e.V., Helgolandstr. 86,
15732 Schulzendorf
E-Mail: kontakt@bibelbund.de

Bibel und Gemeinde

Viermal im Jahr mindestens 80 Seiten mit Bibelauslegungen, Fragenbeantwortungen, Entfaltung von Glaubensfragen, Stellungnahmen zu Zeitströmungen, zahlreiche Besprechungen von aktuellen christlichen Büchern unter besonderer Berücksichtigung des Umgangs mit der Bibel.

Bibel und Gemeinde kann man als Papierausgabe oder als digitales Heft kostengünstig abonnieren.

www.bibelbund.de/shop

Biblisch Glauben Denken Leben

Die kleine Zeitung wird viermal im Jahr kostenlos digital oder gedruckt an Interessenten versandt. Die Zeitung will mit aktuellen Beiträgen zu einem Leben nach biblischen Maßstäben ermutigen und zum Glauben an Jesus Christus einladen. Sie eignet sich auch zur Auslage auf Büchertischen.

Bestellen kann man *Biblisch Glauben Denken Leben* über unsere Internetseite www.bibelbund.de/shop oder über die Geschäftsstelle.

Bibelbund e.V., Helgolandstr. 86
15732 Schulzendorf, E-Mail: kontakt@bibelbund.de